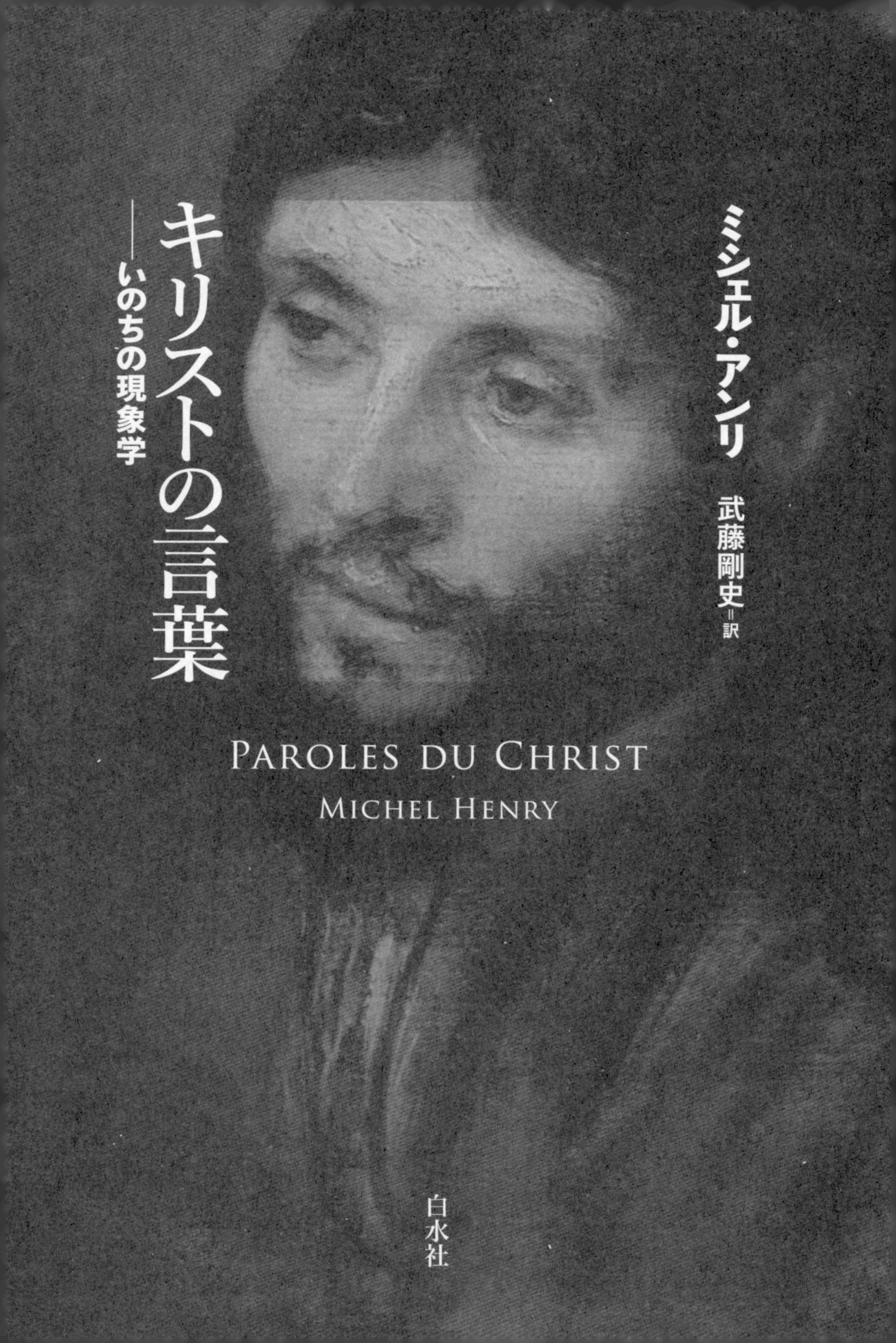

キリストの言葉

——いのちの現象学

ミシェル・アンリ

武藤剛史＝訳

PAROLES DU CHRIST

MICHEL HENRY

白水社

キリストの言葉——いのちの現象学

目次

凡例

傍点　原書でイタリック体の箇所に傍点を付した。
＊　原注は＊の数で順番を示し、本書の各章末にまとめた。
（　）　訳注は（　）で括った通し番号で表わし、本書の巻末にまとめた。

著者が引用している仏語訳聖書は *Bible de la liturgie catholique*「カトリック典礼聖書」である（ただし、かならずしも正確な引用ではない）。訳すにあたって、新共同訳と大きな異同がない場合、新共同訳をそのまま拝借した。新共同訳と著しく異なる場合は、新共同訳の文体に合わせつつも、フランス語から直接訳した。その場合には、訳注に新共同訳を記している。

序

キリスト教神学（その真実性ないし正当性については、のちに哲学的観点から問うことになろう）によれば、キリストの本性は二重であり、彼は神性と人性をあわせ持つ。キリストが神の〈言《ことば》〉(Verbe) の受肉であるかぎりにおいて、彼のうちにはこの〈言〉が、つまりは神が住まう。しかし、神の〈言〉が受肉したその肉 (chair) がわれわれ人間の肉に等しいことからすれば、キリストはわれわれと同じ人間にほかならない。キリストは、われわれ人間の条件を身に受けると同時に、人間の有限性をも身に受けたのである。この有限性とは肉の有限性にほかならず、その有限性は、さまざまなしるしによって、それと認められる。もっとも顕著なしるしは、肉の持つさまざまな欲求であり、それらの欲求は、いかなる肉もけっして自足自存できないことを示している。肉はたえず自分を養い、自分を気遣わねばならないし、外部から自分を脅かす災厄のみならず、やむことのない内部からの脅威に対しても、さまざまなやり方で、自分を守らねばならない。しかも、これらすべての欲求を満たすことは、肉にとってまさに至上命令なのである。あらゆる肉は、みずからのうちなるいのちを維持することを運命づけられており、しかもそのいのちは、自分が生き延びるための条件が満たされることを、たえず肉に要求する。

そもそも、このいのち自体が有限なのだ。このいのちは自分にいのちを与えることもできないし、またみずからの力と手段で自分を維持することもできない。そのいのちが有限である肉は、まさに以上の理由から、二系列の相関連する諸性格を示すことになる。そのひとつは、肉の内実をなすさまざまな印象がことごとく消極的な情動性を帯びていることである。たとえば、欲求不満、不満足、欲望、さまざまな形態をとり、さまざまなニュアンスを帯びる苦痛や苦悩。これらはすべて肉において生ずる。こうしたあらゆる情調に含まれる苦痛や不快感は、自足自存できない肉の定めとしての根本的な欠落を表わしているわけである。以上のような一連の性格から、あらゆる肉に備わるもうひとつの特徴が生まれる。その活動性である。肉が活動的であらざるをえないのは、われわれ人間が肉的存在であることから生まれる欲求はどれも満たさずにはすまないからであり、それらの欲求は執拗に意識に現われ、その圧力はじきに耐えがたいまでになる。そのため、そうした欲求不満を、一時的ではあっても、欲望が満たされる充足感に変えようとするさまざまな運動が、われわれの肉自体から生まれる。こんなふうにして、われわれの欲求の総体がわれわれに及ぼす圧倒的な力に対応し、それらの欲求を満たすべく、一連の活動が生まれる。「経済」とは、われわれが肉であるという根本条件から生まれた人間活動にほかならない（この人間活動が、人類の歴史を通じて、じつにさまざまな逸脱、退廃、転倒を蒙《こうむ》ってきたのは事実だとしても）。ともあれ、マルクスが言う意味での労働（彼は、そのすべての著作を通じて、労働を「主体的、個人的、生命的」活動としている）がたった一日でも中断することがあるならば、人類はたちまち滅び去ってしまうだろう。

肉であるという条件に起因するこの有限性から、それに対処するためのさまざまな生活技術が生まれたし、また日々の暮らしを律し、日常的時間性を形成する生活リズムも、この有限性から生まれたものであるが、キリストもまた、われわれすべての人間と同様に、この有限性を、それに付随する、以上述べたようなさまざまな要素とともに、日々の暮らしにおいてじっさいに生きたのである。その生涯の大半を通じて、彼は働いていた。また、公生涯が始まり、宣教にすべてを捧げるべく、弟子たちや自分を師として迎え入れる人々に、あまり適切な表現ではないが「物質的〔肉体的〕」と言われる仕事（それらの仕事は、じっさいには、まったく主観的な印象および動機からなるものである）をことごとく委ねてしまったあとですら、キリストは、あいかわらず、飢えや渇き、疲れを感じ続けていたし、また受難の責め苦と辱めを蒙る以前でさえも、悲しみを覚え、涙を流していたのである。

このようにキリストの本性が二重であるとすれば、彼の語る言葉も二重であると考えられよう。しかしそれは、世の陰謀術策に泥《なず》み、見せかけや嘘に長《た》けた人間の言葉に見られるような虚偽的な二重性ではない。キリストの言葉が二重であるのは、それとはまったく違った意味、しかも明確かつ根本的な意味においてである。キリストの言葉は、ある場合には人間の言葉であり、またある場合には神の言葉である。したがって、キリストの言葉を分析する際には、そのひとつひとつについて、つぎのように問わねばならないだろう――語っているのは誰か。人間イエスであろうか。眠るのに頭を置く枕さえなかった人、サマリアの女に水を飲ませてくれと言ったあの人が語っているのだろうか。あるいは神の〈言〉だろうか。永遠なる〈神の言葉〉であり、「天も地も過ぎ去るだろうが、わたしの言葉は過ぎ去らないだろう」(1)（ルカ、二一・三三）とみずから言うあの言葉自身が語っているのだろうか。

人間の言葉と神の言葉とのこの本質的違いについては、厳密な検討がなされねばならない。そもそも、どんな言葉についても、ふたつのことを区別する必要があろう。そのひとつは、言葉が語るその語り方――「言うこと」において、あるいは言い方において、それ自体として捉えられた言葉――であり、もうひとつは、言葉が語る対象——言葉がそれについて語る事柄、つまりは言葉の内容——である。

人間の言葉の場合、まず明らかにされねばならないのは、一般的な意味での人間的言語の根本性質である。二十世紀には、こうした言語の分析が主要な思想課題のひとつとなり、互いに補い合う場合もあれば、対立し合う場合もある、多くの概念を生み出した。だがそれらは、結局のところ、「言語哲学」というひとつの範疇に組み込まれ、およそさまざまな仮説——現象学的、分析哲学的、精神分析学的等——がせめぎ合っているにもかかわらず、伝統的な大前提を打ち破るにはいたっていない。その大前提とは、言語そのものを、その発話行為において、それが語る対象、つまりは「内容」と区別して考察するということにある。そんなふうにして、人間のどんな言葉でも、その言葉の使用を通じて現われてくる言語そのものの性格と、他方、その言葉が示したり、修飾したりする対象とは容易に区別される。スピノザにならって、「犬は吼《ほ》える」と言おうが、「犬の概念は吼えない[2]」と言おうが、それ自体として考察された言語は同一ではなかろうか。あらゆる人間の言葉において、言語の「言うこと」自体とそれが言う内容との間に、どうしてこのような区別が設けられることになるのか、それを説明する必要があろう。

しかしもうひとつの、しかもいっそう重要な問題がわれわれの前に立ちはだかっている。言語に関するさまざまな概念は、第二の共通特性、しかもまったく消極的・否定的な特性を示しているのではあるまいか。こうした概念はすべての人間的言語に当てはまる。キリストもまた、人々に語りかけるときには、人間の言葉を用いるのであり、その場合、彼が人々に語りかけるその語り方は、人間的言語の特性、これまでわれわれが見てきた言語分析の対象となるような特性を示している。

いっぽう、神の〈言〉は、それとはまったく別の言語、人間的言語とは原理的に異なる言語を話していると想像されるが、そうであるなら、この〈言葉〉には、これまで検討してきたような言語のさまざまな概念がまったく当てはまらないことになろう。それゆえ、もっぱら人間的言語だけを対象にしている言語哲学は、大きな欠陥をかかえていると言わねばならない。要するに、言語哲学は、究極的にはそれだけが唯一重要な言葉である〈神の言葉〉について、つまり神がわれわれに語りかけるその語り方について、何も知らないということである。だが、それは単なる欠陥と言うにとどまらず、決定的かつ致命的な隠蔽と言わねばならない。今日、〈神の言葉〉は単に理解されないままであるばかりか、〈神の言葉〉なるものがありうるということすら考え及ばなくなっている。

　キリストの言葉のすべてではないにしても、そのうちの多くが、今日まで残されている。それらの言葉は『ロギア』に収められている。『ロギア』はキリストの言葉を集めた語録であり、その由来は確かである[3]。エジプトのグノーシス派の図書館から見つかった外典『トマスによる福音書』[4]も、イエスの言葉をそのまま並べたものである。この種の語録は、初期の時代から流布していた。そこに語られている言葉のいくつかは、キリストの存命中に、聴衆ないし弟子たちによって、さらには彼を慕う書記者によって、記録されたと考えてよかろう。たしかに『トマスによる福音書』は二世紀の中頃に書かれたものだが、それでもなお、『ロギア』の古さを証していることには変わりない。これらふたつの書物に収録されている多くの言葉が、マタイ、マルコ、ルカの福音書にも、そのまま見られるからである。* キリストの言葉に含まれる神の〈啓示〉を伝える教えの体系を構築すべく、福音書記者たちが『ロギア』を大いに参考にしたことは明らかである（だからといって、使徒たちが口頭で行なった宣教の重要性を過小評価することはできないが）。

だとすればなおのこと、これらの言葉を理解しなければならないし、また理解できて当然ではなかろうか。これらの言葉は、われわれの言語、人間的言語で語られているのだから。ところが、多くの人間はこれらの言葉を理解しない。キリスト自身、『イザヤ書』を引用しながら、「彼らは耳を持っていながら、何も聞かない」[5]と言っているが、それは自分自身の教えを念頭においてのことなのだ（本書第九章を参照のこと）。何も聞かないというのは、いささか言いすぎとしても、彼らは、これらの言葉からもっぱら人間的意味だけを汲み取ることによって、それを単なる道徳的な格言にしてしまう。たしかに、それらの格言は傾聴に値するりっぱなものではあるが、それらがひとりの霊能者、賢者、あるいは預言者が語る言葉以上のものであることを証明するものは何もない、というわけである。しかし最大の問題は、それが〈神の言葉〉であること、あるいは、それらの言葉を語ったキリスト自身が神の〈言〉だということであって、まさにそのことが明らかにされねばならない。しかも、そのことこそ、多くの人がこれまでも信じてこなかったし、今もなお信じようとしないことなのだ。

ともあれ、十九世紀の実証主義的聖書解釈、あの擬似歴史学的かつ無神論的解釈が突きつけるさまざまな反証にもかかわらず、少なくとも、キリストの言葉が後世のキリスト教共同体がでっちあげたものではまったくないということは、事実として認めることができよう。それらの言葉は、真正なドキュメントとして、今日まで残されている。むろん、それらをあらゆる意味において人間的な言葉であるとみなすことを禁ずるものは何もない。ひとりの人間が、人間の言語を用い、他の人間たちに向かい、彼ら自身について語った言葉。彼ら自身について、彼らの本性、彼らの美点と欠点について語ることによって、彼らに何をなすべきか、何が善であり、何が悪であるか、要するに倫理を教える言葉。

しかし、キリストが人々に向かって語ったこれらの言葉のすべてが、人間について語っているというわけではない。それらのいくつかは、彼らについてではなく、話者である自分自身について、自分が何者であるかを語っている。そしてそれこそ、まさに驚くべき言葉である。これらの言葉は、キリストの自分自身についての言述というべきものを構成している。しかも、この特異な言述がキリストの教えの最重要部分をなしており、他のすべての教えもそこに由来しているということは、人間の思想史において類を見ない、キリストの宣教について深く考える者の目には疑いようのない事実であろう。じっさい、これらの言葉は、人々に向かって人間の言語で語られたものではあっても、語っているキリスト当人については、彼もまた人間たちのうちのひとりであるかのようには、つまりは彼自身がひとりの人間であるかのようには、けっして語っていないのだ。最初は漠然とほのめかすような形で、やがては公然と、キリストは〈神の子〉であることをみずからはっきり認めたのであり、さらには、そこに居合わせたすべての人の目の前で、まさしく神ご自身としてふるまったのである。こうした驚くべき断言が熱狂したキリスト教共同体による作り話などではないことは、これらの断言がキリストの断罪と死の直接の原因となったことを考えれば、誰にも納得されよう。ただの預言者であれば、当時のユダヤ人にとって少しもめずらしいことではなく、キリストがそんな預言者のひとりであったとすれば、彼らはもっと寛容だったはずである。洗礼者ヨハネはたしかに斬首されたが、それは彼が預言したからでもなければ、人々に洗礼をほどこしたからでもなく、周知の通り、彼に不義を告発された女の悪巧みの結果にほかならない。

このように、自分自身を語る言述において、キリストが、自分は〈父〉なる神の〈子〉であり、神と同じ本性を持つことをみずから認めつつ、父なる神の名において、父が彼に語ったことを、あるいは父が今現在語りつつあることを、そのまま語ったとするなら、われわれが最初に提起した問題はいよいよもって切実になる。キリストは、その二重の本性ゆえに、われわれに対して、ふたつの違ったやり方で語りかけているのだろうか――あるときは人間の言葉で語り、またあるときは神の言葉そのものとして語る、というふうに。われわれはいまや、これらふたつの言葉を徹底的に分析し、その本質的違いを明らかにするというじつに困難な課題に直面していると言わねばなるまい。たしかに、今日、人間的言語をめぐって、その本質や人間同士の間でコミュニケーションを成り立たせる能力について語ることはたやすいとしても（それは現代における言語哲学の隆盛によるところが大きい）、同様の仕方で神の言葉を分析することは、われわれの能力をはるかに超えているように思われる。差し当たって、われわれにどんな手がかりがあるだろうか。神がわれわれに語る語り方を知るには、またその語り方を理解するには、まず神とは何かを知らねばならないだろう。そもそも、神の言葉である言語をわれわれ人間の言語を通じて聞き取るということが、ほんとうに可能だろうか。この神の言葉とされる言語が人間的言語の構造をそのまま取り入れているとすれば、われわれ人間にもある程度は理解できるはずである。じっさい、『ロギア』に収録され、福音書にも記されているキリストの言葉を読めば、われわれは多くのことを理解するし、深い感銘も覚える。だが、究極の問題とは以下のことではないだろうか――この〈言葉〉が神に由来し、神の本質を持つとされるのは何ゆえなのか、を究明することによって、それがじっさいに〈神の言葉〉以外の何ものでもないことをたしかな知として認識するということ。

近代以前、何世紀にもわたり、人々は〈神の言葉〉をまさしく神ご自身の言葉として受け入れることによって、その言葉を直接的に生きていたのである。しかし近代以降、〈神の言葉〉をめぐる状況は悪化の一途をたどった。その原因は、「民主的」と称する諸国家の全体主義的ドグマによるキリスト教への激しい弾圧によって、神の言葉を教えること（それは、神の言葉を世代から世代へと伝えてゆくうえで不可欠である）が、公的な教育機関においても、さらには教育一般においても、禁じられてしまったということだけにあるのではない。それ以上に、現代世界を構成するシステム全体が、〈神の言葉〉を聞くことを不可能にしているのだ。物質万能主義、社会的成功、金銭、権力、刹那的快楽をひたすら追求するおぞましい風潮、露悪趣味、覗き見趣味、あらゆる領域での堕落退廃、そして新奇な偶像、非人間的な機械、あらゆる人間以下のものを崇拝すること、また人間を生物学的存在に還元することによって、結局は人間を死んだ物質にまで貶《おとし》めること。これらすべてのこと（教育はこうした事態の破廉恥で、盲目的で、戯画的な反映にほかならない）、扇情的な事件がつぎつぎに起こり、饒舌な大道芸人たちであふれかえる現代社会の絶え間ない喧騒こそが、そこから〈神の言葉〉が語り出される沈黙の領域を永久に覆い尽くしてしまったのである。われわれにはもう〈神の言葉〉が聞えないのだ。

しかし、われわれの目下の関心は、みずからが作り出した虚無にたえず落ち込みつつある現代社会という歴史的現象を究明することではない。**ここでわれわれが提起している問題とは、あくまで原理的な問いである。人間は、彼自身の言語において、それとは違うもうひとつの言語で語られた言葉、神の語る言葉、〈言〉そのものを聞き取り、理解することができるか否か、という問い。この問いをないがしろにして、そのような言葉が存在することを、いったいどうやって確かめることができようか。人間の運命にかかわるこうした問いに対して、われわれはできるかぎり具体的な方法で答えてゆくよう努めるつもりである。そのために、キリストの言葉そのものを導きの糸として考察を進めてゆくが、それはほかでもなく、キリストの言葉の中にこそ、われわれが求める答えが潜んでいるに違いないからである。あらゆる学問的断定には、というよりおよそ人間が下すどんな断言にも、それが真実であるという自負が込められているが、それと同様に、キリストの言葉もひとつの自負、当時の多くの人の耳目にすら法外と映った自負に貫かれている。それは、自分が語る言葉は、単に神の啓示を伝えるというにとどまらず、それ自体が正真正銘の〈神の啓示〉、〈神の言葉〉そのものであるという自負である。これらの言葉をひとつひとつ丹念にたどることによって、これらの言葉が〈神の言葉〉を語っており、しかも自分自身が〈神の言葉〉であるとするキリストの確言を、これらの言葉そのものが正当化しえているか否かを検証してゆくつもりである。

この検討に際して、当然ながら、われわれは年代学的に問題をたどってゆくという方法はとらない。そもそも、この問題は年代学的にはまだ不確定なままである。また、命題――公理、前提ないしは原理――から始め、そこからすべてを構築してゆくという論理構成的方法もとらないだろう。この方法についても、少なくとも目下のところ、われわれは無知なままである。そこで、先に素描した大まかな区別に基づいて、以下のような順序で検討を進めてゆくことにする。

一、人間としてのキリストの言葉。人々に人間的言語で語りかけ、彼らについて語っている言葉。

二、人間としてのキリストの言葉。人々に人間的言語で語りかけるが、彼らについてではなく、キリスト自身について語っている言葉。

キリストが、自分自身のことを語りつつ、メシアとしてふるまったり、父なる神が彼に語った言葉を人々に告げることによって、自分が神の〈言〉であることを示したりする場合には、さらにつぎのことを検討しなければならないだろう。

三、〈言〉としての、つまりは〈神の言葉〉としてのキリストの言葉は、人間的言語一般と何がどう違うのか。その言葉はいかに語り、また何を語っているのか。その本質的性格はいったい何か。

四、つまるところ、いかにして人間は、自分たちの言葉ではなく、神の言葉であるキリストの言葉を聞き取り、理解することができるのか。

こうした問いを考えてゆく過程で、いかに多くの回り道を強いられるとしても、この問いが必要とする分析を丹念に行なうことによってのみ、われわれはこの問いに対する妥当な答えを見出すことができるだろう。われわれ人間の条件の正しい理解もまた、まさにそのことにかかっているのだ。人間とは何かという問題は、人間をみずからの圏域——あらゆる形態の人間中心主義から必然的に生まれる監禁状態——に閉じ込められた特殊な存在として捉えるか、あるいは〈神の言葉〉を聞き取り、神に向かって開かれた存在として捉えるか、によってまったく違ってくるだろう。後者の考えからすれば、人間という存在は、神と呼ばれる〈真理〉と〈愛〉の絶対存在との内的関係においてしか、真に理解しえないのである。

* この点に関しては、アンリ＝シャルル・ピュックのみごとな著作『グノーシス探究』第二巻「『トマスによる福音書』について」(Henri-Charles Puech, *En quête de la gnose*, t.II *Sur l'Évangile de Thomas*, Gallimard,1978）を参照されたい。

** こうした問題に関しては、拙著『野蛮』（*La Barbarie*, PUF, réed. coll. Quadrige. 2001）を参照されたい。

第一章
ひとりの人間としてのキリストの言葉
人々に人間的言語で語りかけ、彼らについて語っている言葉

福音書からは、ひとりの人間、人間イエスが語っているとみなしうる言葉をかなりの数拾い出すことができる。これらの言葉において、人間イエスが特別な存在に思われるとすれば、それはただ彼の洞察力の深さによってであり、また聴衆たちに行動準則を示すべく、その深い洞察から導き出した結論によってである。この種の言述は、いわゆる知恵と呼ばれるたぐいのものである。そのうえ、たいていの場合、こうした言葉は一個人を単独に取り上げるのではなく、むしろ人間をその環境において、さらには世界全体との関係性において、捉えている。したがって、これらの言葉の中で人間にかかわる事柄について下される判断、またそこから導き出される教訓は、おのずから、世界そのものに対する判断を含むことになる。

たとえば、『マルコ』と『マタイ』に共通して見られる、あの一風変わった文章の場合。これらの文章がとりわけ重要なのは、悪の問題にずばりと切り込んでいるからである。世界は悪を免《まぬか》れているのに対して、悪は人間のうちにある、しかも人間のうちにだけある。この断言は、瑣末な問題とは言わずとも、非常に特殊かつ具体的な問題をめぐって述べられている。「そのとき、弟子たちが近寄って

きて、『ファリサイ派の人々がお言葉を聞いて、つまずいたのをご存知ですか』と言った」(『マタイ』一五・一二)。ユダヤ教の儀礼形式主義をまたもや逆手にとって、イエスはただ、ものを食べる前に手を洗う必要はないと言ったにすぎないが、すべての律法主義者たちを挑発するようなこの言葉には、形而上学的な断定が含まれている。しかも、キリストが言わんとしているのは、十九世紀後にヘーゲルが言ったごとく、「ただ石だけが罪を免れている」(1)ということだけではない。キリストはこの断言の対象を、石に似たあらゆるものに広げている。あらゆる物質的現象、科学が研究対象とするあらゆるもの、何の感覚も感情も持たないあらゆるもの、人間とは無縁のあらゆるもの、こうしたすべてのものは罪を免れている。それゆえに、「イエスはあらゆる食べ物は清いと言った」のである。

逆に、悪が潜んでいるのは、人間の心、すなわち、人間がすべてのものを感じとり、また自分自身をも感じとるその場、他のあらゆる〈物〉と異なり、人間が人間であるその場においてであって、悪はそこから生まれる。『マタイ』では、キリストはつぎのように言う――「あなたがたも、まだ悟らないのか。すべて口に入るものは、腹を通って外に出されることが分からないのか。しかし、口から出て来るものは、心から出て来るので、これこそ人を汚す。悪意、殺意、姦淫、みだらな行い、盗み、偽証、悪口などは、心から出て来るからである。これが人を汚す。しかし、手を洗わずに食事しても、そのことは人を汚すものではない」(一五・一六〜二〇)。『マルコ』にも似たような言葉がある(七・一四〜二三)――「外から人の体に入るもので人を汚すものは何もなく、人の中から出て来るものが、人を汚すのである。〔…〕中から、つまり人間の心から、悪い思いが出て来るからである。〔…〕これらの悪はみな中から出て来て、人を汚すのである」。

ここで「人を汚す」と言われているその悪の生まれる場所を特定することは、単に倫理にかかわる問題ではなく、人間の条件の一般定義を含意している。つまり、たった今見たように、「心」こそ人間の本源であるということ。そしてこのように、人間的現実とは「心」にほかならないとみなすことは前代未聞の意味を持つ。この考えからすれば、どんな感覚も感情も持たない――したがって善《よ》くも悪くもありえない――宇宙のあらゆる事物と違って、人間とはまずもって自分自身を感じとる存在だということになる。まさにこの自覚性によって、人間は、自分自身を感じとると同時に、自分を取り巻くあらゆるもの――世界と世界に現われる事物――を感じとることができる。しかも自分自身を感じとるということこそ、いのちの本質なのである。じっさい、生きるとは、自分が存在すること自体を受苦し、また享受すること、つまりは自己自身を享受すること以外の何ものでもない。「心」という言葉――この言葉は福音書に頻出する――は、人間の現実とはもともと情感的であることを示しているが、じっさいその通りであって、情感性こそいのちの本質なのだ。そのうえ、今日残されているすべてのキリストの言葉の中で、人間的現実、われわれの現実、われわれの生を示すのに、彼が用いるのは、まさしく「いのち」という語なのである。この点においては、共観福音書のより具体的なテクストでも、やや抽象的ともいえるヨハネ文書やパウロの手紙でも、何ら変わるところはない。

哲学的観点から見ても、このような人間の定義、人間とはいのちの〈情感性〉からみずからの現実性を汲み上げている存在である、あるいは、人間とは苦しみや喜びのうちにたえず自分自身を感じとっている生きた存在である、とする定義は、まさに革命的な意味合いを持つ。歴史的に言っても、この人間定義は、古代ギリシア人の思想的地平を根底から揺るがした。古代ギリシア人にとって、人間とは理性的存在であり、人間を他の動物から区別するのは、まさに人間の理性――「ロゴスを備えている」ということ――なのである。とはいえ、人間を「生ける者」であるとするキリスト教的定義は、現代の生物学的人間解釈ともまったく違う。後者の場合、古来「生命」や「いのち」と呼ばれてきたものは、物理学が研究対象としているのとまったく同じ物質現象のプロセスの総体に還元されてしまっている。しかし、科学的な観点からすればそれだけが真の現実であるこの領域、ただし『マタイ』や『マルコ』の記述ではあくまで「外」とされるこの領域には、いかなる悪も存在しない。そこには人間的なものがまったく含まれないからである。

人間にとって「外」なるもの、人間とは無縁なものと、人間が自分自身を感じとると同時にあらゆる感情――愛情、欲望、さらには「悪い思い」すなわち「みだらな行い、盗み、殺意、姦淫、貪欲、悪意、詐欺、好色、ねたみ、悪口、傲慢、無分別」(『マルコ』による)――を抱く場である「心」とを区別することは、たしかに重要ではあるが、しかしそれによって、われわれが人間的領域を超越できるというわけではまったくない。それどころか、この区別はむしろ人間的領域を確定するのに役立つ。その領域とは、もはや事物の領域ではなく、苦しみや悪しき欲望とともに、あるいは生きることの大いなる幸福感とともに、自分自身を感じとる「いのち」の領域なのである。

福音書では、これらふたつの現実領域を一方から他方へと移行する思考の転換がしばしば見られる。このような転換が行なわれる状況にはかなり異常とも言える場合もあるが、それでもなお、この転換ははっきり見てとれる。つぎがその一例である。不漁の一夜のあと、シモンとその仲間が、キリストの指示にしたがって、ゲネサレト湖に網を投げ入れると、おびただしい魚がかかり、網が破れそうになった。漁師たちはすっかり恐ろしくなり、シモンは主に「わたしたちから離れてください」と言った。それに対するキリストの言葉はよく知られている――「恐れることはない。今から後、あなたは人間をとる漁師になる」(ルカ五・一～一一)。

この挿話に見られる「物」と「人間」との区別は、一見するところ、じつに単純だが、それが真に意味するところは福音書的思考の文脈の中ではじめて明らかになる。ここで問題になっている人間とは、生きた存在というだけでなく、受肉した存在でもある。そもそも、人間が受肉した存在だということは、〈言〉の受肉ということから定義されたキリストの人格について最初に考察した際にも、すでに認めざるをえなかった。受肉した存在とは、事物のそれと同じ要素からなる体――何も感じることのできない物質的な体――を備えた存在ということではない。それはひとつの肉を持つ存在、というよりも、ひとつの肉である存在にほかならない。ただしここで言う〈肉〉とは、われわれ人間がそうである生ける者としての具体的現実を構成する感覚と情念がせめぎ合う印象の総体、流動的でありながらけっして引き裂くことのできないあの総体のことである。肉としての存在が感じとるのは、飢え、渇き、寒さ、満たされない欲求から生じる不快感、努力することの苦痛、障害に対する恐れ、自分に対立するあらゆるもの、あるいは自分より優位に立つあらゆるものに対する恨み、自分より劣るもの、あるいはそう思われるものに対する軽蔑、等々である。

言うまでもなく、このような受肉した存在が生きる世界は、純粋精神、理性的主体に対応する世界、理論知や科学の抽象的世界（そこでは対象もまた抽象的であり、あらゆる感覚的性質を奪われ、数学的パラメータによって確定される）ではもはやない。受肉した存在が生きる世界とは、欲求や情緒によって分節され、規定されるとともに、生がそれらに付与する価値の総体を担っている、さまざまな感覚的対象からなる世界である。このように、人間の世界とは生ける者の世界、ドイツの哲学者たちが名づけたように「生活世界」（Lebenswelt）なのである。キリスト教が人間と世界との間に設けた対立は、認識主体とその対象といった理論的区別などではまったくない。その対立はたしかに受肉した存在と生活世界とを区別するが、その生活世界とは受肉した存在の生きる世界、肉としてのわれわれの実質を構成する欲求、衝動、情動に対応する価値的世界にほかならない。しかもこの対立においては、つねに人間の優先権が確認される。つまり、生ける肉としての〈自己〉である人間が事物の総体に優先される。そもそも、事物は人間の生に役立つかぎりにおいて意味を持ち、人間の生からその価値を受け取っているのだ。

このように、キリストが人々に話しかけ、彼ら自身について語る際、強調してやまないのは、そうした世界の総体に対する人間の優位性である。この優位性こそ、福音書、とりわけ『マタイ』のテクスト（六・二五〜三四）に見られる重要な批判の根本動機となっている――「だから、言っておく。自分の命のことで何を食べようか何を飲もうかと、また自分の体のことで何を着ようかと思い悩むな。命は食べ物よりも大切であり、体は衣服よりも大切ではないか。空の鳥をよく見なさい。種も蒔かず、刈り入れもせず、倉に納めもしない。だが、あなたがたの天の父は鳥を養ってくださる。あなたがたは、彼らよりもはるかに価値あるものではないか。[2]〔…〕野の花がどのように育つのか、注意して見なさい。働きもせず、紡ぎもしない。しかし、言っておく。栄華を極めたソロモンでさえ、この花の一つほどにも着飾っていない。〔…〕だから、明日のことまで思い悩むな。明日のことは明日自らが思い悩む……」。

この名高い批判のキーポイントを見きわめるのはかなりむずかしい。このテクストが焦点を当てている人間と世界との対比において、批判はまず世界に向けられる。人間の価値にくらべ、世界の価値のほうがはるかに劣るからだ。しかし、その批判はただちに人間自身にはね返ってくる。人間は、自分よりも価値のない世界のほうに強い関心を寄せ、自分よりも劣るものを渇望の源泉とし、それらを自分の欲望と行動を律する擬似価値のネットワークとすることによって、人間自身の価値を貶めてしまう。世界を過剰評価し、世界の事物を理想化し偶像化することは、そのまま、人間がみずからの存在条件を、さらには世界に対する自己の優位性を、見失うことにほかならない。キリストがつぎのような奇妙な断定を下したのも、それゆえである――「あなたがたは、彼らよりもはるかに価値あるものではないか」。

したがって、この世界――そこにおいて、われわれはさまざまなことを企て、その実現のためにあくせくするのだが――とわれわれ自身のいのちとの関係を深くつきつめることは、両者の価値関係の転倒という事態を理解するうえで不可欠の作業である。通常、われわれはもっぱら世界と世界の事物に関心を払い、まさにそのことによって、われわれ自身のいのち、他のすべてのものよりはるかに価値あるはずのこのいのちを忘れ去り、前者を後者に優先する価値関係をおのずから身につけてしまう。『マタイ』において、われわれがたった今検討した文章のすぐ前に置かれた一節は、まさしく以上のようなわれわれの問いに対する答えとなっている。先の文章が語っているキリストの教えはたしかに倫理的性格を帯びているが、じつはその倫理性の背後にこそ、この答えの深い意味が潜んでいるのだ。この一節では、世界とわれわれ自身のいのちとの関係は、見えるものと見えないものという根本的対立という形で提示されている。世界は見えるものの領域であり、われわれのいのちは見えないものの領域である。世界には、ひとつのまなざしの前に現われるあらゆるもの、世界それ自体にほかならないひとつの〈光〉の中に姿を現わすあらゆるものが属する。この光は、事物を外部性の「地平」に遠ざけることから生ずる。この外部性の地平というスクリーンのうえにあらゆるものが現われることによって、われわれの目に見えるようになるのだ。外部性の地平とは、「外側」、「前方」、「われわれの前」、「人間の前」等々、さまざまに言い換えられるが、それがまさしく世界なのである。この可視性の地平という光は、福音書において、しばしば「この世の栄光」[3]と呼ばれているが、それは、われわれ自身のうちなるいのちの目に見えない啓示に対立する。この啓示は「隠れたところ」――その隠れたところとは、われわれわれ自身にほかならない――とも言われ、さらには「神の栄光」とも呼ばれる。

ところで、見えるものの領域と見えないものの領域というこの根本的区別は、われわれ人間にも深くかかわる問題である。われわれはいのちに属すると同時に世界にも属するからだ。一方において、人間は物体にも似た客体的な体として世界にみずからを現わす。そうしてはじめて、人間は、他者にとっても、また自分自身にとっても、目に見えるようになる。この体が動くとき、その動きは外的移動という形をとり、そのために、体と同じように、客体的な現われとなる。しかしわれわれは、この体が、いのちにおいて自分自身を感じとる生きた肉、しかもいのちと同様に目に見えない肉の、目に見える外観にすぎないことを知っている。われわれのさまざまな印象、われわれの欲望、それを満たそうとする努力、さらにはわれわれの苦しみや喜びなどからなる、この生きた肉、ただそれだけがわれわれの真の現実性をなす。この肉はわれわれの存在の秘められた核心そのものにほかならない。この目に見えない肉がわれわれの真の身体性を構成するとすれば、われわれのすべての活動が具体的かつ現実的になされるのは、まさしくこの肉においてであって、他者が知ることができるのは、あくまでその外観、外皮でしかない。われわれの現実的活動とその外観のこうしたずれから偽善の可能性が生じ、それが人間世界を蝕んでゆく。しかも、それは言葉上の問題にとどまらない。行動においても、偽善はありうる。

以上のことをふまえることによって、ようやくつぎの『マタイ』の文章（六・一～一八）を正しく理解することができる。「見てもらおうとして、人の前で善行をしないように注意しなさい。〔…〕だから、あなたは施しをするときには、偽善者たちが人からほめられようと会堂や街角でするように、自分の前でラッパを吹き鳴らしてはならない。〔…〕施しをするときは、右の手のすることを左の手に知らせてはならない。あなたの施しを人目につかせないためである。〔…〕祈るときにも、あなたがたは偽善者のようであってはならない。偽善者たちは、人に見てもらおうと、会堂や大通りの角に立って祈りたがる。〔…〕だから、あなたが祈るときは、奥まった自分の部屋に入って戸を閉め、隠れたところにおられるあなたの父に祈りなさい。〔…〕断食するときには、あなたがたは偽善者のように沈んだ顔つきをしてはならない。偽善者は、断食しているのを人に見てもらおうと、顔を見苦しくする。〔…〕あなたは、断食するとき、頭に油をつけ、顔を洗いなさい。それは、あなたの断食が人に気づかれないためである……」。

これらの文章に倫理的意味が込められているのは明らかだが、人間社会のいたるところに見られる態度、自分の行動、あるいは自分自身のありよう――自分自身の「威信」――の正当化を他者の目に求めようとする態度への以上のような痛烈な批判は、見えるものと見えないものとの、あるいは外部と内部との、根本的対立に基づいている。しかもこの対立は、キリストの教え全体を貫いていると言ってよい。「心」のうちなる現実と世界に現われる外観とのこうした対立にこそ、偽善の生まれる可能性が潜んでいる。だからこそ、偽善に満ちたファリサイ派の人々との論争において、キリストはこの対立を持ち出すのだ。それはつぎのようなキリストの激しい非難の言葉の中にも見られる。「律法学者たちとファリサイ派の人々、あなたたち偽善者は不幸だ。白く塗った墓に似ているからだ。外側は美しく見えるが、内側は死者の骨やあらゆる汚れに満ちている。このようにあなたたちも、外側は人に正しいように見えながら、内側は偽善と不法で満ちている」(『マタイ』二三・二七、二八)。

見えるものと見えないものとのこうした対立――その考えはのちにキリスト教の信仰宣言に取り入れられ、明文化される(4)――は、哲学的にもきわめて重要な意味を持つ。しかしこの対立は、人間の世界と神の世界とを分かつものではない。そのように考えるのは、目に見え、手で触れることができるものだけしか信じようとしない人々の通例であり、彼らの懐疑主義は、見えないものの領域を「天」と呼んで、一種の「背後世界」、神秘的な「彼方」としてしまう。こうした懐疑主義に反して、見えないものとは人間自身にかかわるものであり、人間の真の現実性を構成する。じっさい、人間は二重の存在であり、見えると同時に見えないのだ。身体性の分析が明らかにしているのは、身体というものがふたつの異なった仕方でわれわれに与えられているということである。身体は、一方では、世界の他の物体と同じように、目に見える外的な体として現われるが、他方では、各人がそれぞれの身体を、目に見えない肉、苦しんだり、欲望を抱いたりする肉というあり方で内的に生きており、そこでは身体と肉はひとつになっている。

ただし、以上のように区別した体と肉とは同じ次元にあるのではない。客体に還元されたわれわれの体は、他の多くの表象の中のひとつであり、鏡に映った自分の姿のようにひとつのイメージでしかない。それは軽く透明であり、また現実性を欠き無力である。この表象された体、まなざしにさらされた客体は、その現実性を、印象や情念や活力からなる生きた厚みを、われわれの見えない肉から汲み上げている。そしてこの生きた厚みこそ、われわれが受肉した存在であることの証しなのである。かくして、一見するところ信じがたいような真実が、ここで確認される。人間が真に生きる現実が潜んでいるのは、われわれの目に見えない主観性の中であり、われわれが外に現わす姿は外観にすぎない、ということ。この奇怪ともいえる考えは、しかし、ファリサイ派の人々の偽善に対するキリストの糾弾からも、彼の悪の分析からも、必然的に導き出されてくる。断食であれ、祈りであれ、よい行ないであれ、悪い行ないであれ、これらさまざまな行為は目に見える世界には属さないのであり、それらは他者には知られない隠れたところでなされるのだ。

以上、人間たちに差し向けられたキリストの言葉のうち、ほんのいくつかを検討してみたが、それだけでもキリスト洞察の深さはじゅうぶん納得されよう。まさにこの洞察の深さゆえに、彼の教えは、ギリシアの流れを汲む西洋的思考にとって、長い間、いかに努力しても同化しがたい異質のものであり続けた。ようやく十九世紀のはじめになって、天才的な哲学者メーヌ・ド・ビラン(5)が、伝統的な意味での身体、すなわち客体としての身体に対して、主観的な身体を発見したのである。ともあれ、行動とはわれわれの目に見えない肉において行なわれるあの主観的身体(それも肉と同様に目に見えない)の働きであるというビランの人間観は、これまで見てきたキリスト自身のいくつかの簡潔な言葉が立脚している人間観でもあるが、こうした根本的な人間観が、今日なおまったく理解されていないというのは、じつに驚くべきことではなかろうか。

しかし、人間の条件についてのキリストの言葉がいかに深遠であろうとも——真の人間の条件とは、世界に属する客体的な身体に対する生ける肉であり、その対立の背後には見えるものと見えないものとの決定的区別があるという根本洞察、さらにはその区別に基づく人間の行動に関するまったく独創的な考え、など——、また自分自身と自分が生きる世界について真正なる考察を行ない得るすべての人間に、これらのキリストの言葉が深い真実性をもって迫ってくるとしても、それらが人間の言葉であることには変わりない。事実、デカルトやメーヌ・ド・ビランのような偉大な思想家、彼らには及ばないとしても、ショーペンハウアーなどもまた、同じような根本洞察をなしえたのである。あらゆる点において人間的な言葉。それを言ったのがひとりの人間であり、しかも人々に人間の言語を用いて語りかけており、だからこそまた、彼らにも理解できたのである。おまけに、これらの言葉は彼ら人間たちに、この世界における彼ら自身の生活について、あるいは彼らがこの世界においてしたがうべき行動の準則について、語っている。これらの言述の総体、その内容、その前提、それらは皆、「人間システム」――そこでは、すべてが人間から生じ、すべてが人間に関わる――と言うべきものを規定している。お望みなら、「ヒューマニズム〔人間中心主義〕」と言ってもいいし、先にも見たように、知恵と言ってもよい。こうしたシステムの起源、本性、目的の根底にあるのはおなじひとつの原理である。そもそも、ここで問題になっているのは、つねに同じ現実なのだ。あらゆる偉大な文明が――文字以前の文明も含めて――この種の知恵を生み出してきたのも、それゆえである。こうした知恵の教えにもとづき、人間の本性の構成要素としてみずからのうちに刻み込まれた掟にしたがうことによって、人間は生きることができたし、また生き延びることもできたのである。

キリストの言葉の中で、すべてが人間に属するこうしたシステムの観点から述べられているものは、ほかにも数多く見つかるだろう。その顕著な例として、誰もが遵守すべきものとされる律法にしたがうことをキリストが拒否するときに発する過激な言葉を挙げることができよう。法を人のうえに置く価値体系を転倒させることは、ここで問題となっているのが宗教的な法であるだけに、いっそう印象深い。とくにファリサイ派の人々との衝突の際に言われた言葉はきわめて過激である。「安息日に病気を治すことは許されているか、いないか」(『ルカ』一四・三)。癒す対象がいのちにほかならない以上、この転倒が意図するところは明白である。律法より大切なものとは、まさしくいのちなのである。ところで、いのちを律法に優先するこの考えは、病気という特別な場合のみならず、日々の暮らしのあらゆる場面に当てはまる。「あなたたちの中に、自分の息子か牛が井戸に落ちたら、安息日だからといって、すぐに引き上げてやらない者がいるだろうか」。このようにまったく平凡な形で、いのちが不意にむき出しになったとき、律法の理念的教えはすっかり信用を失ってしまう。律法の番人である「律法の専門家たちやファリサイ派の人々」に向けられた言葉だけに、この断言は意味深長であり、また聞く者にとっては耳が痛い。「彼らは、これに対して答えることができなかった」(『ルカ』一四・五、六)。

あまり取り上げられることはないが、『ルカ』の別の一節は、決断や行為の準則を自分自身のうちに求め、それにしたがうべきだとする呼びかけをさらに徹底しているように思われる。この一節において、キリストは、驚くべきことに、何か人ともめごとがあった場合には、裁判所などの外的機関に訴えるのではなく、自分自身が裁定者になるよう勧めている。「あなたがたは、何が正しいかを、どうして自分で判断しないのか。あなたを訴える人と一緒に役人のところに行くときには、途中でその人と仲直りするように努めなさい」(『ルカ』一二・五七、五八)。明らかにこの教えを知っていたパウロが、それに決定的な意味を与えたことはよく知られているが[6]、それ以前にも、この主題は共観福音書のいたるところに現われている。「安息日は、人のために定められた。人が安息日のためにあるのではない」(『マルコ』二・二七)。

以上のような理由からわれわれが人間システムと名づけたものを、まさに人間的現実たらしめているのは、このシステムの大まかな輪郭を描いた当人、すなわちキリスト自身が、あらゆる面において、人間としてふるまっているということである。福音書には「人の子」(ただし、この言葉が真に意味するのは、それが一見して意味していると思われるのとは正反対のものである)という奇妙な表現がしばしば見られるが、ほかにも、キリストが、ただ人間としてふるまうばかりか、自分は人間だと断言している多くの箇所を指摘できる。「ある律法学者が近づいて、『先生、あなたがおいでになる所なら、どこへでも従って参ります』と言った。イエスは言われた。『狐には穴があり、空の鳥には巣がある。だが、人の子には枕する所もない』」(『マタイ』八・一九、二〇、同じ文章が『ルカ』九・五七、五八にも見られる)。キリスト教神学によれば、キリストは、罪だけはのぞいて、人間の本性をことごとく、しかも死にいたるまで、わが身に負い続けたのではなかったか。また、キリスト教創建に尽力した教父たちの最初の世代は、異端に対抗して、キリストがみずからに負った人性をたえず強調し続けたのではなかったか。「……キリストは飢えを覚えられた。それは、彼の人性が異論の余地なく真実であることをわたしたちに納得させるためである」*。

けれども、同じキリスト教神学において、われわれ人間の本性をそっくり身に受けたその方は、同時にまた、神の〈言〉なのである。人間の本性を身に受けるとは、人性のうちに埋没するということではなく、反対に、人間の本性のうちにありながら、しかも〈言〉としてあり続けるということである。人間イエスがキリストであるのは、ひとえに彼のうちに〈言〉がとどまっているからだ。したがって問題は、キリストのうちに〈言〉がとどまるということが、単なる信仰箇条にすぎないのか、それとも、それ自体として真実なのか、ということである。しかし、この問題はしばらく棚上げして置かねばならない。差し当たって、確認しておくべきことは、キリストがひとりの人間として人々に語りかけ、彼らの言語を用い、彼ら自身のことを話している言葉においても、かの「人間システム」なるものが、ひび割れを起こし、やがては完全に解体してゆくということである。逆にキリストの教えがこの「人間システム」の範囲内に限られたとすれば、キリスト教はひとつの知恵、つまりはごくありふれた「霊性」の一形態にとどまったであろう。

* エイレナイオス『異端を駁す』(Irénée, *Contre les hérésies*, Éd. du Cerf, 1991, p.631.)。

第二章
キリストの言葉によって人間的世界が解体してゆくこと

キリストが人々に語りかけた言葉は、人間の条件に関して、きわめて特異な考え方を示しているが、それによって、われわれがごくふつうに抱いている人間観というものが一面的でしかないことが明らかになる。この人間観にしたがえば、人間は世界に属する存在であり、しかもそれは二重の意味においてである。まず、人間はこの世界に自分を現わす存在であるが、それは身体を通じてなされる。つまり人間は、この世界において、身体という形をとって、他者に対して、また自分自身に対しても、みずからを現わす。しかしまた、理論的というよりも、まずは実際的な面において、人間が世界のさまざまな事物と関係するのも身体を通してなのである。じっさい人間は、世界の事物に、自分を取り巻く質的にも多様な対象に、自分自身の欲求の充足を求める。こうして、先にわれわれが人間システムと名づけたものが形成されるが、それはまさしく、人間がみずからの生命の維持発展のために、人間同士の間で、あるいは世界との間で、結んだ具体的関係の総体なのである。だが、キリスト教の深い人間洞察によれば、世界とはこの二重の関係性の外観にすぎないのであって、この関係性の現実は、われわれのいのちという不可視の領域、つまりはわれわれの肉のうちに潜んでいる。そしてこの肉の外貌、すなわちこの肉が目に見えるようになった姿が身体なのである。

とはいえ、これも先に少しばかり触れたように、まったく新しい人間概念をもたらすこうした直観に到達することは、人間の哲学的思考にも不可能ではない。そうした概念も、いまだ人間中心主義的な知恵の範囲内におさまっているからである。じっさい、キリストの教えの中でも、「その日の苦労は、その日だけで十分である」(『マタイ』六・三四)、「だれも、二人の主人に仕えることはできない」(同六・二四)、「国が内輪で争えば、その国は成り立たない」(『マルコ』三・二四)といった言葉は、古代から伝わる格言にもごくふつうに見つかりそうである。なかでも、「だから、人にしてもらいたいと思うことは何でも、あなたがたも人にしなさい」(『マタイ』七・一二)といった掟は、あくまで人間倫理――人間自身が行動原理ともなり、また目的ともなっているという意味において――の範疇に属するだろう。この場合、人に対する私の行動原理を規定するのは、つまり私の行動の「格率」(とカントなら言うだろうもの)となるのは、人間としての私が望むこと、「私が人にしてもらいたいと思うこと」なのだから。ここで問題になっているのは、ことごとく人間に属するもの、あるいは人間に由来するものである。その行為の主体も対象も、いずれも人間であり、しかも他者になすべきことがその他者の立場から定められている。まさしくこれは人間中心主義のシステムであり、人間の知恵である。もっとよく知られたつぎの格言についても同じことが言えよう――「人を裁くな。あなたがたも裁かれないようにするためである」(『マタイ』七・一)。この場合もまた、「人を裁くな」という私の行動原理を規定しているのは、私の身に起こるかもしれないこと、つまり「裁かれること」なのである。

ところが、キリストの言葉の中にはまったく別のものもある。「このように、あなたがたは悪い者でありながらも……」(『マタイ』七・一一)。ここでも、キリストが語りかけているのは人間に対してであり、しかも、ある特定の人々ではなく、すべての人間に向かってである。先に「裁くな」という掟を人々に示した同じ方が高所から下したこの断定は、特定の個人、とがめるべき行為を犯した罪人に向けられたものではない。人間の本性そのものがまるごと否定されているのだ。人間共通の本性に基づくシステムとわれわれがみなしたものが、ここで早くも分裂解体し、それと同時に、不安に満ちた問いが頭をもたげる。人間と世界の間に調和を確立し、人間同士の間に平和をもたらすべく人々に与えられた教えや忠告、指示や掟などは、何よりもまず、人間の本性に即して考えられており、この本性そのものに働きかけるはずのものではなかったろうか。そうしてはじめて、この本性がより自由に発揮されるようになったり、あるいは少しずつ矯正されたり、改善されたりすることになるだろう。あらゆる知恵は、人間の本性の観察と経験に基づいている。この観察と経験を通してはじめて、人間の条件の構成要素、つまりそこに含まれている潜在力（それを実現することがまさしく倫理の役割である〕を読み取ることが可能となるだろう。「おまえがあるところのものになれ〔あるがままの自分になれ〕」。だが、そのように「なる」としても、その目標そのものがすでに価値を失っているとするなら、「なる」ことにいったいどんな価値があると言うのだろうか。また人間中心主義が知恵と呼んでいるものが人間の本性から生まれるとして、人間の本性そのものが腐敗堕落しているとするなら、そのような知恵を誇ることがどうしてできようか。そもそも、それ自体悪いものに依拠して倫理を確立するなどということは、およそ不可能である。こうして、キリストの言葉と、日々の暮らしの中でなすべき仕事を果たしつつ、われわれが自分自身についてごく当然のこととして考えていることとの間に生じた亀裂はしだいに大きくなり、やがてぱっくりと大きな口を開く。

キリストの言葉は、その文脈から恣意的に切り離すようなことをしなければ、知恵という形、人間的知恵という形で、われわれに語りかけてくるどころか、むしろ、そうした知恵に対する仮借なき批判となっている。キリストの言葉がめざしているのは、それを一種の倫理とみなすことが可能であるとしても、われわれが一般に自然と呼んでいるあらゆるものの対処法にならって、人間の本性というひとつの自然を徐々に改善してゆくということではまったくない。そもそも、宇宙の自然、外的自然、この「外部」は、キリストが明言したように、悪を完全に免れているのに対して、人間の本性という自然は、心から生まれる悪にすっかり染まっている。それゆえに、ここで必要なのは、単なる改善ではなく、完全なる質的転換、まさに本性の変質、一種の実体変化をもたらす徹底した質的転換である。この悪に染まった本性に取って代わるべき新しい本性を獲得するには、本性そのものを造り替えるほかない。あるいはむしろ、新たに生まれるという意味での再生が必要なのである。

人々の日々の行動を律している法や掟とのこうした全面的な対決、またキリストがこの対決を宣告する口調の激しさ、そのことの重大さをここでしっかり認識しておく必要がある。ひとつの家族の成員同士の間では、情愛に満ちていると同時に生活の必要性に基づく強いつながりがごく自然に結ばれてしまうために、そのつながりはまさに「自然」なもの、つまりは人間の本性に即したものとされ、したがってまた、人間のカップル、そしてそのカップルが作る家族の本性自体から生まれたものとされる。それは、生活と生活の深い必要から生まれたものである以上、きわめて人間的な関係だと言えよう。生活の必要に応じて形成されたこの関係はひとつの均衡をもたらし、共同体全体を支える安定要素となる。この均衡はもともと情愛に満ちたものであるから、それはそのようなものとして、つまりは幸福や平安として生きられる。幸福や平安をもたらすと自負する知恵は、じつのところ、すでにそこにあるものを追認しているにすぎないのだ。知恵が人間中心主義的とされる究極の理由もそこにある。この知恵とは、「人間の本性」という名で呼ばれてはいるが、じつはわれわれの生活の本性にほかならないものにあとから刻み込まれたさまざまな傾向にしたがっているにすぎないのである。

キリストの口から出たとはほとんど信じがたいつぎのような激しい言葉が告げているのも、以上のような生活に根ざした自然の関係を引き裂くということである。「わたしが来たのは地上に平和をもたらすためだ、と思ってはならない。平和ではなく、剣をもたらすために来たのだ。わたしは敵対させるために来たからである。人をその父に、娘を母に、嫁をしゅうとめに。こうして、自分の家族の者が敵となる……」(『マタイ』一〇・三四〜三六)。これに対応する一節が『ルカ』にもある(一二・五一〜五三)。「あなたがたは、わたしが地上に平和をもたらすために来たと思うのか。そうではない。言っておくが、むしろ分裂だ。今から後、一つの家に五人いるならば、三人は二人と、二人は三人と対決して分かれるからである。父は子と、子は父と、母は娘と、娘は母と、〔…〕対立して分かれる……」

生活者たちをつねに変わらず結びつけてきた絆を断ち切って、彼らの間に不和と対立をもたらすことを告げるこうした言葉は、その時々の成り行きでたまたま述べられたといったたぐいのものでもなければ、ただ家族だけを標的にしているものでもない。これらの言葉は総体としての社会組織を混乱に陥れ、さらには文字通り破綻させることを意図しているのだ。「ぶどう園の労働者」という奇妙なたとえ話では、午後も終わりになって雇われ、一時間しか働かなかった者たちが、朝早くに雇われ、まる一日、暑い中を辛抱して働いた者たちと同じ額の賃金を受け取る。かくして、「後にいる者が先になり、先にいた者が後になる」(『マタイ』二〇・一〜一六)。

社会経済生活を揺るがすこうした秩序の転倒は、必然的にあらゆる正義の転倒をも引き起こす。燎原の火のごとく広がってゆくこの破壊転覆は、つぎつぎと経験のさまざまなレベルに及び、最後は人間の条件の本質にまで達する。あらゆる階級秩序のドラスティックな転倒——「あなたがたの中でいちばん偉い人は、いちばん若い者のようになり、上に立つ人は、仕える者のようになりなさい」、「だれでも高ぶる者は低くされ、へりくだる者は高められる」（それぞれ『ルカ』二二・二四～二七、一八・一四）――に引き続いて、この大変動とも言うべきものの餌食になるのは、われわれ自身のいのちが脈打ち、感受される場としての、つまりはわれわれのもっとも内的な現実としての、人間の条件の根底そのものである。しかも、われわれの不意を襲うこの大変動は、差し当たって、われわれの理解をはるかに超える得体の知れないものと言わざるをえない。「自分の命を救おうとする者は、それを失うが、それを失おうとする者は、真に生きるだろう[1]」。

ところで、すべてがひっくり返る、こうしたとてつもない状況は、折々の言葉の中で断片的に語られるだけでなく、説教の整然とした展開を通して述べられることもある。そこでは、あえて常識に挑むような逆説がつぎつぎに登場してわれわれの日常的思考を逆なでするが、意外にも、ある不可思議な親和力がそれらの逆説同士を深く結びつけているように思われる。じっさい、「山上の説教」（『マタイ』においてであれ、『ルカ』においてであれ）の読者の眼前に繰り広げられるのは、まさに堂々たる説教である。これら一連のとほうもない言葉の背後には、ある別の〈理性〉、もうひとつの〈ロゴス〉が働いており、人間が自分自身について言ったり、考えたりするあらゆることに異を唱えながらも、人間存在の核心に深く触れてくるかのようである。このロゴス＝言葉は、われわれの真の現実と相容れないどころか、われわれにはまだ理解しがたいあるひそかな一致によってつながっているのみならず、両者は不可分の一体をなしているのではあるまいか。ここに、キリストの謎めいた教えを理解する鍵があると言えよう。しかもその鍵は、秘教的な知、古代の神話、あるいは荒唐無稽な宇宙開闢説によってもたらされるのではなく、われわれ自身のうちに隠されているはずである。そうした鍵だけが、われわれを真の人間理解に導いてくれるだろう。

この鍵を手に入れるには、まずつぎのことを認めなければならない――「山上の説教」のすべての逆説がひそかに指し示しているのは、人間の条件そのものであるということ。要するに、ここで問題になっているのも、キリストが人々に人間自身のことを語った言葉なのである。これらの言葉を分析することによってのみ、われわれが求めている自己〔人間〕理解の原理を手にすることができるだろう。

そのためにもまず、われわれには、荒唐無稽とは言わないまでも、不可解な逆説としか思われないこれらの言葉が、それにもかかわらず、古代思想にはおなじみの詭弁にも似た軽妙な頓知のようなものとは感じられず、それを読んだ者にはただちにその偉大さや悲劇的な真実性が強く伝わってくるのはどうしてなのか、ということをここで改めて考えてみる必要があるだろう。その理由は、すでに何度も認めざるをえなかったように、これらの言葉が、われわれがわれわれ自身についてごく自然に抱いている概念と真っ向から対立するということ、またそれによって、この概念がいかにもろいものであるかをわれわれに強く意識させるということにある。われわれは、当然のこととして、自分を世界に属する存在とみなし、この世における行為を通じてこの世の存在としての自己証明をしてゆくが、キリストの異様とも言える激しい偽善批判は、それを聞いているわれわれの目にも、外部の世界、外観の世界の権威を失墜させると同時に、われわれの活動の現実性と真実性、そしてわれわれの肉、すなわちわれわれのいのちの現実性と真実性もまた、この世界にはないことをわれわれに納得させる。それらの現実性と真実性は、われわれのうちに、この肉、このいのちの内部にこそあるのだ。

目に見える領域から目に見えない領域への、以上のような現実性の転移は、すでに見たいくつかの逆説の真意を明らかにしてくれる。人々が絶対的な信を置いている世界からその権威を奪い、この世界は外観であり、しかも欺瞞《ぎまん》に満ちた外観でしかないことを明らかにすることによってはじめて、つぎのように言うことが可能となる――祈っている者は祈っていない、断食している者は断食していない、施しをする者は貧しい者にまったく無関心であり、その施し物にもまったく心が籠《こも》っていない。かくして、人間活動とそれに基づく人間関係の全体が、その実質を奪われ、あえなく崩れ去ってゆく。

すでに指摘した通り、人間の哲学的思考もまた、見える世界こそ唯一の現実だとする一般通念の誘惑に抗う力を持ちうる。たとえば、デカルトのコギト、カントやフッサールの「超越論的自我」、あるいは伝統的な魂、そうした考えの根底にあるのは、まさしく真の現実性は目に見えない領域にあるという信念である。これらの哲学的概念もまたキリスト教的霊感を受けているという可能性も否定できないだろうが、ともあれ、こうして人間は、みずからの思考的努力によって、みずからをその真実のあり方において理解すべく、素朴実在論や唯物論の幻想を打ち破ることができるのである。

しかし、キリストの言葉をさらに注意深く吟味すれば、そこに見られる逆説が、単に見えるものと見えないものとの対立を際立たせ、われわれの真のいのちが後者に属することだけを言おうとしているのではないことが明らかになろう。「山上の説教」でキリストが言明しているとほうもない逆説的関係は、まさにわれわれの真のいのちの内部において、真のいのちを構成する諸様態の間、真のいのちそれ自体の諸感情の間において、はじめて成り立つものであるということ、それこそ肝心な点なのだ。「泣いている人々[2]は幸いである〔…〕。義に飢え渇く人々は幸いである〔…〕。迫害され、身に覚えのないことであらゆる悪口を浴びせられるとき、あなたがたは幸いである……」（『マタイ』五・四、[3]六、十一）。『ルカ』にも同じような驚くべき断言が見られる。「貧しい人々は、幸いである〔…〕。飢えている人々は、幸いである〔…〕。泣いている人々は、幸いである〔…〕。人々に憎まれ、追い出されるとき、ののしられ、汚名を着せられるとき、あなたがたは幸いである〔…〕。その日には、喜び踊りなさい……」

（六・二〇〜二三）。『ルカ』では、これらの至福につぎのような四つの呪いが付け加わっている。「しかし、富んでいるあなたがた〔…〕、満腹しているあなたがた〔…〕、笑っているあなたがたは、不幸である〔…〕。すべての人にほめられるとき、あなたがたは不幸である……」（二四〜二六）

以上のようなあらゆる感情の全面的な価値転倒は、ただちに、これらの感情に内在する論理の転倒をも引き起こす。じっさい、飢えや渇きといった不快な感覚や迫害の苦しみ、誹謗中傷を受ける屈辱感、さらには、貧困の悩み、涙、憎しみ、侮辱、他者の軽蔑がわれわれに引き起こす恥辱感などが、どうして幸福と言えるのか。

われわれのあらゆる感情のこうした内的論理の転倒は、つぎに、人々がごく自然に結んでいる人間関係の全面的転倒をもたらすが、こちらは誰の目にもはっきり見える。たとえば『ルカ』のつぎの一節。「敵を愛し、あなたがたを憎む者に親切にしなさい。悪口を言う者に祝福を祈り、あなたがたを侮辱する者のために祈りなさい。あなたの頬を打つ者には、もう一方の頬をも向けなさい。外套を奪い取る者には、チュニカ(4)をも拒んではならない(5)。求める者には、だれにでも与えなさい。あなたの持ち物を奪う者から取り返そうとしてはならない……」（六・二七〜三〇）。

感情や情感的関係の内的転倒を告げる、以上のような唐突ともいえるキリストの言明には、その逆説性にもかかわらず、不思議に人を惹きつけるものがあるが、そうした転倒の結果もまた、キリストの口からはっきり告げられている。いまや、自然とされる通常の人間関係は、覆されるだけでなく、貶められ、裁かれ、糾弾されるのだ。以下がその糾弾である。「自分を愛してくれる人を愛したところで、あなたはどれほど感謝されるだろうか(6)。罪人でも、愛してくれる人を愛している。また、自分によくしてくれる人に善いことをしたところで、どれほど感謝されるだろうか。罪人でも同じことをしている。返してもらうことを当てにして貸したところで、どれほど感謝されるだろうか。罪人でさえ、同じものを返してもらおうとして、罪人に貸すのである。しかし、あなたがたは敵を愛しなさい。人に善いことをし、お返しに何も期待しないで貸しなさい」[7]（『ルカ』六・三二〜三五）。

以上の文章の最後の一句〔「お返しに」〕[8]はほとんど注目されず、うっかり見過ごされがちだが、まさしくこの一句に、まだわれわれの検討が及んでいない人間関係の本質的特徴が浮き彫りにされている。しかもそれこそ、キリストが糾弾している当の対象なのだ（そこに逆説がある）。その本質的特徴とは相互性ということである。ところが、相互性こそ人間関係を成り立たせている最大の要素であるばかりでなく、この関係を正当化するのも、またそれをより堅固なものにするのも、この相互性なのである。日常生活のどんなに卑近な場面にもそれは見られ、たとえば隣人同士の、あるいは仕事のうえでの相互奉仕が、共感や友愛の絆を作り出す。相互性の役割が大きくなればなるほど、人間関係は持続的で情愛的な性格を帯びてきて、この関係を自然なもの、有益なもの、格別に「人間的」なものにする。自分を愛してくれる人を愛するのは、ごく自然で人間的なことではなかろうか。男は女を愛し、妻は夫を愛する。母は子を愛し、子は両親を愛する。この絆がより大きな共同体に広がってゆき、その緊密さを失い、単なる友好、連帯、協働の関係になったとしても、この絆が作り出すグループのまとまりを保証するのは、やはり相互性なのである。情愛と相互性は一体をなしており、相互性が欠ければ、情愛にも大いに影響を及ぼす。見返りのない愛は不幸をもたらす。

社会的関係も個人同士が作り出す関係であり、個人と同様、生〔生活〕からその実質を汲み上げている以上（常識に反して、社会的関係は世界の光からその現実性を受け取っている「客観的」関係ではまったくない）、それはいたるところで相互性の特徴を示している。相互性なくして社会的関係は成り立たない。われわれはすでに経済に言及しているが、経済の起源となる現象とは交換にほかならない。そして、交換という概念は相互性の概念と無関係に形成されることはありえない。交換において、それぞれの交換者は自分が与えるものの等価物を相手から期待し、またそれを受け取る。商業経済はすべて交換に基づいているが、資本主義もまた、この商業経済の一様式にほかならない。こうしたあらゆる経済現象、より一般的にはあらゆる社会現象が、つぎにひとつの法体系を生み出す。一見するところ、法が経済や社会の活動を支配し統制しているようにも思われるが、じつは逆で、法はこれらの活動の理念的表現にすぎないのである。どんな形態の交換を行なう場合にもかならず取り交わされる契約の中に、相互性はもっとも純粋な形で現われている。

むろん、客観的に外に現われるあらゆる現象ないし活動では、偽善や虚偽が入り込んで、相互性が形だけのものになりかねない。たとえば、経済活動における労働と賃金（それは金銭という形での労働の対価とされるが）の交換はまやかしにすぎない場合も多く、それは結局、労働者を〈搾取〉することにつながる。しかし、夫婦のように情愛に基づく相互奉仕や相互献身という形で生きられる経験においては、そのような欺瞞的工作を企むことはほとんど不可能である。後者の場合、われわれはありのまま直接的に感得されるいのちの現実性を見出しているのであって、苦しみは苦しみにほかならず、喜びは喜び以外の何ものでもないこの目に見えない領域では、虚偽が入り込む余地はない。そこでは、人間関係がふたたび現実的な関係となり、みずからの力で維持発展してゆく。人は与えるのと同じだけを受け取り、受け取るのと同じだけのものを与える。こうした相互性をじっさいに生き、実感することによって、おのずから愛が高まってくる。いのちに引き戻され、いのちの絶対確実性に支えられた相互性は、最大限の力を発揮する。このように、相互性がいのちといのちの確実性に引き戻されたときこそ、自分を愛してくれる人を愛するのがごく自然なことになる。情愛と相互性はふたたび一体となって、その力を共同体に及ぼす。そして、情愛と相互性によって支えられた共同体が、あらゆる社会の根幹をなす。

以上のことをふまえて、ようやく相互性の隠された意味が明らかになる。相互性はかならず人間同士の間で結ばれるものであって、相互性は人間存在それ自体に根拠を持つということである。人間同士の相互性とは、人間は何をするのか、人間とはどんな存在か、ということの目に見える形であると言ってよい。こうして、人間は何をするのか、人間とはどんな存在かは、人間そのものから説明される。このようにして、ひとつの人間システムが形成される。というのも、人間は人間同士を結びつける関係の両項に同時に位置することによって、この関係を支える基体となるのだ。人間同士の間で結ばれるあらゆる関係は、人間自身に、つまりは人間の本性に、その起源を持つ。人間関係とはまさしくこうしたものであって、ほかにありようはない。

人間関係というものが、以上見たように、真実なる相互性から力を汲み上げることによって、夫と妻、あるいは両親と子供たちのそれに見られるように、「人間的」で、「自然」で、恵み深いもの、あるいは感動的なものとして現われるとすればなおさらのこと、そのような関係をわざわざ打ち壊すというようなことはとうてい理解しがたいし、ましてやこうした関係を糾弾するその理由はまったく不可解だとしか言えない。いったいどんな理由で、また誰の名において、こうした人間関係が打ち壊され、また糾弾されねばならないと言うのか。こうした関係が打ち壊され、糾弾されるべきだとすれば、同時にまた、この関係が由来するところの、またこの関係がその具体的現われであるところの、人間の条件そのものが疑問に付され、転倒することになるのではなかろうか。ところが、人々に向かって、彼ら自身のことを語るキリストの言葉が企てているのは、まさしくこの転倒破壊なのである。

第三章
キリストの言葉による人間の条件の転倒

　前章でわれわれが考察したキリストの言葉、とりわけ逆説を含んだ言葉を、あらためて注意深く読んでみても、それを最初に読んだときの印象が間違ってはいなかったことが確認される。われわれが自分自身について抱いている考えに真っ向から異を唱えるこれらの言葉は、たとえそれがいかに重要であろうとも、見えるものと見えないものの対立だけにこだわっているわけではないし、またわれわれの真の現実が見えないもののうちにこそ潜んでいる――だからこそ、この現実は「隠れたところ」と呼ばれる――ということだけを主張しているわけでもない。そうではなく、キリストの言葉は、われわれがそこを住まいとしている見えないものの領域の内部に新たな分離線を引き、われわれのいのちのもっとも深い次元に照明を当てようとしているのだ。キリストの言葉は、われわれのいのちの埋もれた地層、われわれ自身の意識から二重に隔てられているこの地層を啓示しているのであり、この啓示によって、人間の条件は大きく揺らぎ出し、それは文字通りの意味において「人間的」であるとはもはや言えなくなる。われわれのいのちの新たな規定は、「神は隠れたところを見ている」ということに基づいているが、この規定はわれわれの生の基盤を根底から覆すだろう。われわれ各人を、他者のまなざし、世界の光、世の栄光からは隠された存在、一種の形而上学的秘匿性によって庇護され、やはりこの秘匿性によって他のすべてから独立した存在とされるひとつの自己たらしめている、この「隠れたところ」とは、古典倫理学が不可侵の意識として理解していたものであるが、ほんとうはそのようなものではまったくない。あるいはこの「隠れたところ」を秘匿の領域、「不可侵の意識」と呼ぶことができるとしても、それは他者との関係においてだけであり、つまりはこの「隠れたところ」が、他者の目にも見えず、世界の光も届かない領域に隠されているという意味においてでしかない。見えない領域に潜むこの「隠れたところ」、誰も入り込めないこの神秘的な自己には、別のまなざしが注がれている。そのまなざしは、この神秘的な自己の中心部分を、まさに自己の「隠れたところ」を、刺し貫くのである。言うまでもなく、それは神のまなざしである。

だとすれば、偽善を痛烈に批判するキリストの言葉の意味はすっかり変わってくるだろう。先のわれわれの分析では、偽善というものがありうるのは、われわれ各人の自己が、その生きた現実性にあるかぎり、その思考においても、行為においても、世界のまなざしから隠されているからである、ということであった。それがじっさいに行なわれているときにも、行為そのものは目に見えないのであり、ただその外観だけが、客観的身体の移動という形で、目に見えてくる。だからこそ、ほんとうに祈ったり、断食したりせずに、祈るふりをし、断食するふりをすることもできる。ただし、神はこの隠れたところを見ており——偽善を批判する『マタイ』のテクストが全体として言わんとしているのは、まさしくこのことなのだ——それゆえにまた、われわれの行動をその現実性において見ている。「施しをするときは、右の手のすることを左の手に知らせてはならない。あなたの施しを人目につかせないためである。あなたの父は、隠れたところであなたがしていることを見ておられる……」(1)。同様にまた「だから、あなたが祈るときは、奥まった自分の部屋に入って戸を閉め、隠れたところにおられるあなたの父に祈りなさい。あなたの父は、隠れたところであなたがしていることを見ておられる……」（六・三、四、六）。

そうであるなら、人間の条件というものを、もっぱら見えるものと見えないものとの対立――それは自己と世界との対立として理解され、この対立と同一視されるが――ということから規定することは、もはやできなくなっている。目に見えない領域それ自体に、ひとつの深淵が穿《うが》たれ、新しい関係が措定される。自己は単に世界や他者と関係するだけでなく、またみずからの思考や行為の秘密において、自分自身と関係するだけでもない。この秘密、この隠れたところには、神のまなざしが注がれているのだ。こうして、人間を神に明かすと同時に人間を人間自身に明かすこのまなざしを通じて、人間は神に結びつけられる。そしてこの内的関係が、いまや人間の現実性を規定することになる。人間の条件が世界の光――この光の中で、男と女は互いを見つめ合い、自分たちの威信をかけて闘うのだが――からみずからの存在を受け取ることをやめ、神との内的関係から、さらにはこの新しい根本的な関係を明かす啓示から、それを受け取るようになったその瞬間、人間の条件はすでに転倒している。

人間の秘密を神に明かすと同時に人間自身にも明かす二重の啓示がその中でなされるというこの関係は、いったいどのような性格を持つのか。それは、福音書に伝えられているキリストの言葉を順次検討してゆくにつれて、しだいに明らかになるだろう。差し当たってここでは、こうした人間の条件の新たな定義があのとてつもない逆説を照らし出し、これまでまったく無意味にしか思われなかったものに決定的な意味を与えることを確認するにとどめておこう。ここで取り上げるのは、ひとつの家族の構成員を結びつけている生きた自然な絆をもつれさせることを、あるいはむしろ断ち切ることを、告げるキリストの言葉である。『マタイ』と『ルカ』のテクストを思い出していただきたい――「わたしは、人をその父から、娘をその母から、引き離すためにきたのだ……」、「あなたがたは、わたしが地上に平和をもたらすために来たと思うのか。そうではない。言っておくが、むしろ分裂だ。今から後、一つの家に五人いるならば、三人は二人と、二人は三人と対立して分かれるからである……」(それぞれ『マタイ』一〇・三四、三五、『ルカ』一二・五一〜五三)。すでに見たように、ここで言われているのは、人間関係における感情的相互性の法則全般に対する批判から帰結される事態にほかならない。その感情的相互性とは、たとえば、自分を愛する人々を愛すべきである、また自分を憎んでいる者たちに対しては、憎しみとは言わないまでも、敵愾心《てきがいしん》を持つべきである、といったことを意味する。だからこそ、それに対してキリストは、理解するのもむずかしいが、それを守ることはさらにむずかしい、つぎのような掟をあえて告げるのだ――「あなたがたの敵を愛しなさい……」。

こうしてようやく、相互性に対する根本的批判が何をめざしているのかを理解することが可能になる。相互性がかくも激しく忌み嫌われるのは、ほかでもなく、人間関係において、この相互性は関係の両項それ自体である人間以外の何ものをも介在させないからである。相互性によって支えられ、相互性によって説明されるとき、人間関係はまったく自立的、自己充足的なものとなる。そうした人間関係はそれ自体で、つまりはその関係の両項としての人間だけで、成り立っている。同様にまた、そうした人間関係はそれ自体によって、つまりは人間たちの本性〔人間性〕によって、説明される。相互性というものが、どんな人間関係であれ、男、女、子供、両親、要するに人間だけをその構成原理とする以上、この相互性に基づく人間関係のいわゆる自立性なるものが、まさに人間を神に結びつける内的関係を排除してしまうのである。ところが、のちに見るように、隠れたところで展開されるこの内的関係こそ、人間を真に理解する鍵となるばかりでなく、人間の存在はこの内的関係によって根底から支えられているのだ。以上のように、相互性に基づく人間関係によって完全に隠蔽されているのは、人間の条件にかかわる真理であり、また人間同士が互いに築き上げ、維持することができるはずの絆すべてにかかわる真理なのである。

キリストはなぜ相互性を告発するのか。相互性こそ、われわれにもっともなじみ深い人間関係を織りなすものであり、またそれに「自然」な趣を与えるのであって、だからこそ相互性に基づく人間関係は、誰の目にも、正当なもの、肯定すべきものとして映るのであるまいか。またこの相互性ゆえにこそ、われわれは、抗いがたい力に動かされて、自分を愛してくれる人々を愛するのではないか。なぜキリストは剣を振りかざして、家族の絆を断ち切ろうとするのか。われわれの生は、家族の絆にこそ、成就と喜びを追い求め、またじっさいにそれを見出すのがふつうであることからすれば、このキリストの言葉には誰もが啞然とせざるをえないだろう。いったいどうして？　それは、非相互性ということを強く訴えたいからである。なぜ訴えたいのか。それは、非相互性こそ、われわれがようやく見出した新たな根源的関係、人間を神に結びつけている、あるいはむしろ神を人間に結びつけている、隠された内的関係の決定的特性だからである。つぎの神の言葉は、さながら剣のようにきらめく――「しかし、あなたがたは敵を愛しなさい。人に善いことをし、お返しに何も期待しないで貸しなさい。[2] そうすれば、たくさんの報いがあり、いと高き方の子となる。いと高き方は、恩を知らない者にも悪人にも、情け深いからである」（『ルカ』六・三五、強調は筆者）。

ルカが神の人間に対する関係を述べるのは、まずもって神の善という観点からであるが、この神の善については、マタイもつぎのように述べている――「父は悪人にも善人にも太陽を昇らせ、正しい者にも正しくない者にも雨を降らせてくださるからである」（五・四五）。単に善という観点から見た場合、この言葉は倫理的掟にほかならないように思われる。事実、この言葉は他者に対してどうふるまうべきかを示している。ただしそれは、もはや相互性に基づく自然的ないし自発的な法にしたがってではない。つまり、善に対しては善を返し、悪に対しては悪を返し、侮辱や危害に対しては敵意や復讐で対抗するといったやり方ではない。この新しい言葉にしたがい、悪に対して善を返すこと、それはいわゆる自然的関係を破壊し、古い法（「目には目を、歯には歯を」）を覆すことである。

ただし、このキリストの言葉は、人間関係の転倒――もちろん、それも重要であるが――以上の何かを語っている。この言葉が、互いの理解と愛が支配しているところに不和と分裂の種を蒔《ま》くことによって、人間関係の転倒を引き起こすとしても、それは、この言葉がまずもって人間の条件そのものを揺るがすからにほかならない。ここではもはや、人間の条件は、人間同士の相互関係システムに基づく人間的地平において規定されるのではなく、人間ひとりひとりを神に結びつける内的関係によって規定されているのだ。このように、人間の条件が神との関係によって構成されているために、人間同士の関係もまた、もはや人間的な判断基準や掟にしたがうことができなくなっている。そもそも、人間的な判断基準や掟がそこから生まれてくるはずの人間の本性なるものが、ここにはすでに存在しない。この本性の変化、人間的本性から神のうちで生まれる本性――この新たな本性は本質的に神のそれであり、この本性が引き起こす行動も神を起源とする原理にしかしたがわない――への変容、それこそ以下の異様に密度の高い一節が言わんとしていることである――「人に善いことをし、お返しに何も期待しないで貸しなさい[3]。そうすれば〔…〕あなたがたはいと高き方の子となる……」、「敵を愛し、自分を迫害する者のために祈りなさい。あなたがたが天の父の子になるためである……」（それぞれ『ルカ』六・三五、『マタイ』五・四四、強調は筆者）。

「山上の説教」の逆説を引き継ぐ形で、人間の条件の転倒について語るこれらの逆説から、その説明の原理として、キリスト教の核心に位置すべきひとつの命題が引き出される。すなわち、「あなたがたは神の子である」ということ。こうした人間の条件の新しい定義は、あらゆる世俗的ないし人間中心的解釈に反して、『ルカ』および『マタイ』のテクストでは、ひとつの生成[4]に関わり、しかもこの定義が満たされるか否かは、この生成の完遂如何にかかっているように思われる。このように、〈神の子〉である条件は、われわれ人間にある行動をうながしているが、その行動はきわめてむずかしい。なぜなら、それは人間の本能的自発性に逆らうものだからである。しかしこの行動は、その困難さやそれが乗り越えねばならない謎めいた障害ゆえに尊いのではない。この行動は、われわれ人間に対する神のふるまいの中にあらかじめ書き込まれていると言ってよい。神は相互性のけち臭さを知らず、恩を知らない者にも悪人にも善を施す。それならば、われわれに対する神のふるまいは、われわれが他の人間に対して取るべき行動のモデルとして示されているのだろうか。つまり、それはひとつの「神のまねび」(imitatio Dei) の原理であり、われわれはそれにならって日々の行動を正し、善行を積んだ挙句に「いと高き方の子」と呼ばれるにふさわしい人間になるということなのだろうか。

だが、そんなふうに考えるとすれば、われわれ人間に向けられたキリストの言葉の意味を矮小化することになろう。われわれに対する神のふるまいは、他者に対するわれわれの態度のモデルとしてなされているだけではまったくない。神の行為が示している非相互性は、人間的次元で理解すべきものではないのである。人間的次元で理解するなら、それは単に自然的な関係を特徴づける相互性を否定するだけのことになってしまう。その場合、われわれは、われわれを愛している人々を愛することをやめて、彼らを憎み始めるか、あるいは逆に、われわれの敵を憎むことをやめて、まるで奇跡のように、彼らを愛し始めるか、いずれにせよ、ただそれだけのことだろう。われわれを神に結びつける内的関係の非相互性は、人間同士の間で成立する関係——それは人間自身に根ざしているために、つねに不安定で崩れやすい——とはまったく異なる関係性がそこに介在していることを意味している。この非相互性が示しているのは、神の無限のいのちの内部において、われわれ人間の有限のいのちが生み出されている、という事態であり、したがって、この非相互性は神自身の絶対にして無限のいのちの内的プロセスとの関連においてしか意味を持たないのである。この無限のいのちの内的プロセスにおいてこそ、生きている人間はそれぞれに自分自身のいのちにもたらされるのであり、それゆえに、生きている人間と彼を生かしている絶対の〈いのち〉との関係はけっして相互的ではありえないのだ。福音書全体を貫いてわれわれに与えられている「神の子」という呼び名は、単なる隠喩ではない。それが意味しているのは、まさしくわれわれ人間の現実的条件なのである。目下検討中のテクストにおいて、われわれに付与されている神の子の条件というものが、ひとつの生成、あらかじめその諸条件が明確に規定されている生成によって、はじめて現実のものとなるとされているのも、われわれ人間にとって、ひとつの原初的条件、その本性を歪められ、忘れ去られてはいても、けっして消滅することはないこの条件を、ふたたび見出すことが最大の課題だからである。

つぎのような有無を言わせぬキリストの言葉は、そうした意味に解さなければならない——「地上の者を『父』と呼んではならない。あなたがたの父は天の父おひとりだけだ」(『マタイ』二三・九)。地上のいかなる人間も他の人間を「父」と呼んではならないというのは、人違いの恐れがあるからといったことではなく、まさしく資格の問題なのである。地上のいかなる人間にも「父」と呼ばれる資格はない。じっさい、たったひとりの父しかいないのであって、それは天にいる父、神である。人間は皆、神の子であり、神だけの子なのである。人間存在の根本にかかわるこの〈根源的〉条件は、以下の事実に基づいている――いかなる生ける人間も、自分自身をいのちにもたらす能力を持たない以上、自分と同様に貧しく、いのちをみずからに与えることのできない他の人間から、そのいのちを受け取ることはできない、ということ。自分みずからをいのちにもたらす能力を有する全能の〈いのち〉、この唯一絶対なる〈いのち〉、神自身である〈いのち〉だけが、あらゆる人間にその息を吹き込んで、彼らを生かす。だからこそ、人間は、真実かつ絶対なる意味において、〈神の子〉なのである。

地上のいかなる人間も他の人間を父とすることができないとすれば、同様にまた、いかなる人間も他の人間の父であることはできない。厳密に言って、人間は誰も、他の人間の父でも子でもありえない。もはや、地上のあらゆる絆が、そして何よりもまずあらゆる家族的な絆が、いわば実質を奪われ、われわれがふつうそれらに付与している実効性を失っている。そこで、自分と他者をつなぐあらゆる絆の現実性と有効性に関わるとほうもない疑問が、生ける人間ひとりひとりに降りかかってくる。誰が自分の父であり、母であるか、また誰が自分の兄弟であり、姉妹であるか、あるいは、誰が自分の息子であり、娘であるか、という問い。とほうもない問いだというのも、それがけっして答えようのない問いだからだ。しかもそれこそ、母と兄弟たちがやって来て、彼に会いたいと言っていることを伝えられたときに、キリストが発した驚くべき問いなのである――「大勢の人が、イエスの周りに座っていた。『御覧なさい。母上と兄弟姉妹がたが外であなたを捜しておられます』と知らされると、イエスは、『わたしの母、わたしの兄弟とはだれか』と答え、周りに座っている人々を見回して言われた。『見なさい。ここにわたしの母、わたしの兄弟がいる。神の御心を行う人こそ、わたしの兄弟、姉妹、また母なのだ。』」（『マルコ』三・三一～三五、なお『マタイ』一二・四八～五〇、『ルカ』八・一九～二一を参照のこと）。

一見したところ、かなり衝撃的だが、このように家族の絆というものがすでに現実性を失っているからこそ、先に見た一節でキリストがそれこそ自分の使命であると断言したごとく、ひとつの家族の構成員を互いに引き離すということも可能になる。「わたしが来たのは平和ではなく、剣をもたらすため、人をその父から、娘をその母から引き離すためである……」。容易には受け入れがたい、というよりもまったく不可解な、この家族を引き裂くという行為も――それは数多くの逆説のひとつにほかならない――家族の絆の現実性が疑問に付され、さらには否定されることによって、ようやく納得されるだろう。かくして、人間の自然的血統が完膚なきまでに否定され、人間のひとりひとりを〈神の子〉とする神的血統だけが現実的かつ真実のものとされるに及んで、家族の絆はその現実性を根本から奪われることになる。

この世の目に、またこの世の知解と説明において、父とされる人から引き離され、同様にまた、この世において、またこの世の説明にしたがって、母とされる人からも引き離され、さらには兄弟姉妹とされる人々、息子や娘とされる人々からも引き離されたからといって、人間は、あらゆる自己同一性を失い、あらゆるものを奪われ、絶望し切って、当てどもなく流されてゆく――ちょうど、ロッセリーニ[5]の映画『戦火のかなた』で、筏に縛りつけられたレジスタンス闘士たちの死体がポー河に流されて、海へと下ってゆくように――というわけではない。以上のように、家族の絆がとつぜん断ち切られたとしても、また人間関係すべてが崩壊したとしても、そうした絆や関係は、神的秩序に基づいて、ただちに再構成される。この秩序は原理的に唯一の〈父〉しか認めないため、すべての人間はその子ということになり、また、あらゆる差別、分離、対立を廃したのちに、この新たな秩序において存続する唯一真なる関係とは兄弟姉妹のそれということになる。

以上が、人間的言語で人々に彼ら自身のことを語るキリストの言葉が彼らに与えた最初の本質的啓示である——あなたがたは〈神の子〉であり、あなたがたにはたったひとりの同じ〈父〉しかいない。あなたがたは、同じひとりの父を持つがゆえに、互いに〈兄弟〉であるという関係によってひとつに結ばれている。こうした関係は、いかなる意味においても単なる理想などではないし、また違反せずに遵守すべきひとつの法に基づいて形成されたのでもない。ましてや、そこに単なる暗喩しか認めようとしないのは論外というほかない。ここでキリストが人々に明かしているのは、あらゆる人間存在を互いに結びつけている関係の現実性そのものなのである。このような関係は、人間が自分たちについて抱いている世間的なイメージからは、また彼らの物の見方、つまりは自分が属している世界の教育や文化や文明に応じて各人が自分自身を思い描くその仕方からも、もはや理解することはできない。人間同士を結びつけているこの兄弟姉妹としての関係こそ、真に現実的な関係なのである。彼らひとりひとりの存在を支える現実とはまさに〈神の子〉であるという現実なのであって、そうではない人間、すべての者の〈父〉であるただひとりの神の〈子〉ではない人間というものは、そもそもありえないのだ。

以上のことから容易に考えられるように、神の絶対のいのちと、この絶対のいのちからいのちを与えられる——あるいはむしろ、この絶対のいのちそのものが自分のいのちとなる——生ける人間ひとりひとりのいのちとの間の非相互性が、彼ら人間同士の間に新たな相互性を作り出す。だがそれは、この相互性によって結ばれる人間同士が同じ本質、同じ人間性を持っているから、ということではもはやない。この相互性は、それぞれの生ける人間をみずからがその中で生きている絶対の〈いのち〉に結びつける内的関係から生まれる。つまり、この絶対の〈いのち〉と内的関係で結ばれた人間は、そのいのちの内部において、やはりこの同じ絶対の〈いのち〉から自分のいのちを汲んでいる他の生ける人間たちのひとりひとりとも内的関係を結ぶ。この絶対の〈いのち〉は、彼自身のいのちでもあれば、他の人間たちのそれでもあり、要するにすべての人間が分かち合ういのちなのである。それぞれの人間がその中に生きている、あるいはそれぞれの人間の中に生きている、この同じひとつの〈いのち〉の内部において、あらゆる生ける人間同士の間に結ばれるこの内的関係こそ、キリストによって打ち立てられた新しい相互性であって、この相互性ゆえに、すべての男女が互いに兄弟姉妹となる。

しかし、つぎのことを強調しておくべきだろう――キリストによって打ち立てられたこの新しい相互性は、いわゆる自然的人間関係において働いている相互性とはまったく無関係である、ということ。後者はふつうに理解されている意味での人間存在の間に成立するものである以上、それが支えているさまざまな関係からなるシステムはあくまで人間システムにほかならないと考えられる。ところで、この人間システムは、ふつうに思い描かれているような牧歌的なものではまったくない。家族という限られた特別なグループにおいてすら、そうなのである。人間性の圏域に閉ざされた相互性は、しばしば、あらゆる形の敵対性をはらむ。対抗心、競争心、野心や利害の対立、ペテン、策略、虚偽、怨念、憎しみ、暴力、攻撃性、ついには闘争。こうした敵対関係が終わると、無関心がそれに取って代わる。情熱ですら、ついには無関心に変わってしまうのだ。こうした人間関係が、金銭的、経済的、その他の客観的要因によって結ばれたものではなく、「心から生まれた」ものであっても、あるいはむしろそのほうが、キリストの批判に当てはまってしまう。じっさい、キリストは「悪は心から生まれる」と言っている。だが、キリストの批判の矢は、愛そのものにも向けられる。相互性の人間的法則に支配されるかぎり、愛はあくまで自分を愛する者を愛する愛にとどまるからである。

「異邦人でさえ、同じことをしているではないか」(『マタイ』五・四七)とキリストは繰り返し言っているが、この辛辣をきわめる言葉によって、相互愛を糾弾する彼の究極の意図が明らかになる。つまり、異邦人は神を知らないということ。神が不在のところでは、私の愛は他者の愛に依存し、他者の愛は私の愛に依存するほかなく、この危うい相互性が揺らげば、愛はたちまち消滅する。愛はいのちの別名にほかならず、それゆえ、われわれ自身の愛についても、われわれ自身のいのちとまったく同じことが言える。われわれ自身のいのちを他者のいのちによって生かすことができないように、他者のいのちを私のいのちによって生かすことはできない。それと同じことで、もし他者の愛が私の愛にもっぱら依存しているとしても、私自身の愛を他者の愛によって支えることはおよそ不可能だろう。愛の根拠、いのちの根拠を、たとえ相互的な形であれ、どのような現実に求めても、ついに見つからないままだろう。いかなる現実であれ、それ自体で自足自存しているものはなく、したがって、みずからのうちに根拠を持たないのである。相互性は、ここでは虚無のしるしとなる。それ自身に還元された人間関係のこの不条理性は、神を否定することの不条理性に重なる。それはまさに神を冒瀆する事態であるゆえに、キリストの怒りを招くのだ。「山上の説教」の逆説は「アッバ、父よ!」[6]という神への熱烈な呼びかけに等しい。

したがって、この逆説とそれに付随する断言から浮かび上がってくるのは、神の国そのものである。「貧しい人々は、幸いである。神の国はあなたがたのものである」(『ルカ』六・二〇)。「義のために迫害される人々は、幸いである。天の国はその人たちのものである」(『マタイ』五・一〇)。「人々に憎まれるとき、また、人の子のために追い出され、ののしられ、汚名を着せられるとき、あなたがたは幸いである。[…]天には大きな報いがある」(『ルカ』六・二二、二三)。「わたしのためにののしられ、迫害され、身に覚えのないことであらゆる悪口を浴びせられるとき、あなたがたは幸いである。喜びなさい。大いに喜びなさい。天には大きな報いがある」（『マタイ』五・一一、一二）。逆説と神の国との関係は恒常的なものであり、神の国が直接名指されず、その属性のひとつで示されている場合も少なくないが、これらの属性は、神学が伝統的に神に帰しているものではない場合であっても、はるかに遠く暗示的な形で、われわれに神の国について語っている。「満たされる」、「笑い」、「慰め」、「憐れみ」、「神を見る」、「喜び」、「歓喜」、神の国はそれらのものを人間に恵み、人間が抱く究極の願望を満たし、神との内的関係を完成させる。

ところで、人間を神の子たらしめるこの内的関係は、人間同士の間で結ばれる関係の総体を揺るがすだけではない。それは、ひとりひとりの人間の生において、新たな逆説を生み出すのだ。その逆説は「山上の説教」ではっきりと述べられているにもかかわらず、これまで誰もじゅうぶんな注意を払ってこなかったものである。われわれが先に示した定義によれば、いのちとは自分自身を直接無媒介的に感じとるものである。いのちは自分みずからを明かす、つまりはみずからをみずからに明かす、あるいは哲学用語を使って言うなら、いのちとはひとつの「自己啓示」にほかならない。いのちのこの本質的特性は、いのちのさまざまな様態のひとつひとつに見出される。たとえば、苦しみの特性は、自分みずからを感じとるということである。誰がわれわれにわれわれの苦しみを知らせるのか、と問うなら、それは苦しみ自体である、と答えねばならない。また、われわれの苦しみはわれわれに何を知らせるのか、と問うなら、やはり苦しみそのものである、と答えねばならない。苦しみがみずからをわれわれに明かすのは、苦しみそれ自体の感受性において、つまりは苦しみが自己自身を感受するその〈肉〉においてなのである。われわれの喜び、痛み、欲望、倦怠、苦悩、希望等についても同じことが言える。われわれがじっさいに感じとっているものだけに話をかぎっても、感じとる印象のすべてに備わるこうした絶対的確実性、たとえばわれわれの苦悩や喜びについて、われわれがじっさいにそれを感じとっているかぎり、その存在を疑うことは不可能であるという事実、それこそ、「山上の説教」の逆説のもっとも逆説的なところなのである。じっさい、この逆説性の大きさこそ、前代未聞というべきこれらのテクストに最初に触れたその瞬間から、われわれに強い衝撃をもたらしたものである。そのとき、われわれはこう問わざるを得なかった——飢えているときに、あるいは泣いているときに、さらには侮辱されたり、迫害を受けたりしているときに、いったいどうして人はこのうえなく幸福でありえようか。あるいはまた、いったいどういうわけで、われわれに涙を流させる苦しみが、そっくりそのまま、笑いをもたらす喜びとなるのか。われわれ人間と神との関係が、ここにも介在しているのだろうか。この関係が、われわれの苦しみのひとつひとつ、またわれわれが耐え忍ぶ侮辱のひとつひとつに内在し、一種の魔法を使って、たとえば、苦しみを喜びに変えるといったように、それらの性質を不可思議にも根底から変えてしまうというのだろうか。

けれども、今のところ、こうした問いに答えるだけの準備はできていない。おそらく、われわれと神との関係についてもっと多くのことを知らねばならないし、またそのためにも、この関係をわれわれに説明してくれるにちがいないキリストの言葉をさらに数多く検討する必要がある。だがその検討を続ける前に、われわれの前提事項のひとつをもう一度確認しておきたい。すなわち、キリストが人間的言語を用いて人間に語りかけている言葉のすべてが、人間について語っているわけではない、ということ。キリストの言葉の中でももっとも本質的な言葉、もっとも驚くべき言葉は、キリスト自身のことを語っている。ところで、あらゆる人間関係を——そして何よりもまずわれわれの人間の条件を――根底から揺るがす人間と神との関係、要するにすべてがそれにかかっていると言ってよいこの関係、この関係を根拠づけているのは、自分自身について、とりわけみずからの存在条件について語っているキリストの言葉の内容そのものなのである。そこで次章では、キリストが自分自身について語っている言葉を検討してゆきたい。

第四章
人間的言語を用いて人々に語りかけるが、彼らについてではなく、自分自身について語っているキリストの言葉。これらの言葉の中で、キリストは神であることをみずから明かしている

これまで重点的に取り上げてきたキリストのいくつかの言葉は、それだけでも、人間同士が互いに結ぶあらゆる関係を、さらには人間の条件そのものをすら、根底から揺るがすに足る大きな衝撃力を備えていた。この全般的な転倒は、あらゆる人間関係の基盤となっている相互性というものを問題化することと密接に連動している。しかし、相互性が糾弾されるのは、それ自体のためというよりも、さらに深い別の理由からである。通常の人間関係では、この相互性はあくまで人間同士――男、女、父、母、息子、娘、等々――の間で、しかも人間だけを媒介として成立するが、こうした相互性のあり方ゆえに、人間自身が「人間世界」を構成するこの相互主体的ネットワークの文字通りの支柱になってしまう。こうして、固有の本性を備えた人間、あるいは人間の本性そのものが、この世界の根拠・根底となったのである。このような事情から、人間の条件とは、もっぱら自立的、自己充足的なものとして現われ、それによって、その自立性、自己充足性の表現にほかならないひとつの世界、あるいはひとつの「社会」が展開されることになる。

キリストは、人間と神との関係を特徴づける非相互性について、熱く説いているが――「恩を知ら

ない者にも悪人にも、〔神は〕情け深い」――それは言い換えるなら、この関係がまったく無条件的だということである。人間の条件は、自立的であるどころか、神との内的関係に含まれ、この関係の内部にしか存在せず、またこの関係によってしか説明されえない。それがこの非相互性の意味するところである。つまり、生きた人間のひとりひとりのうちには絶対の〈いのち〉が内在しているのであり、みずからにいのちを与えることができるこのいのちだけが、すべての生ける者にいのちを与えることができる。この全能のいのちのことを、キリストは「父」と呼んでいる。彼は人々に言う――「あなたがたにはただひとりの父、天におられる父しかいない」[1]（『マタイ』二三・九）。ここで言われている「天に」とは、言うまでもなく、星が瞬く天空、宇宙飛行士たちが探検し、宇宙船の窓から眺めて、神は見えなかったと言った宇宙空間のことではない。「天に」とは、その内部においてあらゆる生ける者が生きている目に見えないいのちの中ということであり、そこにおいては、このいのちと同様、生ける者たち自身もまた目に見えないのだ。以上が人間とは何か、また人間の真の条件とは何か、ということの新しい定義である。人間とは、神自身である目に見えない絶対の〈いのち〉において生み出された生ける者にほかならない。しかもこのいのちは、人間が生きているかぎり、人間のうちにとどまるのであって、このいのちの外では、いかなる生ける者も存在しえない。それゆえにこそ、人間は「神の子」と言われるのである。神自身であるこの絶対の〈いのち〉は、絶えることなく、人間に「生きること」を恵み続けている。

人間の条件の以上のような新しい定義――〈神の子〉である人間にはただひとりの父しかいない――によって、今度は、家族、職業、社会等々のあらゆる人間関係が覆され、まったく新しい関係がそれに取って代わる。この新しい関係とは、自分たちの自然的衝動――たとえば、自分を愛する人々への愛、自分に敵意を抱く人々への敵意——にしたがって自由に生きる、自立的存在同士の関係ではもはやない。それは、各人が神との間に結んでいる内的関係によって〈神の子〉たるべく定められた存在同士の関係である。それゆえ、この関係によってあらかじめ定められた各人は、同じように定められた他者とかかわることになる。すでに見たように、以上のようなあり方こそ、同じひとりの父の息子ないし娘として、生まれたときから、しかも彼ら自身の本性からして、兄弟であり姉妹であるところの人間同士の間に結ばれる関係の新しい相互性であって、この相互性は、古い律法を暗黙のうちに支配し続けている愛憎の衝動とはもはや無関係である。

キリストの言葉は、以上のように、人間の条件を、したがってまたこの条件に含まれる諸関係を、まったく新しく定義しているわけだが、それによって、人間の自然的血統は神的血統に取って代わられる。しかしこの血統の転換は、われわれ人間だけに関係するのではなく、まさに啓示というべき根本的な教えにおいてこの転換を人々に告げた方、つまりキリスト自身にも深く関係する。この啓示は、人間とは何か——人間は皆、同じひとりの神の子たちであるということ——を明かすばかりでなく、人間は何をすべきか——同じ父の子同士にふさわしく、互いに愛すべきであるということ——を示す。このような啓示の結果として生まれる事態とは、先にわれわれが人間の本性の概念の転倒と言ったことだけにとどまらず、まさに人間の本性そのものの消滅なのである。はるか昔からごくふつうに「人間」と言われていた意味での人間がもはや存在しないように、人間の本性——人間固有の本性、人間に属する本性、つまりは「人間性」と言われるもの——も、すでに存在しない。人間とは〈神の子〉以外の何ものでもない。人間の起源は神にあり、その本性は神の本性に由来する。人間を生ける者として生み出し、自分のうちにしかないいのちを人間に与えることによって、神は自分のそれと同じ本性を人間に与えたのである。その本性とは、いのちそのものの本性にほかならない。神はみずからにかたどり、みずからに似せて、人間を創造した(2)(『創世記』一・二六)。

ここで少しばかり脇道に逸れることをお許しいただきたい。キリスト教神学によれば、キリストの本性は二重であって、彼は神性と人性を併せ持つ。とはいえ、キリストの人性と言われるものは、一般的に考えられているような意味ではなく、神の〈いのち〉において生まれ、この〈いのち〉から自分のいのちを受け取っている生ける者としての本性という意味に解すべきである。言い換えるなら、人間とみなされるかぎりでのキリストについても、自然的血統から神的血統への転換をなしとげることが不可欠だということである。そもそも、人々に、彼らの真の本性をなすものとして、この神的血統を明らかにしたのはキリスト自身なのだ。ここにおいて、人々に彼らのことを語るキリストの言葉が、キリスト自身にはね返ってくる。だが、それは最初のきざしにすぎない。

というのも、ここでひとつの問いが差し迫ったものとして浮かんでくる。いわゆる「イエスの公生涯での最初の説教*」において、キリストは人々に彼ら自身について驚くべき啓示を行ない、人間を真に生かしている隠された現実性を明かした。しかしそれだけでなく、これまで誰も考えなかったこの現実性から、キリストはさらに驚くべき結果を引き出す。つまり彼は、われわれにとってごく自然であり、またこのうえもなく大切に思われる人間的絆を激しく糾弾したのである。彼は、われわれ各人の生について、まったく不可解な言葉を連ね、不幸に陥っている人々を幸福だと言い、また苦しみは喜びにほかならず、涙はそのまま笑いになると言う。しかし、こうした断言はすべて、奨励、厳命、倫理的な勧告としてなされているのでもないし、ましてや、苦難にあえぐ貧しい人々を慰めるための賢人の諭しや助言といったたぐいのものでもない。その断定的な言い方、有無を言わせぬ口調、説教というよりも聖なる啓示が行なわれていると言うべき荘厳な雰囲気、そうしたことからも、これらの前代未聞の言葉が絶対真理として語られていることが十分にうかがわれる。

しかし、この啓示の言葉を与えられた人々から、それを言ったキリスト自身へと目を転じたとき、つぎのような問いがおのずから浮かんでくる。こうしたすべてのことを、彼はどこで知ったのか。かくも驚くべき知を備えている彼は、いったい何者なのか。人々に新しい人間の条件を語るキリストの言葉は、このように、彼自身にはね返ってきて、彼をのっぴきならぬ状況に追い込み、こうしたとほうもない言葉について弁明することを余儀なくさせるが、しかしその前に、彼はまず自分自身について弁明しなければならないのだ。キリストが、人間の条件の分析を深めて、神との隠された関係に近づけば近づくほど、彼の言葉は、教養のあるなしにかかわらず、人々が一般に自分たちについて抱いている考えから遠ざかってゆき、あらゆる人間存在のうちに潜んでいる神のいのちの秘密が明かされてゆく。するとますます、こうした真理を知っている、あるいは自分自身がこの真理そのものであると言っている当人に対する問いが差し迫ったものとして浮上し、彼を脅かすことになる。

キリストは、ひとりの人間としては、多くのことを知りすぎているのではないだろうか。これまで見てきた言葉だけをとっても、それらが単なる秘義伝授者や預言者が語った言葉とはとうてい思われない。秘義伝授者や預言者――たとえいかに偉大な預言者であろうとも――などにこうした言葉を口にすることができるかどうか、誰もが疑わざるをえないだろう。神の国は貧しい人々のものだと明言する人間は、そもそも、神の国とは何かを知っていなければならないはずである。ところで、神の国については、「山上の説教」における「至福の説教」や、それに続く「呪いの説教」(『ルカ』の場合)において、頻繁に言及されている。はっきりと名指されている場合も多いが――たとえば、「心の清い人々は、幸いである、その人たちは神を見る」、あるいは「平和を実現する人々は、幸いである、その人たちは神の子と呼ばれる」、「義のために迫害される人々は、幸いである、天の国はその人たちのものである」（『マタイ』五・八〜一〇）――言外にほのめかすにとどまっている場合もある。それはたとえば、「その人たちは満たされる」（『マタイ』五・六）、「その人たちは慰められる」（同五・四）といった箇所だが、ラグランジュ神父[3]の指摘によれば、「聖書の文体では、絶対受動態は神の行為を示していることが多い**」のであって、上記の言葉を補えば、「その人たちは神によって満たされる」、「その人たちは神によって慰められる」ということになる。神の国とは何かということに加えて、キリストが知っているはずなのは、人間のいのちと神の国とを結ぶ関係であり、また神の国に人間を導き入れる人間の生のあり方（貧しさ、清らかさ、優しさ、飢え、正義に対する渇望、等々）であり、さらには、これらの生のあり方が可能にする救いの業において、それらのあり方をひとつに結びつける関連性についてである。

しかし「至福」を告げる方は、ただこうしたことのすべて――神の国とは何かということ、さらには、われわれの生き方によって異なってくる、われわれと神の国との関係（先に述べた生き方の場合は包摂の関係となり、この世の富や安楽、栄光を享受している場合は排除の関係となる）等々――を知っているだけではなく、自分みずからこの関係に介入してくるのだ。彼ゆえに憎しみや辱めや迫害を受けることによって、神の国を知ることになる人々に、その神の国の門を開くのも、彼自身なのである。「人々に憎まれるとき、また、人の子のために追い出され、ののしられ、汚名を着せられるとき、あなたがたは幸いである。その日には、喜び踊りなさい。天には大きな報いがある……」、「わたしのためにののしられ、迫害され、身に覚えのないことであらゆる悪口を浴びせられるとき、あなたがたは幸いである。

喜びなさい。大いに喜びなさい。天には大きな報いがある」（それぞれ『ルカ』六・二二、二三、『マタイ』五・一一、一二、強調は筆者）。だがこのように、人が彼を認め、皆の前で彼の名を告げるか、あるいは、彼と彼の名を恥じ、彼を拒絶するかに応じて、神の国の門を開いたり、閉じたりするのがキリスト自身であるというのも、彼自身が神の国への入口だからではないか。じっさい、彼は〈門〉であり、神との関係そのものである。だが、いったい誰が、そのような力、人を神に導く力を持っていると自負することができようか。いったいどんな人間が？　人を神に導くこと、神の国にいたる道を切り開くこと、それは神の啓示を成就することにほかなるまい。神の啓示を成就する、そんなことが、神以外の誰にできるというのだろうか。

「山上の説教」の真ん中に、明確な区切れがあるが、この区切れは、キリストの教えに含まれるふたつの命題、互いに密接に関連し、等しく重要だが、はっきり異なる命題を分ける役割を果たしている。第一の命題は、人間理解の修正ということであり、人間を世界の存在、自然の存在から〈神の子〉に変容する。かくして、人間の自然的血統から神的血統への転換がなしとげられる。以上が、人々に人間の条件の現実性と真実性を語るキリストの言葉の内容である。

キリストの教えに、あらゆる宗教の歴史を通じても、まったくユニークと言える性格を与えることになる第二の命題は、第一の命題の中に、すでにその前提として含まれている。人間の自然的血統が否定されるとき、われわれは、必然的に、神的血統とは何かというとほうもない問いの前に立たされる。人間の存在が——つまりは人間を人間たらしめているものが——自然や自然の諸要素からではなく、ただ神からのみ説明されるとしても、そのためには、この神的血統を言いつのるだけでは不十分であり、この神的血統が何からなるのかを説明する必要がある。それればかりか、この神的血統が何からなるかを説明するだけでも足らず、それを実践によって証明しなければならない。すなわち、神を知り、神がみずからのうちに人間という生ける者を生み出すそのプロセスを知らねばならない、ということである。こうしてひとつの問いが、まさしく底知れぬ問いが、浮かび上がり、やがてキリストの前に大きく立ちはだかることになる。

「山上の説教」の驚くべき性格は、この説教が人間の条件について語っている事柄それ自体からのみ生まれているのではない。これら一連の逆説の背後にあって、それを語っている〈言葉〉そのものが、何にも増して、われわれを魅するのである。そしてその魅力の秘密は、これらの言葉に込められた知、われわれには未知であるが、しかしわれわれの心に強く訴えてくる知、さらにはこれらの言葉が引き起こす問いにあると言えるだろう。じっさい、これらの言葉に対して、われわれはつぎのようには問わない――彼は何を言っているか、なぜ私は近親を愛することをやめなければならないのか、なぜ敵を愛さなければならないのか、もしそうしたいと望んだとして、いったいどうすればそれができるようになるのか、と。そうではなく、われわれはつぎのように問う――そう語っているのは誰か、この人はいったい何者なのか、と。

この問いは四つの福音書の核心をなす。ここで、ふたつの事実を指摘しておく必要がある。そのひとつは、キリストの同時代人たち、彼の言葉を聞き入れ、彼にしたがって村や町を渡り歩いたり、会堂に入ったりした人々、つまり彼の友や弟子たちばかりでなく、彼の敵たち、あるいは未来の迫害者たち――彼らは、陰に陽にさまざまな形で、たとえば偽善的な質問をしたり、悪辣な罠を仕掛けたりして、彼を追いつめようとするだろう――これらすべての人たちが、キリストの言葉や業に驚いたり、恐れを抱いたり、怒ったり、狼狽したりしながらも、何かにつけて、つぎのような質問を彼に投げかける、ということである——「あなたは誰か」、「あなたは自分のことを何と言うのか」、「何の権利があって、あなたはそう言うのか、またそんなことをするのか」。

ところで——これがふたつ目の事実であるが——キリスト自身、この問いを不都合であるとも、こじつけともみなしてはいない。それどころか、周囲の人々にとってと同様、彼自身にとっても、これは決定的な問い、唯一重要な問いなのである。キリストがこの問いを退けたり、回避したりすることがあるとしても、それはあくまで戦略的ないし状況判断的な理由からでしかない。まだその時は来ていないのだ。彼の言葉を聞く人々も、まだ彼を理解する準備ができていないのである。律法学者やファリサイ派の人々は、彼を陥れようとして広げた罠を早く閉じすぎたと言わねばなるまい。キリストの使命はまだ完了していなかったのである。ともあれ、キリスト自身の目にも、また周囲の人々の目にも、この問いは当然であり、また不可避だと映っていたのであって、それは、弟子たちがこの問いを発しないときにも、あるいは彼らがその問いを発する勇気がないときでさえ——それほどにも、それは重い問いだったのであるが——自分のほうからあえてこの問いを発していることからもうかがえる。ひとりの人間でも預言者でもなく、弟子たちのリーダーですらないとすれば、彼はいったい何者なのか。

キリストが何者かを明かすのは、結局のところ、キリスト自身である。この啓示は、以上述べたような理由から、徐々になされてゆくことになるが、聖書のさまざまなテクストから判断して、この啓示がなされたことはまったく疑いない。十九世紀に流行した無神論的で虚偽に満ちた聖書解釈に反して、この啓示の記述が後世の文書にだけ見られるというわけではない。それはいたるところに見られる。たとえば、共観福音書のもととなった『ロギア』、ヨハネの初期文書、さらには、パウロの書簡が証明しているように、もっとも古い口承伝統などにおいて。以下に、この啓示の諸段階を急ぎ足でたどってみよう。

公生涯のはじめから、キリストが人々に向けて語る言葉は、その格調の高さと権威によって深い感銘を与えた。「イエスがこれらの言葉を語り終えられると、群集はその教えに非常に驚いた。彼らの律法学者のようにではなく、権威ある者としてお教えになったからである」（『マタイ』七・二八、二九）。けれども、人々に語りかけるキリストの人間性が、彼の語る言葉自体によって、最初から問題視されることになる。それは、この言葉がキリストと他の人々との間に距離を、しかも無限と思われる距離を置くからである。「このように、あなたがたは悪い者でありながらも……」、「不法を働く者ども、わたしから離れ去れ……」（それぞれ『マタイ』七・一一、二三）。ところで、悪い者である人々とあらゆる悪を免れている方との間に穿たれたこの距離は、もうひとつのさらに本質的な違いに重なる。キリストはいのちの自然的誕生を否定し、神的誕生を唱えた。しかも、それは人間たち自身に関してであって、それゆえにすべての人間は唯一なる神の子となる。したがって、キリストと他の人間たちの違いを考えるべきなのは、あくまでこの神的誕生の内部においてである。だが、われわれはすでにこの違いを「山上の説教」[4]において確認している。それは、キリストがそれぞれの人間を神に結びつける関係の内側にとつぜん入りこみ、この関係について、つぎのように断言したときのことである――この関係は自分ゆえに侮辱や迫害を受けた人々のために結ばれるのであり、彼らには神の国の喜びが与えられるだろう（『ルカ』六・二二、二三および『マタイ』五・一一、一二を参照のこと）。神との関係がキリストにおいて結ばれるということ、それが明らかになるのは、つぎのきわめて重要なテクストにおいてである――「神に背いたこの罪深い時代に、わたしとわたしの言葉を恥じる者は、人の子もまた、父の栄光に輝いて聖なる天使たちと共に来るときに、その者を恥じる」、「わたしとわたしの言葉を恥じる者は、人の子も、自分と父と聖なる天使たちとの栄光に輝いて来るときに、その者を恥じる」（それぞれ『マルコ』八・三八、『ルカ』九・二六）。

単に人間の運命――最後に来たるべき唯一重要な裁き――が人間とキリストとの関係にかかっているだけでなく、このキリストとの関係は神との関係に等しく、キリストとの関係の成就は神との関係の成就の具体化にほかならない。神の国の至福とはまさにそのことを意味している。こうした裁き――それは隠れたところを見抜く〈父〉の裁きであり、この裁きに対して、この世の裁きはすでにあらゆる効力を失っている――に人間ひとりひとりの運命がかかっていることが同じメッセージの中で言われているが、その逆説の激しさは極限にまで達している――「自分の命を救いたいと思う者は、それを失うが、わたしのために命を失う者は、それを救うのである」、「自分の命を救いたいと思う者は、それを失うが、わたしのため、また福音のために命を失う者は、それを救うのである」、「自分の命を救いたいと思う者は、それを失うが、わたしのために命を失う者は、それを保つ[5]」（それぞれ『ルカ』九・二四、『マルコ』八・三五、『マタイ』一六・二五）。

キリストが人間と神との内的関係に介在するばかりか、自分自身がこの内的関係そのものとなることによって、神の国へいたる道を定めているとすれば、神の国を求める人間ひとりひとりがなすべきは、まさしくキリストにしたがうことである。そしてキリストにしたがうには、自分自身のいのち、楽しみ、この世の栄光を断念し、この断念に含まれる苦しみ――キリストの生涯がこの苦しみの神秘的模範を示している――を受け入れねばならない。われわれが検討している言葉の直前に、つぎのような命令が繰り返されているのはそのためである――「わたしについて来たい者は、自分を捨て、日々、自分の十字架を背負って、わたしに従いなさい」（『ルカ』九・二三、同じような言葉が『マタイ』一六・二四、『マルコ』八・三四にも見られる)。

人間と神の関係にキリストが介在していることがこの関係の条件そのものとなっているが、まさにそのことが人間同士の絆の解体を告げる新たな言葉の釈明となっている。言い換えるなら、こうした絆の内部にキリストが介在していることが、この絆に対する彼の批判をより分かりやすく、受け入れやすいものに、つまりはより人間的なものにしている。なぜなら——のちにもっとはっきり分かることであるが——生ける人間同士を結びつけるのはキリスト自身なのであり、彼自身が彼らをひとつに結びつける絆の実体そのものなのである。このように、あらゆる人間関係を内部から支配しているのはキリストなのであって、それゆえ、彼がつぎのように言うのも至極当然である——「わたしよりも父や母を愛する者は、わたしにふさわしくない。わたしよりも息子や娘を愛する者も、わたしにふさわしくない」(『マタイ』一〇・三七)。『マタイ』のテクストでは、人間同士の関係の核心に自分自身を置く以上のようなキリストの断言は、すでに見たふたつの重要な言葉——それはいずれも、他の共観福音書にも記載されている——の直前に置かれているが、それは単なる偶然だろうか、それとも、記者の意図したことだろうか。ひとつ目の言葉では、彼にしたがって、苦しみの道——それはそのまま神の国にいたる道である——を歩むべきことを弟子たちに促しており——「また、自分の十字架を担ってわたしに従わない者は、わたしにふさわしくない」——ふたつ目の言葉では、キリストにふさわしくあるためにはどうすべきかが示されている——自分のいのちを自分のために守ろうとするのではなく、それをキリストに与える、つまりキリストゆえにそれを失うことが、すなわち、死ぬことのないいのちを受け取ることである。人間は誰しも自分のいのちを得るためにはそれを失わねばならないという、この逆説の極みにおいて、自分自身についてのキリストの驚くべき断言、キリストと神がひとつであるという断言がまばゆい閃光を発する。

人々に彼らの人間としての条件について語るキリストの言葉は、こうして、キリスト自身にはね返ってくる。人間にも、彼自身にも、等しく当てはまる神的血統の内部において、キリストは自分を他の人間たちから根本的に区別する一本の境界線を引くが、それによって彼は、他の人間たちと等しい意味における〈神の子〉のひとり、ただひとりの父を持ち、この父からいのちを受け取るすべての人間の中のひとりではもはやなくなる。以上のようなことを語った方は——われわれがたった今取り上げた言葉だけでなく、すでに検討した他の多くの言葉も含めて、それらはすべて、結局のところ、このとほうもない事実を告げていると言えるが——〈父〉と同じ資格において、けっして過ぎ行かない永遠のいのちの保持者、すなわち神の〈言〉なのである。

いまや、キリストはただ人間的本性——彼がわれわれに教えた意味において——を持つだけでなく、神としての本性を持っているという、このキリスト自身の断言の意味をさらに深く考察しなければならない。

＊『四福音書和合表』(*Synopse des Quatre Évangiles*, M.J.Lagrange, C.Lavergne, Librairie Lecoffre, J.Gabaldo et Cie Éd., Paris,1999, p.67-76) の「年代順インデックス」による。
＊＊ 前掲書、六九頁、注五七。

第五章
自分自身について語るキリストの言葉——自分が神であることを改めて認める

福音書には、キリストが、突如、自分が神であることを明かす文章がいくつか見られるが、サマリアの女との出会いを語る有名なエピソードも、そのひとつである。このエピソードの状況そのものに、すでに深い意味が込められている。つまり、この啓示がなされたのが、ひとりの異邦の女に対してであり、しかも、ユダヤ教に敵対する土地においてだということ。サマリア人たちがユダヤ教に敵対するのは、はっきりした宗教的理由からである。彼らは自分たちの神殿を持ち、独自の宗教儀式を行なっている。以上のことから、それまでの数世紀にわたって多くの預言者があちこちで出現していたことを考慮に入れたとしても、この啓示が公的ユダヤ教にとってどれほど受け入れがたいものであったか、容易に想像できる。この点に関して、『ヨハネ』のテクストでは、この啓示のエピソードが洗礼者ヨハネの預言の直後に置かれていることに注意すべきである。この啓示がなされた相手というのが、単にひとりの異邦の女というだけではなく、ひとりの罪深い女であるということ、いずれにせよ、どう見てもごく平凡な女のひとりであることも、ただの偶然ではなかろう。それに呼応して、自分がメシアだと打ち明けることになるキリスト自身も、ことさらにひとりの人間として描かれている。

「イエスは旅に疲れて、そのまま井戸のそばに座っておられた」。この井戸――それはヤコブの井戸である――に水を汲みに来た女に、イエスは水を飲ませてほしいと言う。以下がそのときの対話である――「ユダヤ人のあなたがサマリアの女のわたしに、どうして水を飲ませてほしいと頼むのですか」。イエスは答える――「もしあなたが、神の賜物を知っており、また、『水を飲ませてください』と言ったのがだれであるか知っていたならば、あなたの方からその人に頼み、その人はあなたに生きた水を与えたことであろう」。彼女は言う――「主よ、あなたはくむ物をお持ちでないし、井戸は深いのです。どこからその生きた水を手にお入れになるのですか。あなたは、わたしたちの父ヤコブよりも偉いのですか……」。イエスは答える――「この水を飲む者はだれでもまた渇く。しかし、わたしが与える水を飲む者は決して渇かない……」（『ヨハネ』四・七～一四）。この驚くべき対話は――その内容はわれわれにとってまだ十分に理解可能ではないが――女の信仰表明で終わっている。「わたしは、キリストと呼ばれるメシアが来られることを知っています」と彼女は言う。するとイエスは答える――「それは、あなたと話をしているこのわたしである」（四・二五、二六）。

渇き、飢えという言葉は、福音書に何度も出て来るし、とりわけ「山上の説教」で使われているのが印象的だが、これらの言葉にかくも重い意味が与えられているのは、それが有限のいのち、われわれ人間の肉のいのちを指しているためである。自立自存することができず、いのちにおいてみずからをみずからにもたらすことができないいのち、たえず欠乏のうちにあり、渇望したり、苦しんだりしているいのち、あるいはわれわれがすでに用いた哲学的表現で言うなら、自分の根拠をみずからのうちに持たないいのち。この有限のいのちに、神の無限のいのちが対置される。それは、いのちにおいて、また生きる喜びにおいて、みずからをみずからにもたらすことができるいのちである。こうした全能性を自分のうちに備えているために、このいのちはけっして死なない。「わたしが与える水はその人の内で泉となり、永遠の命に至る水がわき出る」（『ヨハネ』四・一四）。キリスト自身が言うところの「メシア」、「キリスト」とは、まさしく、永遠のいのちを保持し、そのいのちを自分が望む相手に意のままに与えることができる者の謂いである。

誤解の予地ないこの圧倒的な宣言に対して、たとえば、それは後世のテクスト、ないしはそうみなされているテクストに見られるものだと反論しても無駄だろう。それが何度も繰り返し表明されていることを考えれば、キリストを神の〈言〉それ自身とすることを、ただ『ヨハネによる福音書』の専売特許であると言って済ますわけにはゆかない。はっきり表明される場合もあれば、キリストの言葉や行為から直接導き出される場合もあるが、キリストと〈神の言葉〉との一体化は共観福音書でもいたるところに見られる。「山上の説教」およびそれに続くテクストが明らかにしているのも、まさにそのことである。すでに見たように、ただ神の国を知る者だけが、そこにいたる方法を人々に示すことができる。その方法とは、人々が自分たちの生においてさまざまな犠牲を払わねばならないということであり、それによって彼らの生を拘束しているあらゆる形の偶像崇拝やエゴイズムが打ち破られ、かくして彼らのいのちは神のいのちに向かって開かれ、やがては神のいのちによってすっかり満たされることになる。神の国とは、有限性と滅亡の不幸を知らないこのいのちの支配以外の何ものでもない。そのうえ、これもすでに見たように、いのちの王国を知る者だけが、そしてまた、この王国とあらゆる有限のいのちとの関係を知ると同時に、自分みずからがこの関係——人間と神との関係——そのものである者だけが、救い主を自負することができる。しかも、福音書全体を通じて、そのことがたえず確認される。

『マタイ』(一一・二七)――「すべてのことは、父からわたしに任せられています。父のほかに子を知る者はなく、子と、子が示そうと思う者のほかには父を知る者はいません」。『ルカ』(一〇・二二)――「すべてのことは、父からわたしに任せられています。父のほかに、子がどういう者であるかを知る者はなく、父がどういう方であるかを知る者は、子と、子が示そうと思う者のほかには、だれもいません」。以上の言明のうちに、キリストと他の人間――たとえ預言者であろうとも――の間に穿《うが》たれた深淵を認めないわけにはゆくまい。ここで言われているのは、〈父〉と自分との一体性、父の唯一の〈子〉という資格における一体性であり、父と子だけが互いを認め合うことができるという形でそれが示されている。そうだとすれば、これまた決定的といってよいつぎのような言葉がキリストの口から発せられたとしても、少しも驚くべきことではない――「それから、イエスは弟子たちの方を振り向いて、彼らだけに言われた。『あなたがたの見ているものを見る目は幸いだ。言っておくが、多くの預言者や王たちは、あなたがたが見ているものを見たかったが、見ることができず、あなたがたが聞いているものを聞きたかったが、聞けなかったのである。』」(『ルカ』一〇・二三、二四、また『マタイ』一三・一六、一七を参照のこと)。唯一の〈子〉として〈父〉を知っているただひとりの者、それゆえに、神の国とそこにいたる道を知っているただひとりの者だけが、そしてまた、弟子たちに悪霊を追い払う権能を与えた者だけが、彼らが事をなしとげて戻ってきたときに、こう言うことができたのである――「しかし、悪霊があなたがたに服従するからといって、喜んではならない。むしろ、あなたがたの名が天に書き記されていることを喜びなさい」(『ルカ』一〇・二〇)。

このように、〈父〉を知っている者は彼のほかにいないという意味において、あらゆる人間たち、あらゆる他の神の子たちとは異なる者、彼こそ〈父〉と一体であるとするなら、『マタイ』と『ルカ』

の先に引用した文章の中で、キリストが自分自身に対して用いている「子」という語には、まったく特別な意味が込められているはずである。ここで言われている「子」とは、まさしく彼だけを指している。あえて『ヨハネ』以外のテクストから、まずは内容的に「山上の説教」にも近い、つぎの言葉を取り上げてみよう——「わたしを受け入れる人は、わたしを遣わされた方を受け入れるのである」（『マタイ』一〇・四〇）。閃光のごときこの簡潔な表現において、キリストと〈父〉との一体関係——まだわれわれには理解の及ばない関係——は誤解の余地なくはっきり示されていると言えるだろう。この一体関係は、つぎの場面でもはっきり示されている。キリストは、自分が受け入れられるどころか拒絶されている、しかも彼にしたがう弟子たちのひとりあるいは何人かによってではなく、ひとつの世代全体によって拒絶されていることを痛感し、そのために、その世代全体を糾弾せざるをえなくなる——「エルサレムに近づき、都が見えたとき、イエスはその都のために泣いて、言われた。『もしこの日に、お前も平和への道をわきまえていたなら……。しかし今は、それがお前には見えない。やがて時が来て、敵が周りに堡塁を築き、お前を取り巻いて四方から攻め寄せ、お前とそこにいるお前の子らを地にたたきつけ、お前の中の石を残らず崩してしまうだろう。それは、〔お前が〕神の訪れてくださる時をわきまえなかったからである。』」（『ルカ』一九・四一〜四四、強調は筆者）。ここでもまた、驚くべき逆転が起きている。エルサレムに近づき、その肉の目で町全体を見晴らしたひとりの人間が、じつは諸世代を支配し、ただひとり世に平和をもたらすことができる全能の力、つまりは神自身であることを——まさに空間上の一点、時間上の一瞬において、とはいえ世の人々の目には隠されたままで——みずから明かしているのだ。

キリストは、おなじような非難を、彼の奇跡のほとんどすべてがそこで行なわれたにもかかわらず、回心しなかったいくつかの町に浴びせている――「コラジン、お前は不幸だ。ベトサイダ、お前は不幸だ。〔…〕また、カファルナウム、お前は、天にまで上げられるとでも思っているのか。陰府にまで落とされるのだ。お前のところでなされた奇跡が、ソドムで行われていれば、あの町は今日まで無事だったにちがいない。しかし、言っておく。裁きの日にはソドムの地の方が、お前よりまだ軽い罰で済むのである」(『マタイ』一一・二一～二四)。

　これらの恐るべき言葉を語る方は、それゆえ、神の審判についても熟知していることになる――「山上の説教」を行なった方、またあらゆる人間関係の人間的性格を打ち砕き、これらの関係の内部に、そのいのちそのものとして入り込み、それらの関係を可能ならしめた方がそうであるように。以上のことは、これまでに引用してきた数多くの言葉についても言えるだろう。かくして、それらの言葉の謎がようやく解け始める。「もし、だれかがわたしのもとに来るとしても、父、母、妻、子供、兄弟、姉妹、また自分の命さえも捨てて、わたしに従わないなら[1]、わたしの弟子ではありえない」(『ルカ』一四・二六。強調は筆者)。じっさい、私にとって、自分のいのち以上に大切なものがどこにあろうか――私のいのちのうちにあり、私のいのちをいのち自身にもたらすことによって、私を生ける者にする、そうした〈いのち〉をほかにして。およそ考え得るあらゆる人間中心主義を破綻に追い込むことになるこの最後の問いは、一見するところ倫理的な意味しか持たないように思われる他の多くの福音書の言葉にも、そのまま当てはまる。そもそも、人間に対して、敵を愛せよという前代未聞の掟を課すようなことが、いったい誰にできようか。そのためには、その人間の本性が根底から変わり、憎しみに凝り固まった自己を捨て、自分のすべてを愛に委ねることによって、おのずから敵がひとりもいなくなってしまうという奇跡的な事態が起こらねばなるまい。誰がそのような変化を引き起こせるというのか。

人間関係が、世の規範から外れることによって、背理に落ち込むまさにそのときに、以上の問いに対する答えが与えられる——「あなたがたの中でいちばん偉い人は、いちばん若い者のようになり、上に立つ人は、仕える者のようになりなさい。食事の席に着く人と給仕する者とは、どちらが偉いか。食事の席に着く人ではないか。しかし、わたしはあなたがたの中で、いわば給仕する者である」(『ルカ』二二・二六、二七)。ここでもやはり、教訓的模範や行動準則が示されているわけではない。人間関係に介在するキリストは、その関係を構成する人間たちのひとりではなく、それゆえまた、命ずる人でもなければ、仕える者でもない。キリストは、彼らのひとりひとりのいのちのうちに潜む〈言〉であり、彼らにいのちを与えると同時に、〈神の子〉としての条件を授ける。〈神の子〉である人間は、いまや既成の人間関係には属さず、また世の中で占めている位置によっても規定されない。そして、社会秩序にはめ込まれた一機能ではありえなくなった人間は、もはや、この秩序が与えてくれるどんな特権であれ、それを自分のものだと言い張ることはできない。〈神の子〉という条件の核心では、ただひとりの方、いのちの贈与を司る方だけが働いている——「しかし、わたしはあなたがたの中で、いわば給仕する者である」。

「上に立つ人は、仕える者のようになりなさい」という命令は、このように、社会構造の改善を意図したものではなく、世を糾弾するべく述べられたものである。狐や鳥たちよりも無一物で、この地上に自分が占めるべきいかなる場所も持たない人間の姿をして、この絶対の貧窮の中にまぎれ込んでいるのは、まさしく神の〈言〉それ自身なのである。じっさい、神以外の誰に、この世の運命とは別の運命を人間たちに定めることができようか。イエスはある人に「わたしに従いなさい」と言ったあと、まったく唐突に、そのためにはこの世の目的や関心のすべてを捨て去らねばならないと付け加えた。その人は答えた──「主よ、まず、父を葬りに行かせてください」。しかしイエスは言った──「死んでいる者たちに、自分たちの死者を葬らせなさい。あなたは行って、神の国を言い広めなさい」。さらにもうひとりがイエスに言った──「主よ、あなたに従います。しかし、まず家族にいとまごいに行かせてください」。イエスは彼に答えた──「鋤に手をかけてから後ろを顧みる者は、神の国にふさわしくない」(『ルカ』九・五七〜六二)。

この世の秩序からの離脱を説く驚くべき言葉についてはこれくらいにして、ふたたび、自分が神であることを、直接的に、あるいはなかば隠されてはいても容易に察することができるような形で、みずから啓示するキリストのとほうもない言葉に話を戻そう。じっさい、そうした言葉は、すべての福音書を通じて、あちこちに見られる。法治国家としての統制が少しずつ緩み、法もなければ、法に対する尊敬も遵守もない無政府状態に近づきつつある現代社会に生きるわれわれにとって、本質的に宗教的な社会、しかも法そのものが信仰の対象となっている社会において、その法を批判することがどんな意味を持っていたかを想像すること自体、きわめてむずかしい。律法を問題にすることは、そのまま、社会全体を、そして社会の存立基盤そのものを問題にすることに通じる。それゆえ、ときにファリサイ派の人々によって、ときにキリスト自身によって、提起されるつぎのような問いは、きわめて重大な意味を持つと言わねばならない──「人々はイエスを訴えようと思って、『安息日に病気を治すのは、律法で許されていますか』と尋ねた」(『マタイ』一二・一〇)。それに対してイエスは「人々にこう言われた。『安息日に律法で許されているのは、善を行うことか、悪を行うことか。命を救うことか、殺すことか。』彼らは黙っていた」(『マルコ』三・四)。以上の問いは、安息日にイエスが片手の萎えた人を癒したことにファリサイ派の人々が憤慨したことをめぐってのものである。それから、彼らは会堂を出て行き、しばらくためらってから、イエスを殺そうと決めた。しかし、祭司長に訴えることができなかったので、ヘロデ王の手下たちに、王はヨハネと同じようにイエスを捕らえることができるかと尋ねた。

やはり三つの共観福音書に記載されているもうひとつのエピソードも、同じ問いを引き起こす。「そのころ、ある安息日にイエスは麦畑を通られた。弟子たちは空腹になったので、麦の穂を摘んで食べ始めた。ファリサイ派の人々がこれを見て、イエスに、『御覧なさい。あなたの弟子たちは、安息日にしてはならないことをしている』と言った」(『マタイ』一二・一～三)。キリストはそれに答えて言った――ダビデと供の者たちも、空腹だったとき、祭司しか食べてはいけない供えのパンを食べたではないか、そのうえ、祭司自身は安息日の掟を破っても罪にならないと律法にあるではないか、と。それに引き続いて、ユダヤ社会では前代未聞の言葉がキリストの口から発せられた。その言葉は、ユダヤ社会の根底を揺るがすばかりか、キリスト自身にもはね返ってきて、罪人、義人、律法といったあらゆる既成の宗教的規範をはるかに超えた状況に彼を置くことになる。というのも、ここでキリストは、神の力を保持しているばかりか、文字通りその力とひとつになっているとされる方に、自分を完全に一体化しているからである。「言っておくが、神殿よりも偉大なものがここにある。もし、『わたしが求めるのは憐れみであって、いけにえではない』という言葉の意味を知っていれば、あなたたちは罪もない人たちをとがめなかったであろう。人の子は安息日の主なのである」(『マタイ』一二・六～八、強調は筆者)。

このように、キリストは暗に自分を指して、神殿、律法、安息日よりも偉大なものだと言う。さらに、しるしを欲しがるよこしまな時代の者たちを糾弾する言葉の中では、「ヨナにまさるもの」、「ソロモンにまさるもの」とも言っている。「南の国の女王は、裁きの時、今の時代の者たちと一緒に蘇り[2]、彼らを罪に定めるであろう。この女王はソロモンの知恵を聞くために、地の果てから来たからである。ここに、ソロモンにまさるものがある。また、ニネベの人々は裁きのとき、今の時代の者たちと一緒に蘇り、彼らを罪に定めるだろう。ニネベの人々は、ヨナの説教を聞いて悔い改めたからである。ここに、ヨナにまさるものがある」(『ルカ』一一・二九〜三二、そして『マタイ』一二・四一、四二)。

いまや、三つの共観福音書でキリストが自分自身について弟子たちに尋ねている問いを、これ以上回避することはできないだろう。『マタイ』(一六・一三〜二〇)では以下の通りである――「イエスは、フィリポ・カイサリア地方に行ったとき、弟子たちに、『人々は、人の子のことを何者だと言っているか』とお尋ねになった。弟子たちは言った。『《洗礼者ヨハネだ》と言う人も、《エリヤ》だと言う人もいます。ほかに、《エレミヤだ》とか、《預言者の一人だ》と言う人もいます。』イエスは言われた。『それでは、あなたがたはわたしを何者だと言うのか。』シモン・ペトロが、『あなたはメシア、生ける神の子です』と答えた。〔…〕それから、イエスは、御自分がメシアであることをだれにも話さないように、と弟子たちに命じられた」(『ルカ』九・一八〜二一および『マルコ』八・二七〜三〇を参照されたい)。

この問いは、結局のところ、キリストが彼自身の裁判において自分がいかなる存在かを告げたあの究極の言葉に行き着く。あらかじめ取り決められていた手はずにしたがって、キリストはまず最高法院に連れて行かれた。「さて、祭司長たちと最高法院の全員は、死刑にしようとしてイエスにとって不利な偽証を求めた。偽証者は何人も現れたが、証拠は得られなかった。最後に二人の者が来て、『この男は、《神の神殿を打ち倒し、三日あれば建てることができる》と言いました』と告げた。そこで、大祭司は立ち上がり、イエスに言った。『何も答えないのか、この者たちがお前に不利な証言をしているが、どうなのか。』イエスは黙り続けておられた。大祭司は言った。『生ける神に誓って我々に答えよ。お前は神の子、メシアなのか。』イエスは言われた。『それは、あなたが言ったことです……』」（『マタイ』二六・五九〜六四、『マルコ』一五・一〜三九、『ルカ』二二・六六〜七〇）。こうして、大祭司からすれば死罪に値する冒瀆の言葉が吐かれたことになる。しかし最高法院には、たとえ宗教的な罪であっても、死刑を宣告する権限がないために、キリストはピラトのところに連れて行かれる。ピラトはキリストを尋問する――「さて、イエスは総督の前に立たれた。総督がイエスに、『お前がユダヤ人の王なのか』と尋問すると、イエスは、『それは、あなたが言っていることです』と言われた……」（『マタイ』二七・一一）。

キリストが自分について語っている言葉の中でも、自分がキリストすなわちメシアであるとする宣言こそ、最大の核心である。そのうえ、すべての福音書が、この宣言を、同じ劇的場面の中で、しかも一字一句違えずに記載している。その意味するところは明白であり、それを語っているキリスト当人にとっても、聞いている人々にとっても、まったく同じである。すなわち、イエスがキリストすなわちメシアであることは、そのまま、彼が〈神の子〉であるということであり、〈神の子〉であるということは、そのまま、彼自身が神であるということである。自分を〈神の子〉であると言い、さらには自分自身が神であると言ったということが、イエスが告発された最大の理由である。ちなみに、最後のふたりの証人が伝えたキリストの言葉、しかも彼らにはとうていその意味が理解できない言葉――「この男は、『神の神殿を打ち壊し、三日あれば建てることができる』と言いました」――は、たしかに常軌を逸しているとはいえ、この言葉自体が告発の対象とされたわけではない。問題は、こうした言葉には、それを語っているキリスト当人が全能なる神であることが含意されていると、すべての人々の目に映ったという事実である。キリストを陥れるための口実として、大祭司が直接取り上げたのも、この自分と神との一体視であったし、またキリストが釈明することを命ぜられたのも、まさしくこの点についてであった。このように、告訴の事由は、裁判官の目にも、被告の目にも、明白であったし、またそれに対するキリストの答えも、間接的でぼかされた形で言われているとはいえ、キリスト自身にとっても、彼を断罪することになる人々にとっても、同じ意味を持っていた。だからこそ、それは重大な結果をもたらしたのである。

以上の〈事実〉について反駁する余地はなく、またその〈事実〉が意味するところもまったく明白であるとしても、今日の読者にとっては、少なくともひとつの問いが残されている。しかもそれは、世代から世代へと二千年もの間、多くの人の心にかかっていた問いでもあった。その問いとは、イエスが自分をキリストであり、それゆえに神でもあるとするこの驚くべき言葉は、いかにして正当化されるか、ということである。たしかにイエスはそれを断言しているが、ただ断言するだけでなく、それをみずから正当化することが、はたして可能なのだろうか。言い換えるなら、彼が自分自身について人々に語った言葉、自分をキリストであり世の救い主であると言った言葉は、信ずるに足るものなのだろうか。

このような問いを真剣に受け止めようとするあらゆる人にとって、ふたつの道が開かれている。ひとつ目は、われわれがこれまでたどってきた道である。人々に彼ら自身について語ったキリストの言葉によって、とりわけ、敵を愛せよという命令によって、人々を互いに結びつけている自然的関係が破綻したこと、またこの破綻が人間の条件そのものの転倒の結果として起こったことを、われわれはすでに見ている。人間の条件は、もはや自然的血統ではなく、神的血統によってしか説明されないのであって、人間にかかわるあらゆる事象は、その行動や感情も含めて、すべて人間の真の起源から、つまりは神との関係から、生まれることになる。

ところで、人間は神から生まれるということをふまえての、こうした人間の条件の新たな定義は、この世の目からすれば、狂気の沙汰としか見えないし、この世がもはや人間の条件の根拠ではないという意味において、まさに破壊的である。人間の本性が自立的かつこの世的なものでないとするなら、それを前提にして形成されている人間関係に、いったいどんな意味があるというのか。人間がこの世で追求しているあらゆる目的にまったく価値がないとするなら、人間の活動にどんな意味があるというのか。ここでわれわれが直面しているのは、「人間システム」そのものの崩壊である。

だが、その崩壊は本当に起こったのではあるまいか。今日、われわれが目にしているのは、まさしく破局ではなかろうか。しかしそれは、キリストの言葉を聞くことによる破局ではなく、キリストの言葉を忘れることから生まれた破局、さらには、今日見られるように、キリストの言葉を禁忌することから生まれた破局である。人間の本性から、またそれに立脚するこの世から、あらゆる聖性の土台が奪い去られることによって、人間は物質的自然の人工性やあらゆる内的正当性を欠いた盲目的プロセスのネットワークに引き渡されている。自然的関係の相互性とは、すでに見たように、愛のそれではなく、敵対の相互性、物質的富、金、権力、名声のための闘いの相互性にほかならず、だからこそ、ペテン、奸計、虚言、不貞、妬み、憎しみ、暴力がはびこる。つまるところ、現代社会は万人が万人と闘う競争社会であり、その闘いはいくつもの党派が形成されることによって緩和されているにすぎない。じっさい、個人はそうした党派に属さないかぎり、現代のジャングルの中で生き延びることはできないのである。それこそ、キリストの逆説的な言葉、自分を迫害する人々を愛しなさいという言葉が力を失って以来、起こった事態である。ただこの言葉だけが、復讐と憎しみの連鎖を止めることができるのだ。このように、キリストの言葉をその真実性において耳傾ければ、おのずから、その言葉の真実が露わになってくる――「わたしは、平和をあなたがたに残し、わたしの平和を与える」(『ヨハネ』一四・二七)。したがって、人間の経験はこの真理を証すという形を取ることになる。キリストの言葉とわれわれの経験とのこうした逆説的な対応関係――じっさい、この関係は一連の逆説のうえに成り立っている――から、パスカル流のキリスト教護教論を構想することも可能だろう。

とはいえ、キリストが人間について語った言葉の真実性は、あくまで彼が自分自身について語った言葉の真実性から引き出されたものであり、前者は後者に全面的に依拠している。こうして、われわれは第二の道に向かわねばならない。検討すべきは、自分を〈神の子〉であり、また神であるとも言っている、キリストの言葉の真実性である。この真実性は正当化しうるのだろうか、もしできるとすれば、いかにして、また誰によって――まさにそれを知ることが、つぎの課題である。

第六章
キリストが自分自身について語っている言葉の正当化の問題

自分がキリストであり、〈神の子〉であり、それゆえに神であると告げるイエス自身の言葉に、われわれはすでに何度も出会っている。しかも、その言い方は時とともにますます断定的になってゆく。とはいえ、彼はただそう言っているにすぎないのではなかろうか。キリストがほんとうにキリストであるとするなら、彼はそれをみずから正当化する必要があるのではなかろうか。自分がそうだと言っていることの真実性を、みずから証明しなければならないのではなかろうか。「あなたは自分のことを何と言っているのか」という問いは、必然的に、「何の権利があって、あなたはそんなことを言うのか」という問いを呼び起こす。

こうした反論や非難は、キリストが説教した会堂で何度もわき起こっている。だが、キリストの教えの内容が、直接的にせよ、暗黙のうちにせよ、自分が人間以上の何者か、ただの人間ではない何者かであることを言おうとしているのだとすれば、そう言っている当人に対する反論や非難が起こってむしろ当然だろう。

ここで、必然的に対立が生まれる。しかも、その対立は二重である。まずは、聴衆がふたつに割れる。律法学者、ファリサイ派の人々、祭司、大祭司たちは、キリストの言葉や行動に、何かしら異様なところ、あるいは彼らが番人となっている宗教的掟に反するところがあるのを嗅ぎつけ、早速、そうした言葉や行動の背後に潜む大それた自己主張を見抜こうとする。反対に、キリストの言葉や彼自身に備わる権威に心惹かれた人々——たいていは身分の低い素朴な人々である——は、彼にしたがい、彼の弟子になる。彼らは、キリストがやって来るという噂があると、そこへ出かけて行き、彼に付きしたがって、村から村へと渡り歩く。あるいは、たまたまキリストと出会い、彼が示すしるしに触れることによって、彼らの心には、キリストが彼らを導こうとしているところへといたる道が開かれる。かくして、イエスをキリストすなわちメシアとして認めようとする者たちと、彼をキリストとして認めることを拒否するばかりか、神の冒瀆者として糾弾する者たちとの間で、多くの衝突が起こるだろうことは容易に想像される。そうした衝突が起きるきっかけはさまざまだろうが、その真の原因はつねにひとつである。つまり、メシアであるかのごとくふるまっているこの人はいったい何者かという問い。

たとえば、あるとき、イエスは生まれつきの盲人を癒すが、それに引き続く場面が、『ヨハネによる福音書』では、つぎのように描かれている（『ヨハネ』九・八〜三四）——「近所の人々や、彼が物乞いであったのを前に見ていた人々が、『これは、座って物乞いをしていた人ではないか』と言った。『その人だ』と言う者もいれば、『いや違う。似ているだけだ』と言う者もいた。本人は、『わたしがそうなのです』と言った。そこで人々が、『では、お前の目はどうして開いたのか』と言うと、彼は答えた。『イエスという方が、土をこねてわたしの目に塗り、《シロアムに行って洗いなさい》と言われました。そこで、行って洗ったら、見えるようになったのです』……」。

これに類した出来事が起こる場合はいつもそうだが、ファリサイ派の人々は、高度に要注意人物としているイエスが、いったい何の権威に基づいて、また何の資格があって、こんなことを仕出かしたのかを問題にして、調査を開始する――「人々は、前に盲人であった人をファリサイ派の人々のところへ連れて行った。イエスが土をこねてその目を開けられたのは、安息日のことであった。〔…〕ファリサイ派の人々の中には、『その人は、安息日を守らないから、神のもとから来た者ではない』と言う者もいれば、『どうして罪のある人間が、こんなしるしを行うことができるだろうか』と言う者もいた。こうして、彼らの間で意見が分かれた。〔…〕ユダヤ人たちはこの人について、盲人であったのに目が見えるようになったということを信じようとしなかった」。そこで、彼らは目に見えるようになった人の両親を呼び出した……

周知の通り、両親は、会堂から追放されることを恐れて、自分からは答えようとはせず、当人なら答えることができるだろうから、息子に直接尋ねてほしい、と調査をしている人々に言う。そこで彼らは、盲人であった人をもう一度呼び出して、尋問する――「彼らは言った。『あの者はお前にどんなことをしたのか。お前の目をどうやって開けたのか。』彼は答えた。『もうお話ししたのに、聞いてくださいませんでした。なぜまた、聞こうとなさるのですか。あなたがたもあの方の弟子になりたいのですか。』そこで、彼らはののしって言った。『お前はあの者の弟子だが、我々はモーセの弟子だ。我々は、神がモーセに語られたことは知っているが、あの者がどこから来たのかは知らない。』彼は答えて言った。『あの方がどこから来られたか、あなたがたがご存じないとは、実に不思議です。あの方は、わたしの目を開けてくださったのに。〔…〕生まれつき目が見えなかった者の目を開けた人がいるということなど、これまで一度も聞いたことがありません。あの方が神のもとから来られたのでなければ、何もおできにならなかったはずです。』彼らは、『お前は全く罪の中に生まれたのに、我々に教えようというのか』と言い返し、彼を外に追い出した」。

ファリサイ派の人々と弟子たち――この場合は盲目の物乞い――とのこうした衝突は、もっと根の深い対立、すなわちファリサイ派の人々とキリスト自身の対立の結果にほかならない。そしてこの対立の真の原因は、起こった出来事の異常性のためにぼかされているとはいえ、容易に想像される。すなわちそれは、またもや律法や律法に基づく宗教システムを公然と無視するイエスとはいったい何者かという問いである。彼の言葉や行為が神を冒瀆する疑いがあるところから、まさにその正当性が問題となる。

三つの共観福音書でも、イエスの言葉や行為の正当性をめぐる究極の問いが、『ヨハネ』のそれと同じような言葉を用いて繰り返されている。「イエスが神殿の境内に入って教えておられると、祭司長や民の長老たちが近寄って来て言った。『何の権威でこのようなことをしているのか。だれがその権威を与えたのか。』イエスはお答えになった。『では、わたしもひとつ尋ねる。それに答えるなら、わたしも、何の権威でこのようなことをするのか、あなたたちに言おう。ヨハネの洗礼はどこからのものだったか。天からのものか、それとも、人からのものか。』彼らは論じ合った。『《天からのものだ》と言えば、《では、なぜヨハネを信じなかったのか》と我々に言うだろう。《人からのものだ》と言えば、群集が怖い。皆がヨハネを預言者だと思っているから。』そこで、彼らはイエスに、『分からない』と答えた。すると、イエスも言われた。『それなら、何の権威でこのようなことをするのか、わたしも言うまい。』」(『マタイ』二一・二三〜二七、『マルコ』一一・二七〜三三、『ルカ』二〇・一〜八)。

これは、厄介な問いに対する単なる言い逃れ――たしかにユーモアには欠けていないとしても――

などではまったくない。イエスは、自分の出自についての重大な秘密を守ることによって、みずからの権威は無傷のうちに保ち続けるいっぽうで、質問者たちには彼らの無知をさらけ出させることによって、彼らの権威を失墜させている。有名な「姦通の女」のエピソードでも、同じような権威の転倒が起きている（こちらでは、一見するところ、キリスト自身は何者かということは問題になっていないようにも見えるが）。律法学者たちとファリサイ派の人々がキリストを律法の罠に陥れようとするが、周知のように、キリストはそれを逆手にとって、彼ら自身をこの罠にかけてしまう。「先生、この女は姦通をしているときに捕まりました。こういう女は石で打ち殺せと、モーセは律法の中で命じています。ところで、あなたはどうお考えになりますか」。イエスはかがみこんで、地面に古い戒律のしるしや新しい——彼らには未知の——教えのしるしをあれこれ描いていたが、とつぜん、彼の口から恐るべき答えが発せられた。それは、正気を失ったわれわれの世界に、今日なお鋭く鳴り響いている。「『あなたたちの中で罪を犯したことのない者が、まず、この女に石を投げなさい。』〔…〕これを聞いた者は、年長者から始まって、一人また一人と、立ち去ってしまい、イエスひとりと、真ん中にいた女が残った。〔…〕『婦人よ、あの人たちはどこにいるのか。だれもあなたを罪に定めなかったのか。』」（『ヨハネ』八・三〜一一）。彼らはどこにいるのか。誰も残っていない。彼らが去ったあとのこの空白は、まさしく彼らが誇る知恵の失墜、さらには倫理としての律法の失効を表わしているが、この空白の中で、一種の変容が起こる。この瞬間、キリストの顔はいかなる人間も保持しえないある力に溢れて輝いている。それは、罪を許すことによって、現在そうであるもの、あるいはかつてそうであったものを、そうでなくしてしまう力といってよいが、じつはその力とは、もはやないもの、すでに死んだものをふたたび生かすことができる力の裏面にほかならない。

以上に取り上げたエピソードでは、キリストが何者かということは、まだほのめかされているにすぎないが、ファリサイ派の人々とキリストとの対立はこうした隠微な形をとるだけではない。つぎに取り上げるたとえ話では、物語のヴェールに包まれた形とはいえ、キリストの真実が、恐るべき閃光を放って、この世の闇を切り裂いている。じっさい、このたとえ話は神殺しの予言なのだ。三つの共観福音書において、このたとえ話が、人間の力をはるかに超えた業をなすキリストの権威をめぐってのファリサイ派の人々との問答の直後に置かれているのも、単なる偶然ではあるまい。

「ある家の主人がぶどう園を作り〔…〕これを農夫たちに貸した。〔…〕収穫の時が近づいたとき、収穫を受け取るために、僕たちを農夫たちのところへ送った。だが、農夫たちはこの僕たちを捕まえ、一人を袋だたきにし、一人を殺し、一人を石で打ち殺した。また、他の僕たちを前より多く送ったが、農夫たちは同じ目に遭わせた。そこで最後に、『わたしの息子なら敬ってくれるだろう』と言って、主人は自分の息子を送った。農夫たちは、その息子を見て話し合った。『これは跡取りだ。さあ、殺して、彼の相続財産を我々のものにしよう。』」（『マタイ』二一・三三〜四〇、『マルコ』一二・一〜一九、『ルカ』二〇・九〜一六、強調は筆者）。こうして跡取りが殺され、この世の所有権が人殺したちの手に渡った。このような殺人が行なわれるたびに、人間中心主義が生まれる。人間はこの世と自分たちをわが物としてしまい、この世において、また彼らのうちにおいて、彼らに与えられるさまざまな可能性に応じて、あらゆるものを、そして自分たち自身を、意のままに操作することになる。

だが、このたとえ話の結末が語っているのは、預言された殺人の後始末についてである。ぶどう園の主人が帰って来たら、この農夫たちをどうするだろう、とイエスが問うたのに対して、人々はこう答えた――「『その悪人どもをひどい目に遭わせて殺し、ぶどう園は、季節ごとに収穫を納めるほかの農夫たちに貸すにちがいない。』イエスは言われた。『聖書にこう書いてあるのを、まだ読んだことがないのか。《家を建てる者の捨てた石、これが隅の親石になった。〔…〕》だから、言っておくが、神の国はあなたたちから取り上げられ、それにふさわしい実を結ぶ民族に与えられる。この石の上に落ちる者は打ち砕かれ、この石が誰かの上に落ちれば、その人は押しつぶされてしまう。』祭司長たちやファリサイ派の人々はこのたとえを聞いて、イエスが自分たちのことを言っておられると気づき、イエスを捕らえようとしたが、群集を恐れた……」（『マタイ』二一・四一〜四六）。

このように、キリストの教えの中で、自分が〈神の子〉であるという主張はしだいにあからさまになってゆく。いまや、彼が何者かという問いを発するのはキリスト自身である。しかもその問いは、弟子たちに向かってではなく、彼を陥れようとする者たちに向かって発せられる。その決定的なエピソードもまた、三つの共観福音書に等しく伝えられている。「ファリサイ派の人々が集っていたとき、イエスはお尋ねになった。『あなたたちはメシアのことをどう思うか。だれの子だろうか。』彼らが、『ダビデの子です』と言うと、イエスは言われた。『では、どうしてダビデは、霊を受けて、メシアを主と呼んでいるのだろうか。《主は、わたしの主にお告げになった。「わたしの右の座に着きなさい、わたしがあなたの敵をあなたの足もとに屈服させるときまで」と。》このようにダビデがメシアを主と呼んでいるのであれば、どうしてメシアがダビデの子なのか。』これにはだれ一人、ひと言も言い返すことができず、その日からは、もはやあえて質問する者はなかった」（『マタイ』二二・四一〜四六、『マルコ』一二・三五〜三七、『ルカ』二〇・四一〜四四）。

「その日からは、もはやあえて〔キリストに〕質問する者はなかった」とはいえ、自分が主であり、それゆえにまた神であるというキリストの主張には、相変わらず、その正当性の問題が付きまとっている。共観福音書において、この正当性がどのように問題にされているかは、先に見た通りである。しかし、自分が神であることのキリスト自身による正当化の問題は、『ヨハネ』においてこのうえなく精緻な展開を見せ――明らかに、これも神殿で行なわれた議論を伝えたものである――ついには測りがたいほどに深い内容の答えを受け取っている。ヨハネは、イエスの断罪、そして処刑にいたるこの対立抗争を、その悲劇的緊迫の中で、忠実に再構成することだけをめざしているわけではない。彼の企図は、一見するところ実現不可能に見えるのだが、自分を〈神の子〉だと言うキリスト自身の主張の内部にみずから入り込み、その主張の動きと一体化することによって、さらに根本的には、キリストが〈神の子〉であるというその存在条件そのものの内部に入り込み、この条件と一体化することによって、この主張の妥当性を検証するということである。いずれ、この一体化が、常軌を逸した考えであるどころか、キリストの言葉を成就に導くものであることが明らかになるだろう。

しかし、われわれにはまだこれらの究極的真理を理解することができない。われわれがそれらの真理に到達することを可能にしてくれる理解とは、いったいどのような理解なのか、まだ分かっていないからである。あるいはつぎのように言ってもよいだろう。われわれがこれから検討するつもりの『ヨハネによる福音書』からの引用文は、人間的言語によって、つまりは人間同士が話し合う言語によって、語られている。じっさい、われわれが知っているあらゆるテクストは、福音書も含めて、この言語によって書かれているのだ。われわれが強調したように、キリストが、彼自身ひとりの人間として、この人々に語りかけたのも、この言語によってである。ただし、急いで言っておかねばならないが、この人間的言語は神の言語ではない。ヨハネによれば、キリストは神の〈言〉、つまりは〈神の言葉〉にほかならない。この〈神の言葉〉がわれわれに語っていることを――より正確に言えば、人間がしゃべっている言葉、少なくとも、今のところわれわれにはそう思われる言葉を通じて、この〈言葉〉が語っていることを——われわれがほんとうに把握できるようになるためには、まず〈神の言葉〉の本性を知らなければならない。したがって、ヨハネのテクストをめぐる以下の短い考察は、あくまで最初のアプローチにすぎない。キリストが〈神の子〉であることの完全なる正当化は、その本源的な真実性において生きられた〈神の言葉〉自体によってなされるほかない。ひとり〈言〉だけが、それを正当化するだろう。

じっさい、自分が〈言〉と一体であるというキリストの法外な主張を、誰がいったい正当化することができようか。あるいは、彼の敵対者たちが使い、キリスト自身もそっくりそのまま借用して、わが身に引き受けた言葉をそのまま使えば、このような主張を裏づけるに足るどんな「証言」があるだろうか。それは律法にも明記されている規定である。「誰も自分自身について証言することができない」、この避けがたい掟を、しかも自分を神だとするとほうもない主張に関して、イエスはいったいどうやって回避することができようか。

ところで、哲学的観点から見れば、律法に準拠する人々の議論はひとつの圏内を堂々巡りしているにすぎない。じっさい、律法は人間に向けられている。*それゆえ、キリストがひとりの人間であるなら——だが、それこそ議論の争点なのだ——彼は律法のもとにある。イエスはひとりの人間ではないのか。「あなたは、人間なのに、自分を神としている」（『ヨハネ』一〇・三三）。自分を神の〈言〉であるとするキリストの主張に対して、律法の番人たちは、人間なら誰にも当てはまる身分証明にこだわる。つまりは出生地や両親である。「しかし、わたしたちは、この人がどこの出身か知っている。メシアが来られるときは、どこから来られるか、だれも知らないはずだ」（『ヨハネ』七・二七）。律法は、人間の世界に基準を持つ身分証明――出生の年月日と場所、名前、両親の職業、等々――によって規定される人間だけに適用される。しかも、そのような人間は自分自身について証言する資格はない。ファリサイ派の人々が相手にしているのは、あくまで人間イエスであって、それゆえに、彼らはイエスにつぎのように言う――「あなたは自分について証しをしている。その証しは真実ではない」(『ヨハネ』八・一三)。

キリストの最初の答えは、告発者たちに対して、ふたつの点で譲歩しているようにも見える。つまり、彼がひとりの人間であり、それゆえ律法に照らして、自分自身について証言することはできない、という点に関して――「あなたたちはわたしのことを知っており、また、どこの出身かも知っている」(『ヨハネ』七・二八)、「もし、わたしが自分自身について証しをするなら、その証しは真実ではない」(同五・三一)。ところで、この最初の答えは、明らかに見せかけである。この答えが、キリストが人々に繰り返し語った彼ら自身についての教え――「誰も父と呼んではならない」[1]――に反するものであることは明らかである。祭司たち、律法学者たち、ファリサイ派の人々やその弟子たちは、キリストに対して、彼が大工ヨセフとマリアの息子であることをしきりに強調するが、人間の自然的血統をどこまでも重んずる常識的考えは、キリストが繰り返し述べている人間の神的血統という考えと真っ向から対立する。こうした考えは、たとえキリストをひとりの人間、どこにでもいるひとりの息子とみなしたとしても、もはや当てはまらないのであり、ましてや、彼が神の〈最初にして唯一の子〉、つまりは〈言〉そのものであるとすれば、ますます当てはまらない。

まさに神の〈最初にして唯一の子〉であるからこそ、自分は人間の条件に隷属していないとキリストは言うのだ。彼の魔法の言葉は、彼に敵対するすべての人々の反論をあっさり無効にすると同時に、彼らからその権威を奪い去ってしまうだろう（そもそも、その権威自体、もともと彼ら自身に備わったものではなかったのであって、それが自分たちから離れ去ってゆくのを感じて、彼らはうろたえているのだ）。そのうえ、人間の条件についても、彼らはまったく理解していない。彼らは、この世とこの世において人間が持つ諸属性（今日なら、空間、時間、因果関係、等々と言われるだろう）に基づく以外に、人間を理解することができないのである。「あなたたちはわたしのことを知っているのか。わたしが誰であるか知っているのか」――こうしたイエスの問いかけは、彼らの言っていることとはまったく別のことを意味している。あなたがたはわたしを知っていると考えているし、またわたしが誰か知っていると思い込んでいるが、あなたがたはわたしのことを何も知らないのだ。とりわけ、あなたがたはわたしがどこから来たのか知らないし、またわたしの〈父〉を知らない。

こうして、イエスの口からふたたび驚くべき言葉が発せられる。いまや自分が神の子であることをはっきり認めるだけでなく、その都度、有無を言わせぬ仕方で、このとほうもない主張を正当化しようとする。「あなたたちはわたしのことを知っているのか。またわたしがどこから来たのか、知っているのか。わたしは自分自身のもとから来たのではない。(2) わたしをお遣わしになった方は真理を告げるが、(3) あなたたちはその方を知らない。わたしはその方を知っている。わたしはその方のもとから来た者であり、その方がわたしをお遣わしになったのである」。さらにその少しあとで――「今しばらく、わたしはあなたたちと共にいる。それから、自分をお遣わしになった方のもとに帰る。あなたたちは、わたしを捜しても、見つけられない。わたしのいる所に、あなたがたは来ることができない」（『ヨハネ』七・二八～二九および三三、三四）。

イエスがどこの出身で、誰の子かといった証言に基づく律法主義的な反論は、ここで微塵に砕け散る。そもそも、ある意味で、キリストはすでに多くの証言を得ているのだ。まずは聖書からの証言——「ところが、聖書はわたしについて証しをするものだ」(『ヨハネ』五・三九)。モーセの証言——「あなたたちは、モーセを信じたのであれば、わたしを信じたはずだ。モーセは、わたしについて書いているからである」(同五・四六)。さらには洗礼者ヨハネの証言があるが、これも敵対者たちは信じなかった。しかし、これらの証言が、とりわけヨハネのそれが、いかに重要であったとしても、キリストが自分の言葉を正当化する最終的なよりどころとしたのは、これらの証言ではない。「わたしは、人間による証しは受けない」(同五・三四および五・三一～四七、八・一四、一五)。さらに、この世の真実——ヨハネはそれを「この世の光」あるいは「この世の栄光」と呼んでいる(4)——においてなされたあらゆる人間の証言に対する厳しい批判が続く。見たり、聞いたりすること、さらには誰かに自分が言ったことを繰り返してくれるよう頼むことは、いつでもどこでも可能である。しかし、すでに検討しただけでは、それ教えによれば、どのような人間的行為も、この世の外部性に現われたその外観を見たキリストのが見せかけや嘘ではないと断定することはできない。その点に関しては、証言するという行為の場合であっても、断食する、施しをする、祈るといった行為の場合と何ら変わらない。この世では、どんな証言も虚偽の証言でありうる。律法は、どんな人間の言葉も免れないこうした欠陥を補うためにも、証言は複数でなければならないと定めている。イエスが自分についてのあらゆる人間的証言を拒否するのも、人間の言葉のこうした欠陥ゆえである。**

だが、キリストが、自分は神の子であり、さらには神自身であることの証言を、どんな人間にも求めないとするなら、この証言はいったいどこからやって来るのだろうか。彼自身からである。それゆえに、律法の信奉者たちの目には、この証言はまったく無効だということになる。ところで、すでに述べたように、キリストが律法の規定にしたがっているかのように見える場合であっても、あくまでそう見せかけているにすぎない。それは、ほんとうの意味でその規定にしたがうことを受け入れたためではなく、律法よりはるか高いところ、自分がそこからやってきたところに身を置くことによって、自分が律法に従属する者ではないということを、まったく新しい光のもとで断言するためである。自分が神によって遣わされた者であることを証言するのは自分だけではない、とキリストが言うのも、彼を遣わした方が、彼のために、また彼とともに、証言してくれるからである。そもそも、彼はその方とひとつなのだ。かくして、剣の刃のようにきらめく新たな言葉が発せられる――「もし、わたしが自分自身について証しをするなら、その証しは真実ではない。わたしについて証しをなさる方は別におられる。そして、その方がわたしについてなさる証しは真実であることを、わたしは知っている」(『ヨハネ』五・三一～三二)。この「別の方」とは誰か。それは〈父〉である――「また、わたしをお遣わしになった父が、わたしについて証しをしてくださる。あなたたちは、まだ父のお声を聞いたこともなければ、お姿を見たこともない。また、あなたたちは、自分の内に父のお言葉をとどめていない。父がお遣わしになった者を、あなたたちは信じないからである」(『ヨハネ』五・三七～三八)。

さらにキリストは言う――「そうだ、わたしは自分について証しをしているが、しかしその証しは真実である。[5] 自分がどこから来たのか、そしてどこに行くのか、わたしは知っているからだ。しかし、あなたたちは、わたしがどこから来たのか、そしてどこへ行くのか、知らない。あなたたちはまったく人間的な仕方で裁くが、[6] わたしはだれも裁かない。しかし、もしわたしが裁くとすれば、わたしの裁きは真実である。なぜならわたしはひとりではなく、わたしをお遣わしになった父と共にいるからである。あなたたちの律法には、ふたりが行う証しは真実であると書いてある。わたしは自分について証しをしており、わたしをお遣わしになった父もわたしについて証しをしてくださる」（『ヨハネ』八・一四〜一八、強調は筆者）。

この言葉を聞いて憤慨した（じつはすっかり自信を失って動揺しているのだが）ファリサイ派の人々は、キリストをののしり、それによって神を否定する羽目になる。というのも、自分についてあらゆる人間的血統をキリストが否定することで、本当に問題となっているのは、すべての人間のただひとりの〈父〉なのである。そしてこの本当の父とは、神にほかならない。キリストがその相続者であると言っている〈父〉、彼が知っており、また彼の証しをしてくれる〈父〉、この方について、ファリサイ派の人々は明らかに何ひとつ知らない。ファリサイ派の人々は何度も彼に尋ねる――「あなたの父はどこにいるのか」。イエスは答える――「あなたたちは、わたしもわたしの父も知らない。もし、わたしを知っていたら、わたしの父をも知るはずだ」（『ヨハネ』八・一九）。

自分が神の子であり、それゆえにまた神であるというキリストの断言の究極の正当化とも言えるこれらのきわめて内容の濃い言葉を、われわれはさらに解明してゆかねばならない。そしてそれには、ふたつの方法があるだろう。あくまで『ヨハネによる福音書』の文脈において、そこでキリストが語っている他の究極の言葉をも検討しつつ、その根本的な意味を把握しようと試みることも可能だろう。しかし、もうひとつ別の道も開けている。われわれの最初の指摘を思い起こしてほしい。その指摘は、これまでの検討過程において、何度も繰り返されているが、もう一度繰り返そう。キリストがふたつの本性、すなわち人性と神性を備えているとするなら、同様にまた、ふたつの言葉、つまりは人間固有の言葉と、彼が〈言〉であるかぎりにおいて彼自身に帰せられる言葉、神自身の言葉とを持っているのではあるまいか。そして、キリストの究極の言葉の意味は、神の〈言〉のそれとしての彼の言葉の中にこそ、潜んでいるのではないだろうか。だが、神の言葉とはいかなるものなのか。いまや、この決定的な問いに立ち向かう時が来たようだ。

＊ それゆえに、この法は、宗教的起源のものであるとはいえ、少なくともここで問題になっている原則に関するかぎり、世界のすべての市民法に取り入れられている。その原則はまったく単純であり、たとえば、つぎの例に見ることができる。もし私がソーミュールで犯罪を起こしたと疑われたとする。それに対して、私は、その日、その時間には、パリにいたと主張する。しかし私の主張は、その日、その時間に、パリで私を見たという証人がいないかぎり、無効である。キリストの自分自身についての言明を無効にするために、律法学者たちが持ち出すのは、まさしくこの人間社会の裁判法なのである。

＊＊ 人間の証言に対するこのキリストの批判には、もっと深い理由がある。キリストが〈神の言葉〉であるとするなら、どうして不確かな人間の言葉にしたがわねばならない理由があろうか。ある名うてのヒューマニスト〔人間中心主義者[7]〕は「その声が天使の声であると認定するのは、つねに私なのだ」と言い放つが、ここには見られるのは、傲慢、浅薄、盲目性でしかない。生ける者、すなわち、いのちにおいてみずからにみずからを与えられて生きるほかない存在、それゆえ、みずからのうちには〈いのちの言葉〉だけが聞こえているはずの存在、そうした生ける者が、永遠の昔から自分に先だって発せられているこの〈声〉、自分の生とはもっぱらそれを聞き取ることからなるはずのこの〈声〉を、みずから判断したり、権威づけたり、あるいは否認したりする、いかなる理由、いかなる権利があるというのか。しかし今の時点で、そう断定してしまうのは時期尚早かもしれない。

第七章
世界の言葉、いのちの言葉

いまやわれわれは、まさに決定的ともいうべき問いの前に立っているわけであるが、奇妙なことに、哲学では、この問いはかつて一度も問われたことはなかった。こうした問いがわれわれの予期した通りの重要性を秘めているとするなら、つぎのように言うべきだろう——宗教の根本主題を考察することによって、われわれの前には、いわゆる理性的思考にはうかがい知れない広大な未知の領域が開かれる、と。キリスト教思想は、真に自由な考察に反するものではけっしてなく、逆に、伝統哲学とその規範テクストに、みずからの盲目性とは言わずとも、その限界を思い知らせることになろう。

ここで確認しておくべきは、人間が自分たち同士の間で意思疎通を図るために通常用いている言葉以外の言葉があるのかどうか、ということである。人間の言葉の特性については、これまでにもその都度かんたんに触れてきたが、もう一度、この言葉の問題に戻らなければならない。じっさい、聖書ですら、しかもそこに語られている神の啓示をわれわれに伝えようとするときでさえ、人間の言葉を使っているのではなかろうか。

新約聖書のテクストにおいて、二種類の言葉を区別するのが適当だろう。一方には、福音書記者マタイ、マルコ、ヨハネ、そしてルカの言葉がある。彼らは、キリストの歴史的実在に結びついた事件を物語る。そうした事件は、記録が今日まで残っていない他の多くの事件の中から選ばれたもので、それぞれにさまざまな点で重要な意味を帯びている。それらの事件は、キリスト自身によって彼の使命が徐々に明らかにされるそれぞれの段階を画していると言えよう。弟子たちを選んだこと、その使命のしるし、あるいはその使命をなしとげるのはどのような人間であるかを示すしるし、渡り歩いたあちこちの土地でどのように迎えられたか、会堂や神殿での論争、等々。だが、物語の横糸をなすこうした事件のほかに、別の情景がおのずから浮かび上がってくる。それはもはや文字通りの意味での物語ではない。つまり、他者や目撃者によるさまざまな事実やキリストの行なった業などの報告ではない。語っているのはキリスト自身であり、われわれは彼自身の言葉を聞く。こうして、テクストはたえず括弧で断ち切られるとともに、物語（それはわれわれにもなじみ深い世界で展開するので容易にたどれる）の連続性が、誰もかつて聞いたことがない、そしておそらくは聞き取ることも容易でない、人々を驚愕させるキリストの言葉によって、文字通り、吹っ飛んでしまう。

ところで、これらの言葉は、いかに突飛であろうとも、そしてまた、人間の条件に言及する場合であれ、キリスト自身のあり方に言及する場合であれ、つねに同じ言語で語られている。その言語は、人間がしゃべる言語、そのうえ聖書が書かれている言語でもある。それゆえに、文脈にふたたび組み込まれて、語りを構成している他の文とともにそこに溶け込んでしまうと、キリストの言葉も「人間の」言葉に戻ってしまう。キリストの言葉といえども、もともと誰もがしゃべるごくふつうの言語であることに変わりはなかったのである。彼の言葉もまた、必然的に、この万人に共通する言語から、形態や構造を、つまりは人間的言語の本性を借り受けている。

われわれはすでにこの言語を世界の言語と名づけたが、それにはふたつの理由がある。まずは、それが世界の事物を指し示す言葉だということ。自然界の動かない物たち、動物たち、あるいは、もっとも広い意味での文化的事物、人間とつながりのある、また人間がそこに介在している、あらゆる事物。たとえば、漁船であれば、その所有者、使用者、あるいはそれを建造した人々と関わっている。麦畑やぶどう畑を眺めれば、かならず、麦やパン、ぶどうやワイン、さらにはこれらの大地の実りを食べたり飲んだりする人々、あるいはそうした作物を育てる農民たちのことが脳裏に浮かぶはずである。この世、すなわち「人間世界」は、この種のいわば物質的な現実から構成されているが、そうした現実も人間なしには考えられないだろう。それらの現実は、何よりもまず、人間の欲求や仕事を表わしている。動物たちも、家畜であれば、人間世界の一部であり、長い歴史を通して、この世界の重要な構成要素であり続けた。福音書でも、人々に人間の条件について語りかけたキリストの言葉には、日常生活になじみの深いこれらの具体的現実への言及も多い。「あなたたちの中に、自分の〔…〕牛が井戸に落ちたら、安息日だからといって、すぐに引き上げてやらない者がいるだろうか*」（『ルカ』一四・五）。

われわれの環境世界を構成するそうした数多くの現実を指し示すのに用いられる言語のことを「世界の言語」と呼ぶもうひとつの理由は、以下の点にある——こうした現実がいかなるものであれ、われわれがそれらについて語ることができるのは、あくまでそれらがわれわれに現われるかぎりにおいてである、ということ。しかもこのことは、これらの現実それ自体についてだけでなく、それらを直接的に知覚する過程において、またそれらについて下す判断において、われわれがそれらの現実に付与することになるさまざまな性質の総体についても、当てはまる。

そこから、つぎの問いが生まれる。これらの現実はどのようにしてわれわれに現われるのか。現代の世界観がそこから生まれた哲学的伝統において、その答えはまったく身近な経験に見出されることになる。つまり、あらゆる事物（石、花、大地、空、大地から生み出されるあらゆるもの、道具や機械、人間自身も含めて）からなるこれらの現実のすべてがわれわれに現われるのは、世界においてである、ということ。そこから、「常識」と称される広く一般化された信仰が生まれる。要するに、世界はおよそありとあらゆるものが現われる場である、言い換えるなら、目に見える世界こそ、実在する唯一の世界であり、この世界こそ現実性の場なのだ、という信仰。

もしわれわれがわれわれに現われるものしか語りえず、またわれわれに現われるものはすべて世界において現われるとするなら、あらゆる言葉は世界と分かちがたく結びついていることになる。われわれは、世界においてわれわれに現われるものについてしか語りえない。ただし、世界においてわれわれに現われるものとは、石、山、木、家、畑、工場、そして人間といった感覚的事物、じっさいに自分の目で見たり、その性質、匂い、音を自分の五感で知覚したりできるものだけにとどまらない。感覚で捉えることはできないが、精神で理解できるもの、たとえば幾何学的特性や数学的ないし論理的関係なども、そこに含まれる。そうしたものも、われわれは精神の目で見、また一連の「明証性」を通して洞察する。要するに、それらの精神的事物もまた、感覚的事物と同様に、自分から引き離し、対象化することによって、つまりは世界の外部性において、われわれの精神の前に置かれる。このように、精神的事物がわれわれに現われるのも、外部性の光の中においてなのである。だからこそ、われわれはそれらの精神的事物をじっさいに記述したり、分析したりすることができるのだし、そして何よりもまず、それらを名づけたり、それらについて語ることができるのだ。

「世界の言葉」とはつまり、世界という外部性においてわれわれに現われてくるものを語る言葉である。このように、〈現われる〉ことが、具体的な意味において、あらゆる言葉の可能性の条件となる。じっさい、われわれはわれわれに現われるものしか語ることができない。言葉の可能性の条件としてのこの〈現われ〉こそ、かつて古代ギリシア人がロゴスと呼んでいたものである。このように、言葉の可能性が〈現われる〉ことにあるとすれば、その言葉の特性とは、〈現われ〉の特性そのものに依存することになるだろう。しかも、この〈現われ〉が世界の現われ、つまりは距離を置くこと、外部性（この外部性の光の中でこそ、われわれは語りうるすべてのものを見る）にほかならないとするなら、世界の言葉の特性は、必然的に、世界自体の特性に依存することになるのではあるまいか。

じっさいその通りなのだ。ここでかんたんに、世界の現われの三つの根本特性を見ておきたい。まずは、この〈現われ〉は純然たる外部性の領域だから、そこにおいて現われ、目に見えるようになるあらゆるものはすべて、外部のものとして、つまりはわれわれとは別なもの、われわれとは違うものとして、現われるが、そうして現われてくるのは、目に見える世界を構成する事物——感覚的であれ、精神的であれ——の総体である。

第二に、世界の現われは、世界に現われるすべてのものを外部のもの、他のもの、自分とは異なったものにしてしまうが、まさにそれゆえに、この〈現われ〉自身はそれらすべてのものに対してまったく無関心である。世界の現われの光が、ワジの乾ききった河床を照らそうが、豊かな水を湛えた川を照らそうが、肥沃な畑を照らそうが、荒れ果てた土地を照らそうが、親睦の集いを照らそうが、凄惨な戦いを照らそうが、〈現われ〉自身にとってはどうでもよいことである。世界という天幕の下に、歴史というスクリーンのうえに、優雅な人々と怪物たち、慈愛に満ちた行為と大虐殺、瞑想のために建てられ貴重な蔵書を誇る修道院、その修道院を灰燼に帰す火事、都市やかけがえのない文化や文明を破壊する侵略行為、等々がつぎつぎに現われては消えてゆく。しかもそうしたすべてが、まったく同じように、恐るべき中立性において、われわれに現われる。それらは等しく事実と呼ばれ、その客観性において——現代という時代、そして現代の科学は、この客観性を大いに誇りとしている——これらすべての事実はまったく等価である。

そして三番目の特徴。世界の現われが、自分の現わすあらゆることに無関心なのは、もっと深い理由からである。すなわち、この〈現われ〉は、みずからを存在せしめる能力、みずからの存在を創り出す能力を持たないということ。外部性そのものとなった世界は、空虚な場、内容を欠いた地平でしかない。「見えるようにすること」——この純粋に空虚な場の光のもとですべてのものを見えるようにすること——は、そこに見えるものをどうすることもできない。電車の窓辺に肘をついて外の景色に見入る乗客のように、自分の無力な眼差しの前に繰り広げられる光景を、ただながめるしかない。

言葉が世界の現われから受け継いでいるのは、まさしく以上のような性格である。世界の現われが純然たる外部性の領域であり、そこではすべてが外部のもの、他なるもの、自分とは異なるものとして現われるように、世界の言葉——世界の中に見えるものを語る言葉——もまた、必然的に、自分とは別なもの、自分の外にあるもの、自分とは異なるもの、自分とはまったく無関係のもの、自分の力がまったく及ばないもの、について語る。

現代思想において言語理論が非常に重要な役割を果たしていることは周知の通りだが、それらの理論がこれまでにやってきたことといえば、意識してか否かはともあれ、言語の根拠は世界の現われ、つまりは常識が現実そのものとみなしている目に見える世界にあるとして、その根拠から直接引き出される特性を言語に適用することでしかなかった。そうしたすべての特性の中でもっとも顕著なのは、言語の指示的性格である。つまり、あらゆる言語、あらゆる語は、自分の外にあって、自分とは異なる内容に関係する、ということである。したがって、語はそれが指し示している現実そのものではなく、ただその現実を目に見えるようにしているだけである。「犬」という語は、現実の犬を指し、また意味するが、その語自体はどこまでも語であって、いかなる現実の犬でもありえない。その語は犬を指し示すだけであり、〈空虚のうちに〉それを意味するにすぎない。要するに、語は〈空虚な意味〉である。語には自分が指し示す現実を創り出すことができないということ、それがここで問題にしている言語のもっとも一般的な性格である。私が「ポケットに百ユーロ紙幣を持っている」と言ったところで、それをじっさいに所有するわけではない。以上が、人間が一般に話している言語、これまで述べてきたあらゆる理由からわれわれが「世界の言語」と呼んでいる言語の乏しさにほかならない。

　現代の言語理論の欠陥について、さらに考察を進めてみよう。まず分かることは、この欠陥は、言語に言語そのものとは異質な特性を当てはめていることに原因があるわけではないということである。そうではなく、この欠陥は、以上のような乏しい言語、世界の言語だけを唯一実在する言語とみなしていることにこそ原因がある。現代の言語理論は、目に見える世界が唯一真なる現実の領域であり、それゆえまた知や言語の唯一の対象であるとする素朴な信仰に欺かれている。そうしたことから、現代文化は大きな欠落をかかえ込んでいる。世界の言葉よりももっと根源的で、もっと本質的なもうひとつの言葉が完全に隠蔽されてしまっているのだ。

　キリストがわれわれに教えてくれたこと、その中でも、まずはわれわれ自身、われわれ人間について教えてくれたことを、ここで思い出してみよう。彼が、何回となく、またいろいろな仕方で、異議を唱えているのは、われわれ人間はこの世に属する存在であり、この世によって説明され、この世から理解できる存在だという通念に対してである。たしかにわれわれは、この世の光の中、キリストが言うところの「この世の栄光」の中に、現われる。[1]さらにわれわれは、やはりこの同じ光の中で、この世とこの世に現われるすべてのものと関係する。しかしこの目に見える世界は、その中で、われわれの真の現実を見せてくれるわけではない。われわれの真の現実は、神だけがわれわれを見ている「隠れたところ」に潜んでいる。だからこそ、人間の条件についての教えの中で、キリストはたえず、この世の血統の代わりに、神の血統を説くのである。この神の血統にしたがえば、人間とは、いのち、真に存在する唯一無二のいのち、神のいのちによって生み出された生ける者である。人間は〈神の子〉なのだ。

だとすれば、言葉の問題もまた、われわれがそうである生ける者との関係において、より正確には、われわれを生ける者たらしめている〈いのち〉との関係において、再検討する必要があるだろう。すでに考察したように、いのちとは、ひとつの物、ひとつの存在、一種の特別な存在、さらには今日では生物学によって無感覚で受動的な物質的プロセスに還元されてしまっているあの「生命現象」と言われる特殊現象の総体、等々ではまったくない。いのち、われわれが自分自身のうちで経験しているいのち、われわれのいのちでもあるそのいのちとは、それ自体がひとつの啓示なのである。そしてこの啓示のユニークな様態において、啓示する主体と啓示される対象とは同じひとつのものであり、それゆえにわれわれはこの啓示を自己啓示と呼んだのである。このような啓示の様態は、いのちだけに備わったものであり、まさにいのちの本質をなしている。じっさい、生きるとは「自分自身を感じとること」、「自分を自分に明かすこと」にほかならない。それこそ、人間が人間であることの、つまりは人間の条件そのものの、異論の予地ない決定的な特質であり、それによって人間は他のいかなる存在とも絶対的に区別される。

言葉と現われとの間に本質的な関係があるとすれば、また言葉とは、どんな仕方であれ、みずからに現われるものしか語りえないとするならば、ここにまったく新しい問題が浮かび上がってくる。〈いのち〉がひとつの啓示である以上、いのちはいのち固有の言葉を持ちうるのではなかろうか。そしてさらに、いのちの啓示がいのちみずからの啓示であるとするなら、この言葉がわれわれに語るものも、おのずから明らかではなかろうか。いのちは、みずからをみずからに啓示することによって、われわれにいのちそのものについて語る。すでに見たように、古代ギリシア人は言葉の可能性をロゴスと呼び、さらにその可能性を〈現われ〉の中に見出した。というのも、われわれが語りうるあらゆるものがわれわれに現われてくるのは、もっぱらこの〈現われ〉を通してなのである。そのうえで彼らは、この現われを、世界の光、あるいは「自然の」光として理解したのだが、それは、一言で言うなら、外部性ということである。〈自分の外〉という外部性においてこそ、あらゆる視――感覚的であれ、精神的であれ――は、その都度、自分の前に現われるものを、まなざしの前に置かれた内容として、つまりは〈対象〉すなわち〈対面するもの〉として、見ることができるのだ。

しかし、キリスト教の出現とともに、別のロゴスがありうるという前代未聞の直観が生まれる。ひとつの啓示にほかならないロゴス。しかも、その啓示とは世界の可視性としてのそれではなく、〈いのち〉の自己啓示なのである。〈いのち〉自体がその可能性であるところの言葉、その中でいのちが、みずからをみずからに啓示することによって、いのち自身を語ると同時に、その中から、われわれ自身のいのちも絶え間なく自分みずからをわれわれに語りかけてくる言葉。ここでは、ヨハネの目もくらむほどに壮麗な宣言が鳴り響く。「いのちのロゴス」、「命の言」（『ヨハネの手紙 一』一・一）。あるいは彼の福音書の有名なプロローグ――「初めに言があった。言は神と共にあった。言は神であった。〔…〕

言の内に命があった。〔…〕」（『ヨハネ』一・一、四）。

こうした〈いのちの言葉〉をさらに深く検討してゆけば、あらゆるキリストの言葉、とりわけ自分は〈いのちの言葉〉である――それは神の言葉、すなわち〈言〉でもあるが――と宣言している言葉を理解することが可能になるだろう。しかしその前に、言葉といのちを結びつける本質的関係に話を戻す必要がある。この関係は、思弁的な命題、あらゆる理論と同様に疑う余地のあるひとつの理論の対象などではありえない。それは、疑おうにも疑いえない経験なのだ。われわれ自身の生において、この関係が働いていることをどうして認めずにいることができようか。それはわれわれの生のあらゆる様態、たとえば苦しみにすら認められる。苦しみは苦しみ自体を感じとる。だからこそ、すでに見たように、われわれが苦しみを知るには、われわれ自身が苦しむほかないのだ。そのようにしてのみ、苦しみはわれわれに語りかけるのであり、苦しみは、苦しみにおいて、われわれに語るのである。そのようにわれわれに語りかけることによって、苦しみがわれわれに語っているのは、苦しみが苦しんでいる、苦しみは苦しみである、ということにほかならない。こうして、ひとつの言葉が、このうえなくシンプルな形で、われわれに明かされるが、この言葉には、あまたの言語理論も、その高度な精緻さにもかかわらず、ほんの少しの注意も払ってこなかった。ところで、このうえなくシンプルなこの言葉はまた、このうえなく特異な言葉でもある。そしてその特異性とは、この言葉それ自体とこの言葉が語っている内容とがまったくひとつだということである。

言葉それ自体と言葉がわれわれに語るものとが――あるいは言うことと言われることとが――分かちがたくひとつであるこの言葉は、言うまでもなく、苦しみだけのものではない。生のあらゆる様態が、同じように、われわれに語りかけてくる。喜び、悲しみ、苦悩、絶望、満たされなかった欲望、努力や努力にともなう充実感。それゆえ、われわれの生の実質をなすこうしたあらゆる情調を通して語っているのは、そうしたひとつひとつの感情というよりも、これらの感情のそれぞれがその内部においてみずからに与えられ、みずからを感じとり、みずからに明かされるところの全能なる力、つまりはいのちの自己啓示にほかならない。以上が、原初の言葉、ヨハネが神の〈言〉と呼んでいる言葉、〈神の言葉〉そのものの啓示である。まさにすべての始原、すべての根拠であるところの啓示。

以上の検討をふまえることによって、この〈言葉〉の諸性格を体系的に提示することが可能となる。世界の言葉の諸性格が世界の現われに基づいているように、〈いのちの言葉〉のそれは〈いのち〉そのものの諸性格に基づいているはずである。すでに見たように、世界の言葉は、世界の外部性に現われるものについて語る以上、自分の外にある内容、しかも自分では創り出せない内容について語ることになる。ところが、自分が語るものに現実性を与えることができないということにおいて、この言葉にはひとつの力が残されている。じっさいにはない現実をあると言える能力、要するに嘘をつく能力である。ヨハネがほのめかしていたように、だからこそ、この言葉が伝える証言は虚偽の証言でもありうる。またそれゆえにこそ、律法はつねに複数の証人を要求する。そしてこの考えからすれば、ひとりだけの証言は効力を持たないのであって、キリストが行なった自己証言も例外ではない。

ヤコブがその手紙の一節で厳しく糾弾しているのも、世界の言葉の人を欺く力である。言葉は現実とは無縁であり、現実の特性を何ひとつ含んではいないからこそ、またふたつの違ったものを同じ名前で呼んだり、同じひとつのものに複数の名前を付けたりすることができるからこそ、言葉は自分を現実そのものと思いこませたり、現実と一体化したり、現実の代わりをしたり、現実を自分にしたがわせたり、自分の欲望や錯乱に引き込んだりすることができるのだ。かくして、言葉の力は恐るべきものとなり、現実に自分の規則を押しつけたり、現実を自分の気まぐれにしたがわせたりする。「馬を御するには、口にくつわをはめれば、その体全体を意のままに動かすことができます。また、船を御覧なさい。あのように大きくて、強風に吹きまくられている船も、舵取りは、ごく小さい舵で意のままに操ります。同じように、舌は小さな器官ですが、大言壮語するのです。御覧なさい。どんなに小さな火でも大きい森を燃やしてしまう。舌は火です。舌はすべてに及ぶ悪です」[2]（『ヤコブの手紙』三・三〜五）。このテクストの続きは、一方で主を賛美し、他方で神にかたどられて造られた人間を呪うというように、同じ言葉が、神の現実でもあれば、その被造物たる人間の現実でもある、同じひとつの現実を、交互に賛美したり、呪ったりするさまを告発している。

以上、世界の言葉の特徴を見てきたが、〈いのちの言葉〉――それは〈神の言葉〉でもある――の決定的特徴は、そうした世界の言葉の特徴を文字通りひとつひとつ裏返したものと言える。じっさい、いのちの言葉をヤコブの鋭い分析がその本性を浮き彫りにしている世界の言葉から決定的に隔てている第一の特徴は、いのちの言葉とは〈真理〉の言葉だということである。世界の言葉が、存在していないものを存在していると言ったり、逆に存在しているものを存在していないと言ったり、あるいは同じひとつの現実を代わる代わる賛美したり、呪ったりするといったように、見せかけや偽善の可能性をつねに秘めているのに対して、いのちの言葉は嘘をつくことができない。先に分析した苦しみの言葉にも見られるように、どれほど単純で、どれほど卑近な形であっても、いのちの言葉が嘘をつくことはけっしてありえないのだ。

もちろん、ほんとうは苦しんではいないのに、「苦しい」と言う人間もいるし、「なんとすばらしいひとときだ」と言いながら、じつは退屈しか感じていないという場合もあるだろう。しかし、ここで語っているのは世界の言葉、つまりは自分の外にある指示対象、たとえば見せかけの苦しみ、不在の幸福などに言及する言葉なのである。この場合、「苦しい」という言葉に入ってくる苦しみとは、「苦しみという意味」、非現実の表象、意識が志向する心的内容にすぎない。このように精神によって形成された意味作用は、苦しみの表象であって、苦しみそのものではない。この表象内容それ自体はけっして苦しまない。それは犬の概念が吼えないのと同じである。世界の言葉は苦しみについて語る。つまり、自分の外にあり、自分とは別の現実として、苦しみを語るのであって、その言葉自体は自分が語るその苦しみにまったく無関心でありうる。世界の言葉は、われわれは苦しみを受け入れねばならないとか、苦しみは人間の条件に属しているとか、あるいは逆に、それはひとつの悪であって、科学がわれわれに提供してくれるさまざまな技術がいつかはそれを除き去ってくれるだろうとか、あれこれ言ったりする。しかし、こうした話を果てしなく続けても、ほんとうの苦しみはいささかもそこに入り込むことはない。

苦しみの言葉はまったく違う。その言葉は苦しみについてくどくど述べるわけでもなければ、そもそも、いかなる語、いかなる記号——音声としてであれ、文字としてであれ——、いかなる意味を用いることもなく、また、動詞や接続詞といった文構成語を巧みに駆使して、まったく非現実的な意味をつなぎ合わせてゆくわけでもない。苦しみは、その苦しみにおいて、またその苦しみによって語る。また、苦しみは自分が語っているものと一体化し、ただひとつの苦しんでいる肉となる。かくして、苦しみはこの肉に委ねられ、その肉から逃れることも、自分を引き離すこともできなくなる。だからこそ、苦しみの語る言葉には虚偽や欺瞞が入り込む余地はまったくないのだ。苦しみは、自分自身のうちにおいて、自分の苦しみの現実性において、他のいかなる証言に頼ることもなく、みずからを証言する。苦しみは絶対的に真実であって、それゆえに苦しみの語る言葉は真理の言葉である。

苦しみの言葉はたしかに真実だが、しかし、それ自体によって真実だというわけではない。苦しみは自分自身を感じとることによって、われわれに自分自身のことを語る。かくして、苦しみの語る言葉はそれが語る内容と一体をなす。しかし、苦しみの言葉がそうでありうるのは、ただいのちの自己啓示の内部においてである。苦しみの言葉があるのは、〈いのち〉の言葉があるからなのだ。かくして〈いのち〉は、努力することの喜びにおいても、絶望の苦悩においても、要するにわれわれが味わうどんな情調においても、等しくわれわれに語りかけてくる。われわれの生がその中でたえず変容してゆくこうした情調とは、この〈いのち〉が、われわれのうちでみずからを啓示しつつ、われわれに語りかけてくる、さまざまな様態にほかならない。

われわれの生がその中でたえず変化しつつ、われわれに語りかけてくる、こうした情調それぞれの真実性とは、それゆえ、〈いのちの真実〉なのである。ここに、キリスト教特有の本質的関係性が見出されるが、しかもこの関係性こそ、キリスト教を比類なき独創的宗教たらしめるものである。その関係性とは、ほかでもなく、〈真理〉と〈いのち〉の関係である。この関係性は、もっとも重要な初期文書、とりわけ『ヨハネによる福音書』の基層をなしている。いずれ、そうした文書に立ち戻って検討しなければならないが、差し当たって、つぎのことを指摘しておきたい。なぜ、〈真理〉は〈いのち〉に基づき、〈いのち〉に属している、と言えるのか。〈いのち〉が〈真理〉であるのは、〈いのち〉がみずからをみずからに啓示するからであり、しかも、この自分自身の啓示――つまりは自己啓示――がおよそ考えうるあらゆる真理の基盤となるからである。じっさい、われわれに現われないかぎり、何ものもわれわれにとって存在しない。しかしそのためにはまず、現わすこと自体が現われなければならない、つまりは啓示自体が啓示されなければならないが、〈いのち〉の本質そのものと言ってよいあの自己啓示においてなされているのは、まさしくそのことなのである。〈真理〉というものに通常付与されている根本属性、たとえば、真理はみずからを証明する（verum index sui）[3]、真理は自己証明である、といったことはすべて、ただ〈いのち〉においてのみなされる、あの自己啓示のさまざまな表現にほかならない。そしてこの自己啓示こそ、〈いのちの言葉〉、けっして嘘をつくことのない〈真理の言葉〉なのである。

〈いのち〉がみずからについて語り、またみずからの真実のありようを示し続ける、この自己啓示がいかに行われるかは、すでに見たところである。世界の言葉が外部性の無関心において現われたものを語るのに対して、いのちの言葉が語るのは、ある感情において、いのちがその中でその都度みずからを味わう感情においてである。要するに、いのちの言葉は情念的に語るのだ。この情念的な啓示については、われわれはすでに多くを知っている。まずは苦しみがつぎのことを教えてくれた――いのちがわれわれに語りかけていること、そしていのちの言葉は世界の言葉（それは言語学の対象となる）とは何の関係もないということ。苦しみは、どんな意味も、また意味の担い手である文字的ないし音声的記号も、まったく必要とせず、けっして自分の外に出ることなく、自分自身の内部から、われわれに語りかけてくる。このように、けっして自分の外に出ることなく、自分自身のうちにとどまることを、哲学では「内在性」と言っている。ところで、内在性とは意味でも概念でもない。少なくとも、人間の言語が用いるような意味や概念などではない。内在性とは、いのちが、外部世界においてではなく、自分自身のうちで直接自分自身を味わう原初の感受性であって、意味や概念とはまったく異質の、印象的ないし情動的現実であり、つまりは情念的な肉である。〈いのち〉がひとつの〈言葉〉、自分自身を語る言葉であるのは、ひとえに、いのちが自分自身を味わいつつ、その〈原初の感受性〉の内在性において、情念的にみずからをみずからに啓示するからにほかならない。さらに、われわれの感情のひとつひとつが〈いのち〉の情念的啓示において自分自身に与えられるがゆえに、つまりは〈いのち〉の言葉がそれらの感情において語るがゆえに、それらの感情もまた、それ自体として、つまりは苦しみや喜びとして、われわれに語りかけてくる。このように、苦しみや喜びなどの感情は、そのすべての性格を〈いのち〉の言葉のそれに負うところの、多くの言葉の中のひとつなのである。

いまや、われわれの注意を〈いのちの言葉〉に集中させねばならない。しかも、〈いのちの言葉〉とは〈神の言葉〉にほかならず、そのうえ、キリストが自分自身について語り、その中で自分自身がこの〈神の言葉〉であると断言しているあの驚くべき言葉の総体を正当化しうるのも、〈いのちの言葉〉、すなわち神の〈言〉としてのキリスト自身だとすれば、この問題をつきつめることは、ますます緊急の課題となる。

＊　この言葉は先にも引用しているが、多くの点で興味深い。つまり、キリストの語るあらゆる言葉がそうであるように、この言葉も〈多元的〉であり、分析するたびごとに新しい意味が見出される。この言葉もまた、キリストの用いるたとえがいかに具体的であるかを例示しているだけではないし、また律法主義の一般的批判を含意しているだけでもない。律法の専門家の言葉に真っ向から対立するこの言葉からは、キリスト教とはエッセネ派の一分派、いわば「成功したエッセネ派」にほかならないとする説を否定するに足る論拠が見出されるだろう。福音書の母体となった集団はあきらかに洗礼者ヨハネと結びついているし、また洗礼者ヨハネばかりかキリスト自身も、「砂漠派」すなわちクムラン教団と無縁ではなかったが、このことはむしろ、キリスト教およびキリスト教がユダヤ教世界にもたらした〈新しい契約〉のまったき独創性を浮き彫りにしている。周知の通り、クムラン教団の霊性は律法への厳密なる従順によって完成するとされていたのに対して、キリストはそれとはまったく異なる掟、〈愛の掟〉を告げたのである。

第八章

神の言葉——キリストが自分自身について語った言葉の自己正当化

〈いのちの言葉〉——それは神の〈言〉でもある——とは何かを理解するには、まず、いのちが言葉であるとはいかなる意味においてか、ということを理解しなければならないが、その方面において、われわれの検討はすでにかなり進んでいると言ってよいだろう。「あらゆる言葉は、それが語る内容が〈現われる〉ということを前提としている」という古代ギリシア人の深い直観を先に取り上げたが、その際、われわれは、それ自体としては実り多い彼らの思想の発展を阻害することになったひとつの先入見を指摘した。要するに、あらゆる言葉が前提としているその〈現われ〉とは、おしなべて世界の現われにほかならないとする解釈が大勢を占めてしまったことである。古典言語学および現代言語学の一般的概念は、すべてこうした解釈から生まれたものである。その概念にしたがえば、言語とそれが語る対象は原理的に異なるのであって、言語が真実であるか虚偽であるかは、それが語っている現実に合致しているか否かにかかっている。かくして、ひとつの文化全体が、以下のようなふたつの本質的与件のうえに成り立つことになる。そのひとつは、言葉と言葉が前提としている現われとの関係についての直観であり、もうひとつは、言葉が前提とするこの現われを世界の現われだとする考えである。そしてこのように、世界の現われ、外部性を言語成立の前提としたことから、言葉とそれが語っていることとの分離、言述と言述内容との乖離が生じたのである。

しかし、世界の現われとは別の現われ、まさしく〈いのち〉の現われというものがあるとすれば、そしてそのいのちとはわれわれのいのちでもあり、その本性はみずからをみずからに現わすことにあるとするなら、世界の言葉とは違うもうひとつの言葉、いのちの自己啓示によって可能になる言葉がありうるはずである。すでに繰り返し見たところであるが、たとえば、苦しみは苦しみを語り、喜びは喜びを語っているというふうに、われわれの生のひとつひとつの様態が、そのまま、自分みずからを語る言葉にほかならない。そしてそれが可能となるのは、これらの情調のひとつひとつが、いのちの自己啓示において、みずからを感じとっているからである。

〈いのち〉の言葉とは現実の根源的啓示そのものである以上、この言葉こそ現実性の核心をなしているはずであるが、この言葉は、伝統的な哲学思想ばかりでなく、現代の反省的思惟においても、すっかり忘れ去られている。ところが、この言葉は、ギリシア文化よりももっと古く、おそらくはもっと本質的な、ひとつの巨大な文化を生み出したのである。われわれがユダヤ・キリスト教文化と呼んでいる、あの宗教文化である。ユダヤ・キリスト教文化という呼称は、浅薄な論争の種になり、さまざまに疑義を呈されてきたが、この呼称を根拠づけているのは、ひとつの決定的状況から生じた比類なき一致である。旧約および新約聖書を仔細に検討すればおのずから明らかになることだが、両者のテクストの中心に置かれているのは、それらが語っている倫理的側面から見ても、またそこにうかがわれる人間の条件の原理からしても、まさしく〈神の言葉〉なのである。いずれの場合でも、人間存在はこの〈言葉〉との関係によって規定されるが、それは以下のようなふたつの意味においてである。

第一に、人間とはこの言葉が差し向けられた当の相手であるということ、二番目に、人間の本性とはこの言葉を聞き取ることにあるということ（むろん、その本性が歪められ、自分を見失った〈神の子〉である人間は、もはやその言葉を聞き取ることができないのだが）。ここでもまた、いずれの場合も、その言葉とは〈いのちの言葉〉にほかならない。

旧約聖書でも神の言葉がたえず介入してくるが、とくに意味深いケースをいくつか取り上げてみよう。旧約聖書では、神の言葉が人間に語りかけるのではなく、いわば虚無の中に響き渡るといった場合も少なくない。「神は言われた。『光あれ。』こうして、光があった」（『創世記』一・三）。容易に見てとれるが、人間の言葉と同様、この言葉は外部性との本質的関係を含んでいる。ただ人間の言葉とまったく異なるのは、その創造する力である。この言葉は外部性を、そしてその外部性の中に現われるすべてのものを、じっさいに創り出してしまうのだ。神が世界と世界の中のすべての存在物を創ったのは、その言葉によってである。「神は言われた。『〔…〕大空あれ。〔…〕』神は大空を造った……」（同一・六、七）。「神は言われた。『天の下の水は一つ所に集まれ。〔…〕』そのようになった」（同一・九）。

けれども、旧約聖書に記録された神の言葉でもっとも多いのは人間に語りかけるものである。ただし、語りかけられるのはたいてい預言者たちであって、語りかけられた預言者たちはその言葉をそのまま他の人間たちに伝える。じつのところ、神の言葉を伝えるからこそ、彼らは預言者として認められるのだ。このように、多くの場合、人間を神に結びつける絆の役割を果たすのも人間たる預言者たちであり、そのために、彼らには格別の威厳がそなわっていた。しかし神は、ごくふつうの人間たち、さらには殺人者にさえ、直接語りかけることがある。「神はカインに言われた。『お前の弟アベルは、どこにいるのか。』」（『創世記』四・九）。神が預言者を介して人間に語りかける場合ですら、たいていは、人間の罪を告発したり、彼らの不幸を予告したり、あるいは偶像崇拝に陥った彼らの行ないを糾《ただ》し、彼らを自分のもとに立ち返らせるためである。モーセの十戒がその典型例である。

新約聖書の場合、事情はまったく異なる。第一に、キリストは預言者ではない。彼に出会った多くの人々は、彼の行ないや言葉に強い感銘や衝撃を受け、最初は彼を預言者だと思い込む場合が多く見られる。「〔サマリアの〕女は言った。『主よ、あなたは預言者だとお見受けします。』」（『ヨハネ』四・一九）。しかし、そうした思い込みはすぐに消える。キリストの言葉は、預言者たちの言葉のように、すなおに受け入れられるどころか、疑いを引き起こし、あげくの果てには、怒りと反発を招くが、それは、キリストが自分こそ〈神の言葉〉であり、つまりは神であると宣言するからである。こうしてふたたび、キリストの言葉自体が問題となってくるが、それはほかでもなく、これらの言葉によってこそ、自分は神の〈言〉であるとするキリストの断言は正当化されるはずだからである。とするなら、神の〈言〉とはいったい何かという問題の検討を、これ以上引き延ばすことはもはや許されないだろう。

この究極の問題を考えるのに、ふたつの聖書の境界線上にあって、両者をともに照らし出す〈鍵〉的なテクストがある。ほかでもなく、『ヨハネによる福音書』のプロローグに置かれた文章である。しかし、このプロローグは孤立したものではない。つまりそれは、どこか知らないところから持ってきて、たまたま、今あるところにはめ込まれたといったものではない。それはまた、神の〈言〉とは何かをわれわれに理解させることを目的とした、ひとりの天才的神学者の解釈といったものでもない。じっさい、このプロローグは『ヨハネによる福音書』の要約であり、また結論でもある。この福音書が最終的に完成された詳しい年代に関しては諸説があるとしても、他の福音書と同様に、この福音書も原初のテクスト、しかもおそらくはもっとも原型に近いテクストの集成に基づくものであることは疑いない。そのテクストの集成とは、師の地上での最後の数か月をともにしたひとりの弟子が聞き、記録したさまざまな言葉をひとつに集めたものである。「イエスが愛された弟子」によってこの記録が書かれたのは、キリストの受難と死の直後であったにちがいない。そして、『ヨハネによる福音書』に収録されたキリストの最後の言葉をみごとに要約しているのが、ほかならぬこのプロローグなのである。その一連の言葉を言語学的ないし歴史学的観点から詳細に解釈するという仕事は聖書注釈学者たちに任せることにして、ここでは、そこに含意されている重要な主張のいくつかを検討するだけにとどめたい。

その第一は「神は〈いのち〉である」ということであるが、この主張は、これまで行なってきたキリストの言葉の検討から導き出されたわれわれの結論とも一致している。かくして、このプロローグとキリスト自身の教えとがしっかりと結びつくが、しかもこの主張からは、ただちにつぎのような重大な結果が生まれる。これまで思弁的な哲学や神学が懸命に取り組んできた神の存在証明の問題が、あっけなく解消されるということである。じっさい、『ヨハネによる福音書』の巻頭の言葉は、この問題をまったく意に介していない。このプロローグは、ただちに神性の隠された本性に言及し、その本性とは何かをわれわれに明言する。すなわち、神は〈いのち〉であるということ。ともあれ、神は〈いのち〉だとするこの主張から、ふたつの重大な結論が導き出される。第一に、われわれは神とは何かをすでに知っているということである。神が〈いのち〉であるということは、われわれの思考によっては——神とは何かについて、たいした理由も根拠もなく、闇雲に考え始め、その外観なりでも捉えようとして、じっさいには何も見ることができない悟性のちぐはぐな理由づけに基づくかぎりは——けっして知りえない。神が〈いのち〉であることをわれわれが知っているのは、われわれが生ける者だからであり、またいかなる生ける者も、自分のうちに〈いのち〉を保ち続けないかぎり、生きることはできないからである。しかも生ける者は、その〈いのち〉を、自分にも知りえない秘密としてではなく、自分がたえず感じとっている当のものとして、またその中で自分自身を感じとっているものとして、つまりは自分の本質、自分の現実性そのものとして、知っている。神が〈いのち〉であるとするなら、マイスター・エックハルトも言っているように、人間とは――われわれひとりひとりがそうである、いのちの中に生きる者とは――「神を知っている人間*」(ein Gott wissender Mensch)なのである。そもそも、「人間は神を知っている」というこのユニークな主張は、『ヨハネによる福音書』全体を通じて、キリスト自身の口から何度も語られている。「もはや、わたしはあなたがたを僕とは呼ばない。僕は主人が何をしているか知らないからである。わたしはあなたがたを友と呼ぶ。父から聞いたことをすべてあなたがたに知らせたからである」(『ヨハネ』一五・一五)。人間は神を知っているというこの主張は、キリスト自身が〈父〉とひとつであるように、キリストのうちにおいて、彼とひとつになっているあらゆる人間は、彼ら同士の間でもひとつになる、というキリストの預言を取り上げているすべてのテクストを通じて、さらに力強く、まさにその根源的な内在性をつきつめた形で、表明されている(第十章の一七三~一七五頁参照のこと)。

とはいえ、これまでのわれわれの考察を通じて、たえず確認されてきたひとつの区別のことを忘れることはできない。われわれのそれのような有限なるいのちと、神のそれである無限のいのちとを分かつ、あの区別のことである。有限なるいのちとは、みずからにいのちを与えることができないいのち、生ける者であるという驚異に満ちたあり方において、みずからをみずからにもたらすことができないいのちということである。われわれのいのちはそれみずからの根拠ではあり得ない。すでに見たように、有限なるいのちを生きるわれわれの肉は、みずからのうちに欠如を抱え込み、たえず襲ってくる欲求や欲望に苛まれる。いかなる水もわれわれの渇きを癒してはくれない。かくして、ひとつの問いが大きく口を開けて、われわれの前に立ちはだかる。自分のうちに生きる力を持たない者が、にもかかわらず生きているのはいったいどうしてなのか。有限なるいのちは、自分自身の力だけではとうてい生きることができない。有限なるいのちは、みずからのうちに生きる力を持たないからこそ、たえず自分にいのちを恵み続けてくれる無限のいのちの中でしか生きることができないのだ。有限なるいのちは、自分がその中で生きているこの全能のいのちから、自分を切り離すことができない。そうしようとすれば、有限のいのちは、たちまち虚無の中に吸い込まれてしまうだろう。神の無限のいのちは、いったいどのようにして、あらゆる有限なるいのちに、つまりはわれわれがそうであるところの生ける者たちに、いのちを与えることができるのか。われわれはこの問いに答えるべく努力するつもりだが、しかしそのためにはまず、この問い以上に答えるのがむずかしい、というより、われわれの知性の限界をはるかに超えているようにも思われる、もうひとつの問いにあらかじめ答えておかねばならない。無限のいのち、みずからをいのちにもたらすことができる全能なるいのちは、いったいどのようにして、みずからにいのちを与えるというこの永遠なる業を自分のうちにおいてなしとげているのか。というのも、あらゆる生ける者にいのちを与えることができるのは、自分のうちに全能なる力を備えるそうしたいのちだけなのである。

『ヨハネによる福音書』のプロローグは、まさにこの最後の問いに答えている。ヨハネが神と〈いのち〉とを同一視しているということは、この絶対の〈いのち〉というものを、〈いのち〉がみずからに到来する、つまりは〈いのち〉がみずからを生み出す、その永遠の運動として理解しているということにほかならない。〈いのち〉の自己産出（auto-génération）とは、いのちがいのちであることの条件、つまりは自分自身を感じとるという条件のもとに、いのちが到来するということである。ところで、自分自身を感じとるということは、いのちの中に自己性（Ipséité）というものが出現しないかぎり、およそありえない。いのちはこの自己性においてこそ、みずからをみずからに啓示するのであり、このみずからの啓示、つまりは自己啓示において、いのちは〈いのち〉になる。とはいえ、絶対の〈いのち〉とは単なる概念や抽象ではない。それはじっさいに自分自身を感受する現実的ないのちである。それゆえ、〈いのち〉がその中でみずからを感じとる自己性もまた、実質的かつ現実的な自己性なのである。それはまさに現実的な〈自己〉、しかもその中で絶対の〈いのち〉がじっさいに自分自身を感じとることによってみずからをみずからに啓示するところの〈最初の生ける自己〉なのである。そして、この〈最初の生ける自己〉のうちにおいて〈いのち〉の自己啓示がなされるがゆえに、この自己は〈言〉すなわち〈いのちの言葉〉にほかならない。このように、〈いのち〉の永遠なる自己産出は、みずからのうちに、〈言〉を、つまりは〈最初にして唯一の子〉を生み出すのであり、その〈言〉＝〈子〉のうちにおいて、〈いのち〉はみずからを感じとりつつ、自分みずからを永遠に愛する。同様にまた、自分自身を生み出すことによって〈子〉を生み出す〈いのち〉の中で、〈子〉はみずからを感じとり、自分みずからを永遠に愛する。より簡潔な言葉で言うなら、神は〈言〉としてみずからを生み出すのである。神は〈言〉を自分自身として生み出す。ヨハネの言葉にしたがえば、「言の内に命（神）があった」（『ヨハネ』一・四）。

このように〈言〉は、絶対の〈いのち〉の運動の結果として（あたかも〈いのち〉によって造り出されたものであるかのように）出現するのではない。逆に、絶対の〈いのち〉が永遠にみずからのうちに到来

イワンの戦争 赤軍兵士の記録 1939-45

キャサリン・メリデール［松島芳彦／訳］

ナチ・ドイツに勝利したソ連兵士の「神話」の裏に隠された実態とは？　手紙や日記、二百人の元兵士への取材によって、「戦争の真実」を暴いた画期的な労作。アントニー・ビーヴァー推薦！（5月中旬刊）四六判■4620円

マティス 知られざる生涯

ヒラリー・スパーリング［野中邦子／訳］

絵画の歴史を塗り替えた一人の芸術家の人生と、作品に秘められた謎。貴重な新資料を駆使して巨匠の全貌を描ききった、マティス芸術の真実に迫る評伝の決定版。待望の邦訳！（5月下旬刊）A5判■7140円

アルフレッド・コルトー（新装版）

ベルナール・ガヴォティ［遠山一行・徳田陽彦／訳］

20世紀前半を代表するピアニストであり、教育者としても知られる巨匠の全体像を、私生活のエピソードを交え

新刊

ぼくが逝った日

ミシェル・ロスタン［田久保麻理／訳］

21歳で、ある日突然この世を去った〈リオン〉。最愛の息子を亡くし茫然自失の日々を送る父を、〈僕〉のたましいが見守り、寄り添う。死者の声で綴られた、喪失と再生の物語。（5月上旬刊）四六判■2100円

古代ローマの肖像 ――ルネサンスの古銭収集と芸術文化

ジョン・カナリー［桑木野幸司／訳］

ルネサンスの美術・建築・文学・宗教・思想など幅広い分野に影響を及ぼした、古代ギリシア・ローマのコインと古銭学。古銭収集に魅せられた人々が織りなす歴史を、ユーモアをもって描く。（5月下旬刊）A5判■4200円

キリストの言葉 いのちの現象学

ミシェル・アンリ［武藤剛史／訳］

神の言葉は、どのような意味で語られているのか？　イエス・キリストによって受肉され語りつがれてきた「逆

するその運動も、〈いのち〉の中で〈言〉が生まれることにおいて、またそれによって、はじめて起こるのであり、いのちが、自分自身を感じとり、みずからをみずからに啓示することによって〈いのち〉となるのも、〈言〉においてなのである。神はその〈言〉においてみずからを啓示する。〈言〉は〈いのち〉のあとに到来するのではない。みずからのうちにあるこの〈言〉によってこそ、〈いのち〉はみずからのうちに到来し、みずからをみずからに啓示し、みずからを享受することができるのだ。かくして、〈言〉と〈いのち〉は不可分にして同時的存在である。〈言〉は〈いのち〉と同じだけ古い。「初めに言があった」。

「初めに言があった。言は神と共にあった。言は神であった。〔…〕言の内に命があった」(『ヨハネ』一・一〜四)。この極度に凝縮された文章を正しく理解するために、いくつかのコメントを付け加えたい。「〔言が〕神と共にある」とは「神の内にある」ということである。みずからのうちに〈言〉を生み出すことによって自分自身を生み出すという絶対の〈いのち〉の自己産出のプロセスは、徹底して内在的なプロセスである。この運動は、その完了態においてさえも、あくまで自分自身のうちにとどまり、けっして自分の外に出て行かないし、自分から離れることもない。〈言〉は、みずからの存在のあらゆる点において自分自身に触れているからこそ、この〈自己〉の中で、自分みずからを感受し続けているのであり、また同様に、〈言〉がたえずこの〈自己〉を生み出しているがゆえに、いのちはみずからをみずからに啓示することができるのだ。そして、いのちがみずからをみずからに啓示するということこそ、あらゆる現実的ないのちの「生きる」営みなのである。

以上の分析から明らかになるのは、いのちの産出(génération)[1]のプロセスと創造(création)[2]のプロセスとの本質的な違いである。創造とは世界の創造にほかならない。創造とは、外在性の地平を切り開くこと、つまりは、あらゆる事物が、われわれの外側から、外部のもの、異なるもの、別の存在として、われわれに立ち現れることによって、目に見えるものとなる「外なる世界」を切り開くことにほかならない。創造とはつねに外的創造であり、自分が創造したものを自分の外に置く。芸術作品であれ、手仕事による制作物であれ、工業製品であれ、あらゆる創造の形態において、神による世界創造をモデルとした外在化の構造を容易に認めることができる。

いのちが、こうした外在化の構造、というよりも、およそいかなる形であれ外在性とはまったく無縁だということ、何ものもいのちをいのち自身から引き離すことはできないということ、いのちは自分の外では絶対に存在しえないということ、もしいのちが自分自身を感じとることをやめるなら、それはもはやいのちではなくなるということ、以上のことを考えれば、いのちというものが、原理的に、およそあらゆる創造の埒外にあることは明らかである。いのちは創造されない。いのちを生み出すプロセスはすべて、創造とも世界とも無縁な、産出のプロセスである。それは内在的プロセスであって、〈いのち〉は〈生ける者〉を生みながらも、〈生ける者〉を自分の外に押し出すことはけっしてない。〈いのち〉はどこまでも〈生ける者〉のうちにとどまり続ける。このように、絶対の〈いのち〉がみずからのうちに〈言〉を生み出すことによって自分みずからを生み出す、この自己産出のプロセスにおいて、〈いのち〉は〈言〉のうちにとどまり、〈言〉のうちにおいて自分自身を感じとり、みずからをみずからに啓示しつつ、みずからを享受する。しかし、創造もなければ、世界もなく、いかなるものも自分の外に置かないという、こうしたプロセスでは、すべてが自分のうちにとどまって、すべてが内在的であるとするなら、つぎのように言わねばならないだろう。〈いのち〉が〈言〉のうちにとどまる自分自身を感じとるように、〈言〉もまた、〈言〉においてみずからを感じとる〈いのち〉のうちにとどまって、自分自身を感じとる、と。以上のことを言い換えるなら、〈父〉（みずからを生み出す全能の〈いのち〉）が〈子〉（それを通して〈いのち〉がみずからを感じとり、みずからをみずからに啓示することによって、みずからを生み出すところの〈言〉）のうちにとどまるように、〈子〉（そのうちで〈いのち〉がみずからを感じとりつつ、みずからを無限に愛し続けるところの〈言〉）はこの〈いのち〉（〈いのち〉が〈子〉においてみずからを感じとることによって、〈子〉も〈いのち〉においてみずからを感じとる）のうちにとどまる、ということになる。このように、〈父〉は〈子〉においてあり、〈子〉は〈父〉においてある。この相互内在性（それぞれ、相手のうちで、自分を感じとり、生き、自分を愛する）とは愛の内在性であり、そしてこの愛の内在性こそ、両者をつなぐ〈愛〉、すなわち〈霊〉である。

すでに述べたように、『ヨハネによる福音書』のプロローグは、旧約・新約両聖書を結ぶ要の位置にあって、両者を等しく照らし出している。ここでは、このプロローグからさかのぼって「創世記」を正しく理解するための一助として、一言述べるにとどめたい。「創世記」は、たいていの場合、まったく素朴な読み方しかされていない。「創世記」は——むろん、現代科学がわれわれに教えてくれる知識と何ひとつ共通するところはないとしても——人間という種が地上に出現したその起源を経験的に記述したものとされているが、じつは、それとはまったく別のことをわれわれに語っている。それは、記録に残されているかぎりで、人間を人間たらしめている条件を正しく、しかも厳密に分析しようとする、はじめての本格的試みなのだ。事実の外的記述にとどまるのではなく、「創世記」は、人間という存在のあり方の内的可能性をつきつめようとしている。ところで、その分析をさらに検討すると、その分析は二重であることが判明する。つまり、人間はふたつの異なる仕方で——一方では創造という観点から、他方では産出という観点から——理解されているということ。前者においては、神は世界を自分の外に創造したとされるが、それと同時に、世界の外在性の中に現われる、人間を含めたあらゆる存在者を創造したのである。そうした意味において、人間は、一般常識であれ、科学であれ、現代の客観主義が今でもそうしているのとまったく同じ仕方で、つまりは世界に属する存在、世界から説明されうる存在として、捉えられている。

しかし、「創世記」をもう少し注意深く読んでみれば、こうした常識的な、というよりもまったく自明とされている解釈に、もうひとつの、それとはまったく別な解釈が重なっていることが見えてくるだろう。「創世記」(一・二六)の根本主張によれば、神は人間を、自分にかたどって、自分に似たものとして、創造したのであり、したがって、人間的現実を構成している実体とは神の現実そのものなのである。具体的にいうなら、神が〈いのち〉であるように、人間は生ける者、つまりは神自身である〈いのち〉によって生かされている存在なのである。人間がそのような存在であるとすれば、世界との外在的な関係に、それとはまったく別の関係、世界とは根本的に無縁である内在性の関係、〈いのち〉と生ける者との関係が取って代わることになる。『ヨハネ』のプロローグが描いているのも、〈いのち〉と生ける者とをつなぐこの内在的関係である。しかもこのプロローグは、この関係を、それが最初に成立するその場において、つまりは絶対の〈いのち〉が、みずからのうちに〈最初の生ける者〉を生み出すことによって、自分みずからを生み出すその場において、記述しているのだ。さらにまた、みずからのうちに〈最初の生ける者〉を生み出すことによって、自分みずからを生み出すという、この〈いのち〉の自己産出のプロセスとは、〈いのち〉がみずからをみずからに啓示するプロセスでもあって、それゆえに、ヨハネはこの〈最初の生ける者〉を、それを通じて絶対の〈いのち〉が自分とはいかなる存在かを語り出す媒体として、つまりは神の〈言〉、〈神の言葉〉として理解している。したがって、それを通じて〈いのち〉が内在的に自己を啓示するところのこの言葉は、世界の言葉とまったく異なるものである。それゆえ、この言葉が哲学者や言語学者、さらには聖書解釈学者によってさえ、まったく知られないままにとどまっているとしても、少しも不思議はない。

しかし、これもすでに述べたように、このプロローグは『ヨハネによる福音書』の要約でもある。プロローグが述べている命題は、結局のところ、この福音書が時空を超えて伝えている数多くのキリストの言葉を総括したものと言えるだろう。一方において、プロローグは、自分が〈神の言葉〉そのものであることを陰に陽に宣言しているキリストの言葉を確認していると言えるし、また逆に、この福音書が伝えているキリストの言葉はプロローグが述べている真理を追認しているとも言えるだろう。ともあれ、この福音書が伝えているキリストの言葉は、プロローグの命題が原始キリスト教文書とけっして無縁ではないということ、要するに、寄せ集めの文書の冒頭にたまたま外部から挿入された賛歌や哲学的断章などではないことを証明している。プロローグとそれに引き続く福音書全体の関係性が明白であること、それはただ歴史的な観点からして重要だというわけではない。両者が密接に結びついていることから、両者を貫く真理が圧倒的な存在感をもってわれわれに迫ってくると同時に、これらの決定的テクストを理解する可能性も飛躍的に増大する。

しかし、この新しい理解可能性はどこからもたらされるのか。単にわれわれの理性にとって、この問題がより明確になり、理解度が増したという程度のことなのだろうか。そうではなく、理解度が増したというよりも、むしろ問題の性格が変わったということではなかろうか。ここでわれわれに語りかけている言葉がもはや世界の言葉ではないとすれば、まったく別の形の理解可能性が問題になっているのではなかろうか。キリストの肉に〈言〉が受肉した（「言は肉となって、わたしたちの間に宿られた」『ヨハネ』一・一四）[**]とは、福音書の続きにおいて、〈いのちの言葉〉そのものとして語っている方のことを言っているのではなかろうか。そもそも、キリスト自身が、自分の言葉は〈神の言葉〉、〈いのち〉である神の言葉だと言っているではないか。ところで、この主張をさまざまな形で述べている数多くの言葉は、単にこの主張を繰り返しているだけではない。これらの言葉は、われわれが「キリストが自分自身について語った言葉」と呼んだ言述ネットワークに組み込まれており、最終的にはひとつにまとまって、自分はいかなる存在なのかについてのキリスト自身による定義を形成する。

　キリストの言葉と〈神の言葉〉とは同じひとつの言葉であるということの第一の根拠は、つぎの点に見出される。すなわち、部分的、暫定的な根拠に基づいて、あるいは単なる思い込みから、この世の、あるいは歴史上のさまざまな事柄を、要するに神自身である絶対の〈いのち〉とは無関係な事柄を、のべつ幕なしに語る人間とは違って、キリストはこの絶対の〈いのち〉を、つまりは神を知っている、ということ。「わたしは彼を知っている。なぜなら、わたしは彼のもとから来たからだ」[3]（『ヨハネ』一七・二五）。このように、キリストが神を知っている理由は、彼の出自・起源そのものにある。「なぜなら、わたしは神のもとから来て、ここにいるからだ」（『ヨハネ』八・四二）。「わたしをお遣わしになった方」という言い方で神を指している箇所は、ほかにも多数見られる（『ヨハネ』四・三四、五・二四、三〇、六・二九、三九、五七、七・一六、一八、その他）。ところでこの起源は、単なる出発点にすぎず、そこからかんたんに離れることもできる、といった性格のものではない。キリストにとって、天〔神の国〕は彼の真の住まい、彼だけが知っている住まい、彼がそこからやって来て、ふたたび戻ってゆく住まいなのである。彼が起源のうちにとどまり、そこにおいて〈いのち〉と一体であり、彼自身が〈いのち〉の自己啓示であるがゆえに、彼は〈いのち〉を知り、彼自身が〈いのちの言葉〉なのである。

以上のことは、キリストの証言や教えにかかわる一連の言葉に新たな照明を与えてくれる。それらの言葉においては、人間の証言も、律法が求めるような証人の複数性といったことも、まったく無視される。それは、ここで問題になっているのが、嘘をつくことも大いにありうる人間の言葉ではなく、〈いのちの言葉〉だからである。〈いのちの言葉〉は自分みずからを証言することができる。〈いのちの言葉〉とは〈いのち〉の自己証明以外の何ものでもないからだ。ここに、ファリサイ派の人々が要求する第二の証人が登場する。〈父〉である。「わたしは自分について証しをしており、わたしをお遣わしになった父もわたしについて証しをしてくださる」（『ヨハネ』八・一八）。〈父〉とは〈いのち〉であり、そしてこの〈いのち〉が、自己啓示という形で、キリストを通じて語っているのだとすれば、キリストの言葉はまさに〈真理〉を語っている。「しかし、わたしをお遣わしになった方は真実を語り[4]、わたしはその方から聞いたことを、世に向かって話している……」（『ヨハネ』八・二六）。

かくして、キリストの教えとはいかなる性質のものかが明確に規定される。「わたしの教えは、自分の教えではなく、わたしをお遣わしになった方の教えである」（『ヨハネ』七・一六）。「わたしが言っていることのすべてをわたしに教えてくれたのは父である[5]」（同八・二八）。だからこそ、この教えに基づく裁きは正しいとキリストは断言する。それが正しいということの根拠は、この教えや裁きが、ある特定の個人の意志にではなく、神自身の意志にしたがったものだということにある。「わたしは〔…〕父から聞くままに裁く。わたしの裁きは正しい。わたしは自分の意志ではなく、わたしをお遣わしになった方の御心を行おうとするからである」（『ヨハネ』五・三〇）。キリストの言葉が神の教えに基づくものであることを示すもうひとつの証拠がある（この証拠については、のちにあらためて詳しく検討することになろう。この証拠は人間自身にも関わってくるからである）。この証拠もまた、結局のところ、キリストの教えが彼自身からのものではなく、神からのものである、ということに根拠を置いている。「この方の御心を行おうとする者は、わたしの教えが神から出たものか、わたしが勝手に話しているのか、分かるはずである」(『ヨハネ』七・一七、本書の「結論」一九一、一九二頁を参照されたい)。

ともあれ、キリストが自分自身を〈神の言葉〉に一体化してゆく過程は、かなり複雑である。あるいはむしろ、一見、複雑に見えると言うべきかもしれない。これまでにも何度か見たように、それは一種の戦略なのである。自分がこれから人々に語ろうとしていることが、彼ら(ユダヤ人であれ、ギリシア人であれ)にとって、あまりに驚くべきこと、まったく受け入れがたいことであるのを十分承知しているキリストは、その衝撃を和らげるべく、遠まわしの言い方をする。単刀直入に、自分は〈神の言葉〉——〈いのち〉としての、またその自己啓示としての、原初の〈言葉〉そのものである〈神〉の言葉——であると断言するかわりに、キリストは自分自身の言葉と〈神の言葉〉とをひとまず切り離す。自分の言っていることは、神が語るのを聞いたことをそのまま繰り返しているにすぎないというのだ。これまでに引用したテクストにおいても、この区別はたえず見られる。「わたしの教えはわたしのものではない……」、「わたしが言っていることはすべて父が……」、「わたしが言っていることが真実なのは、わたしをお遣わしになった方が……」、等々。しかし結局のところ、キリストは彼を遣わした方とどんな関係で結ばれているのだろうか。キリストは、〈霊〉によって霊感を吹き込まれているとはいえ、〈霊〉とは異なる存在であるただの預言者にすぎないのだろうか。だが、自分は神だなどという大それた発言を、かつてどんな預言者がしただろうか。

ところが、それ以上に奇想天外としか言えないような文章がある。ここにおいて、キリストの言葉と〈神の言葉〉の区別は、それがもう一度確認されたように思われるまさにその瞬間、とつぜん意味を失ってしまう。キリストは、自分が来たのは、世を裁くためではなく、世を救うためであると宣言する。ここでわれわれの心に浮かんでくるのは、許す人、ひたすら許し続ける人、慈愛の人であるキリストの感動的な姿である。しかしその続きは、きわめて冷厳だ。「わたしの言葉を聞いて、それを守らない者がいても、わたしはその者を裁かない。〔…〕わたしを拒み、わたしの言葉を受け入れない者に対しては、裁くものがある。わたしの語った言葉が、終わりの日にその者を裁く」(『ヨハネ』一二・四七、四八)。キリストの言葉は、ここにおいて、もはや慈愛の人のそれではない。それはまた、他者から聞き、それを忠実に伝えているというたぐいの言葉でもない。それはまさに〈神の言葉〉である。要するに、ここでキリストは、自分の言葉は〈神の言葉〉そのものであると言っているのだ。そう言いうるのも、キリストは神とひとつだからである。

キリストの言葉が〈神の言葉〉そのものだということは、キリスト自身が神だということに対応している。キリストと神との同一性(それはたいてい一体性というふうに言われている)は、すべての共観福音書を通じて認められる考えであるが、『ヨハネ』においては、いわば通奏低音をなしている。この一体性が何度も繰り返し語られているだけでなく——「わたしと父とは一つである」(『ヨハネ』一〇・三〇)——ヨハネはこの一体性がいかに成立するかを説明している。それは内在というあり方であり、そこから相互内在性が生じ、それによって、〈子〉は〈父〉のうちにあり、また〈父〉は〈子〉のうちにある。ただし、ヨハネ自身がこの相互内在性を喧伝しているわけではない。もしそうだとすれば、それは事後的な説明や解釈でしかありえないだろう。ヨハネはあくまで、われわれがこれまでも何度も引用したキリスト自身の言葉をそのまま伝えているだけである。フィリポに対して、キリストはつぎのように言う——「わたしが父の内におり、父がわたしの内におられることを、信じないのか」(『ヨハネ』一四・一〇)、「父よ、あなたがわたしの内におられ、わたしがあなたの内にいるように……」(同一七・二一)。〈父〉と〈子〉の一体性が、脱自的・抽象的な一体性でなく、互いに相手のうちにみずからの現実性と喜びを見出すような激しい原初の愛の関係でありうるのも、この相互内在性のためである。しかもこの関係には、いかなる外在性も入り込まないのであって——ここで、つぎのきわめて重要な言葉を思い出してほしい。「〔あなたは〕天地創造の前から、わたしを愛して下さった……」(『ヨハネ』一七・二四)——このまったき内在性において、いのちはみずからを抱きとる。キリストの究極の言葉が語っているのは、まさに相手において自己を享受するその喜びについてであり、この喜びが〈いのち〉と〈最初の生ける者〉との原初的関係を規定している。〈父〉に対して〈子〉がどうしてあれほどの謙遜の気持ちを抱くのかということも、あるいはまた、両者の一体性の必然的結果として、〈父〉のものはすべて〈子〉のものであること、とりわけ、いのちといのちを与える力を〈子〉も分かち持つことも、この相互内在の喜びから説明される(「第十章」一七四〜一七六頁)。

いまやわれわれは、これまで追求してきた問題、つまり自分自身について語るキリストの言葉の究極の正当化という問題にふたたび直面している。これらの言葉を、外部の指示対象にかかわる世界の言葉として解釈するかぎり、疑いは消えない。すでに何度も見たように、世界の言葉は、外部の指示対象をみずから存在せしめることはできない。けれども、キリストは、〈言〉として、それとはまったく別の言葉、〈いのちの言葉〉を語る。そもそも、彼自身が〈いのちの言葉〉なのだ。それゆえに、この言葉の〈真実性〉への疑いは霧消する。この言葉が伝える現実は、いかなる意味においても、この言葉と無縁ではない。その現実とは、この言葉とは異なる相関物、この言葉が存在せしめることのできない外的対象などではもはやない。苦しみが苦しみ以外の何ものも語らないように、〈いのちの言葉〉が語る現実とは、〈いのち〉そのものである。この言葉は〈いのち〉の自己啓示であり、〈いのち〉の現実性そのものなのである──「言の内に命があった」。

キリストが神の〈言〉であるとすれば、彼が自分自身について語ったこと──自分がメシアであり〈言〉であるということ──に対して敵たちが浴びせたさまざまな反論は、完全に無意味となる。彼らに対して、キリストはただつぎのように答えるだけのことである──「あなたたちは『あなたたちが『我々の神』だと言っている』その方を知らないが、わたしは知っている。わたしがその方を知らないと言えば、あなたたちと同じくわたしも偽り者になる。しかし、わたしはその方を知っている……」(『ヨハネ』八・五四、五五)。キリストは、〈言〉であるかぎりにおいて、神の神自身についての認識以外の何ものでもない。これまでわれわれが極力用いるように努めてきた厳密な言葉で言うなら、キリストは絶対の〈いのち〉の自己啓示そのものなのである。だからこそ、自分自身について語るキリストの言葉の正当性は絶対的である。彼自身がその自己啓示であるところの〈いのち〉そのものが絶対だからだ。

このように、〈言〉としてのキリストは、絶対の〈いのち〉の自己啓示そのものであって、しかもこの自己啓示はみずからを証明するものである以上、自分以外の証人は誰も必要としない。しかしそれでもなお、この問題は未解決のままではなかろうか。キリスト自身がみずからの究極の証明となっているとしても、この究極の証明をわれわれはどこに見出すことができるのだろうか。われわれ、有限のいのちを生きるほかないこの生ける者たちは、どんな証言を手に入れることができるだろうか。キリストの証言、あるいは彼の言葉という証言だろうか。しかし、キリストではないわれわれは、キリストが〈言〉であり、彼の言葉が〈真理〉の言葉であることを、どうやって知ることができようか。別の言い方をするなら、神の言葉を、それが神の言葉であり、それを語る方が〈言〉であることを知ったうえで、ほんとうに聞き取ることが、はたしてできるのだろうか。

圧倒的な困難がわれわれにのしかかってくる。そしてこの困難は、われわれ自身の存在条件そのものに、つまりはみずからのうちに自己正当化の根拠を持たない有限のいのちに起因しているだけに、いっそう大きく感じられる。

＊　『論述と説教』説教一〇番（*Traités et Sermons*, trad. F.Aubier et J. Molitor, Aubier Montaigne, Paris, 1942, sermon n° 10, p.169）。

＊＊〈受肉〉という重要な問題については、本書のような小著でじゅうぶんに分析することはできない。この問題を重点的に扱った私の最近の著作（『受肉――〈肉〉の哲学』*Incarnation, une philosophie de la chair*, Éd. du Seuil, 2000）を参照されたい。

第九章
キリストの言葉——人間がキリストの言葉を理解することのむずかしさについて

人間が〈神の言葉〉を理解することのむずかしさについては、キリストの教えの中でも繰り返し語られている。人々に向かって、彼ら自身のことを語る場合にも、また自分のことを語る場合にも、このむずかしさがつきまとう。そもそも、キリスト以上にこのむずかしさを知っている者は誰もいない。キリストは人間をよく知っているが——「わたしはあなたたちを知っている」[1]（『ヨハネ』五・四二）——それに加えて、彼自身、〈神の言葉〉とひとつなのである。キリストは、人間たちを偶像崇拝から引き離し、彼らに神との〈契約〉を新たに結ばせるべく、〈言葉〉を彼らに聞かせるために、この世に降ったのだ。その公生涯を通じて、キリストはたえず聴衆の無理解に直面する。狡猾な人間たち、偽善者たちは、最初から彼の語る言葉に耳を閉ざしている。キリストは、その生涯の終わりまで、彼らの敵意（それはたちまち憎悪に変わる）に悩まされ続けるだろう。しかし、どんなに謙虚な人々、あるいはどんなに素朴な人々ですら、キリストが語ってくれる言葉——そのもっとも重要な啓示は、とりわけ彼らに向けられたものであるにもかかわらず——を理解するのは容易なことではない。サマリアの女との対話を思い起こしてほしい。キリストは彼女につぎのように言った——「もしあなたが、神の賜物を知っており、また、『水を飲ませてください』と言ったのがだれであるか知っていたならば、あなたの方からその人に頼み、その人はあなたに生きた水を与えたことであろう」。それに対する女の応答はわれわれの心を打つ——「主よ、あなたはくむ物をお持ちでないし、井戸は深いのです。どこからその生きた水を手にお入れになるのですか」(『ヨハネ』四・一〇、一一)。ニコデモのような教養あるファリサイ派の人でも、これ以上に思慮深い答えを返すことはできないだろう。キリストは彼につぎのように言う——「人は、新たに生まれなければ、神の国を見ることはできない」。それに対して、ニコデモは反論する——「年をとった者が、どうして生まれることができましょう。もう一度母親の胎内に入って生まれることができるでしょうか」(『ヨハネ』三・三、四)。

以上のことからも分かるように、自分の教えを語るのに、キリストがたとえ話といううきわめて特殊な文学形式に頼ることになったのも、相手の知的レベルに合わせたということではまったくない。彼らに教えようとしている現実の性質そのものが、われわれの日常的思考パターンをひっくり返すことを要求しているのだ。われわれの日常的思考パターンは、目に見える世界に固着しており、この世界の構造にしたがい、それをなぞっているにすぎない。また、すでに見たように、通常の言語そのものも、この世界の現われに依存しているのであって、しかも今日、いつの時代にも増して根強いものとなっている偏見によれば、この言語によって名づけうるものはすべて、この世界に現われるとされている。ところが、キリストが語っているのは目に見えないいのち、永遠の〈いのち〉なのである。そしてこの〈いのち〉は、キリスト自身のいのちであるとともに、すべての生ける者たちに分かち与えられているいのちでもある。だとすれば、たとえ話が担うべき役割は、すでに明らかである。たとえ話は、たいていは驚くほど短く簡潔な物語——それはこの世を舞台にしたもので、この世の言葉で語られる——を通じて、この世の関係性ではなく、いのちの関係性の掟と類型を暗示しようとする。ただし、ここで言う〈いのち〉は二重の意味を持っている。われわれがわれわれのうちで自分自身のものとして感受しているいのちと、われわれのいのちの中で、そのいのちをいのち自身に与えることによって、それを生かしているいのち、つまりは永遠の〈いのち〉である。このように、たとえ話の目的は、ふたつの世界、目に見える世界と見えない世界、あるいは有限の世界と無限の世界との間に、類比関係を結ぶことにある。要するに、この世に起こる一連の出来事を通じて、もうひとつの世界、神の国をわれわれに暗示し、思い描かせることである。

この類比の構造は、多くのたとえ話に取り入れられているが、文章中で直接言及されている場合も少なくない。「神の国は……に似ている」、「神の国は次のようなものである。人が土に種を蒔いて、夜昼、寝起きしているうちに、種は芽を出して成長するが、どうしてそうなるのか、その人は知らない……」(『マルコ』四・二六、二七)、「天の国はからし種に似ている……」(『マタイ』一三・三一、三二、また『ルカ』一三・一八、一九、『マルコ』四・三〇、三一を参照のこと)。「また天の国はパン種に似ている。女がこれを取って三サトンの粉に混ぜる……」(『マタイ』一三・三三、また『ルカ』一三・二〇を参照のこと)。「天の国は次のようにたとえられる。畑に宝が隠されている。見つけた人は、そのまま隠しておき、喜びながら帰り、持ち物をすっかり売り払って、その畑を買う」(『マタイ』一三・四四)。

比喩がこれほどはっきり語られていない他のたとえ話でも、やはりこの類比関係は前提されている。いずれの場合でも、誰もが経験する物事や現象から出発して、誰も知らないこと、あるいはまだ見たことがないもの——パウロの言い方にしたがえば、「鏡におぼろに映ったものを見ている」[2]ように、せいぜいヴェール越しでしか見たことがないもの——へと向かう。キリストの教えの目的はつねにひとつである――はかなく虚栄に満ちたこの世の事象から人間を切り離し、彼らの精神を高め、唯一それだけが大切であるものに目を開かせること。

ただし、他のたとえ話とは異なるものがひとつある。このたとえ話は、神の国を少しずつ明らかにするとか、神の国にいたる道を示すとか、そうしたことを目的としたものではない。われわれが今問題にしていること、すなわち、〈神の言葉〉を人間が理解しうる可能性、具体的には、神の国の秘密をわれわれに把握させようとしてキリスト自身が考え出したたとえ話の総体を理解しうる可能性そのものが、このたとえ話の主題となっている。ここでキリストは、たとえ話というものについて、またその効果について、要するに、これらのたとえ話の意味をわれわれが把握することができるか否かについて、考察していると言ってもよいだろう。だが、神の言葉を人間が理解しうる可能性と、逆にそれを聞き取るうえでのさまざまな障害を、キリストが同じひとつのたとえ話の中で明らかにしようとしたのは、単なる偶然ではない。

そのたとえ話とは、よく知られた「種を蒔く人」である。まったく単純であるが、もっとも重要なたとえ話であるとも言えよう。このたとえ話が理解できるかどうかに、他のすべてのたとえ話を理解しうるか否かがかかっている。じっさい、『マルコ』では、つぎのように言われている――「また、イエスは言われた。『このたとえが分からないのか。では、どうしてほかのたとえが理解できるだろうか』」（『マルコ』四・一三）。だからこそ、キリストはこのたとえの意味をあえてみずから説明しようとする。その説明もまた、三つの共観福音書すべてに収録されているが、単純明快な説明にもかかわらず、それが意味するところは深い。

種を蒔く人が蒔いているのは、じっさい、神の言葉である。「種を蒔く人は、神の言葉を蒔くのである」（『マルコ』四・一四）。「種は神の言葉である……」（『ルカ』八・一一）。「だれでも御国の言葉を聞いて悟らなければ……」（『マタイ』一三・一九）。このたとえ話では、種の落ちた土地が順に語られてゆく。まずは道端の土地（種は足で踏みつけられ、根付かないまま、鳥に食べられてしまう）、石だらけの土地（水分が足りないので、根付いてもすぐに乾いて枯れてしまう）、茨の中（茨が伸びて覆いふさいだので、実を結ばない）、そして最後に良い土地（芽生え、育って、実を結ぶ）。種が神の言葉であるとすれば、種を蒔かれた土地とはわれわれの「心」である。したがって、種を蒔かれた土地の違いとは、自分自身の存在を構成しているはずの〈神の言葉〉に対して、われわれの心が示す態度や反応の違いを象徴している。〈言葉〉が人間の心を涵養するかぎりにおいて、心はその言葉を受け入れるべく、予定されているはずである。良い土地とは、人間の原初のあり方、つまりはいのちの自己啓示によって生み出されたままの〈子〉のあり方を純粋に保ち続けている心を指している。他方、それ以外のいろいろな土地というのは、心の本来のあり方を歪めているさまざまな悪の形を暗示している。そうした悪ゆえに、神の言葉がせっかく届いているのに、受け入れられない、さらには拒絶されることになる。

　そんな悪のさまざまな相を、キリストはじつに簡潔に描き分けている。最初のそれは、神の言葉を聞いているまさにその瞬間に、悪が頭をもたげ、その言葉を聞えなくしてしまうという恐るべき事態を示している——まるで、神の言葉がまったく語られなかったし、まったく聞かれなかったかのように。要するに、〈言〉は自分の民のもとへ届けられたにもかかわらず、受け入れられなかったのである[3]。ここでは、悪は匿名の非人称的原理などではなく、みずからの意志によって動く具体的存在である。この悪ははっきりした目的を持っている。すなわち、救いの拒絶である。われわれ人間の心に潜み、われわれのように自由であるこの悪とは、おそらく、われわれ自身のことである。

悪の第二の相は、神の言葉を聞いて、喜んで受け入れるが、それを保ち続けることができない人々のありさまを示している。自分のうちに〈神の言葉〉の力を保っていない彼らは、試練に耐えることができない。試練が訪れると、彼らは「すぐにつまずいてしまう」（『マタイ』一三・二一）。「つまずく」とは、試練があり、その試練が自分たちに課されることを知って、反抗することである。彼らは考えるのだ――その試練とは悪であり、その悪はつまずく自分から出たものではありえない、と。では、この悪はどこからやって来たのか。ほかの人間たちからだろうか。しかし、ほかの人間たちもまた同じ状況に置かれており、彼らもまたつまずく。そうだとすれば、試練と悪は神からやって来たということになる。こうして、つまずきは極点に達する。いったいなぜ、神はこのようなことを欲するのか、少なくとも、なぜこのようなことを許しているのか。アウシュヴィッツのあと、どうして神を信ずることができようか。だとするなら、神は存在しないのだ。かくして人間は、試練と悪を、さらにはアウシュヴィッツを、わが腕に抱えたまま、ひとり取り残される。もはや、糾弾すべき第三者はいないし、つまずくべき対象も相手も存在しない――人間を除いては。そして、まさにその通りになったのだ。ナント司教区のある無名の司祭がいみじくも言ったように、神はもはや人事には介入せず、心に語りかけるだけである。キリストが語るこのみごとなたとえ話において、「つまずく」とは、まさにそうしたことを意味する。すなわち、誰でも手当たりしだいに糾弾し、心の中で憎悪の嵐を解き放ち、他者に対して、とりわけ（すでに存在しない）神に対して、呪いを浴びせかけ、もはや神の言葉を聞こうとしない。

こうしてわれわれは、悪の第三の相と向き合うことになる。この相は、われわれ人間にとって、もっとも直接的であり、またもっとも一般的である。この悪は明らかにわれわれの心に根ざしている。すでに見たように、われわれ自身のいのちがわれわれに与えられるのは絶対の〈いのち〉の自己贈与においてであるとしても、その絶対の〈いのち〉の自己啓示が行われるのはわれわれの自己（それはわれわれの心でもある）においてなのであって、それゆえにこの贈与とは、結局のところ、われわれひとりひとりに固有のいのち、われわれのいのちという賜物なのである。私であり、君であるところのひとつの自己、永久に〈私〉に属する自己に与えられたいのち。かくして、いのちはこの自己に永久に属することになる。「もしあなたが、神の賜物を知っていたなら……」（『ヨハネ』四・一〇）

いのちという何ものにも代えがたいすばらしい賜物、その恩恵は、われわれの生が取りうるどんなに単純な形態にも、またどんなに具体的な形態にも、等しく及んでいる。その実例として、われわれの〈肉〉の諸能力を、日々の生活の中でわれわれがそれらを生きているままのあり方において、考察してみよう。たとえば、物を扱う主体的能力——物を握る、持ち上げる、投げる——あるいは自分を動かす、起き上がる、歩くといった能力、等々。これらの能力の実践は、客体的な行動という形で、私の目に見えてくる。たとえば、摑もうとしている物のほうへ私の手が動いてゆく、というふうに。しかし、そうした動きは世界の「外側」に現われた外観にすぎない。いかなる形であれ、身体能力を発揮するとは、主体的活動であり、それは努力という感情において内的に感じられ、生きられる。それ自体の働きである。ひとつの能力を発揮することができるということ、能力を保持すること、言い換えるなら、それはわれわれのうちなる〈肉〉においてなしとげられるのであり、つまりは〈肉〉それ自体の働きである。キルケゴールの言い方にしたがえば「できることができる」ということ、それが可能となるのは、この能力のうちに入り込み、この能力と一体となることによって、この能力を、自分が望むたびごとに、つまりは自由に、じっさいの行為へと変換することができる者においてだけである。自由とは、ひとつの抽象概念、ひとつの独断などではなく、われわれに委ねられている諸能力の総体を発揮する具体的な力、じっさいに感受され、生きられる力なのである。われわれの自由は、われわれの〈肉〉の諸能力のみならず、われわれの精神の諸能力――心象や概念を形成する、観念連合を断ち切る、等々――のひとつひとつに住まう、かの根源的な〈私はできる〉（Je Peux）と一体なのである。これらの諸能力がそれぞれに異なるのは、その個別内容面だけであり、これらの能力のひとつひとつに内在し、それを行為へと変換する〈私はできる〉は、すべてに共通している。

ところで、これらのさまざまな能力は、そして何よりもまずそれらの能力を駆使する力は、いったいどのようにして私に与えられ、私の能力、私自身の生の力となるのだろうか。この問いは、ただのこじつけだろうか。しかし、誰も否定しようのないつぎの事実を考えてほしい。たしかに、私はこれらの能力――目を開ける、手を伸ばす、体全体を動かす――を意のままに駆使している。しかし、そうした能力を私に与えたのはけっして私自身ではない。それは、私の自己、私のいのちを私に与えたのは私自身ではないのと同断である。かくして私は、これらの能力のそれぞれに対しても、またそれらの能力を駆使することを可能にする根源的能力に対しても、私自身の全面的な無力さを認めざるをえない。それらの能力は、私の意志や私の力とはまったく無関係に、私に与えられたものなのだ。では、いったいどうやって与えられたのか。私自身のいのち、私自身の自己が与えられたのとまったく同じ仕方で、つまりは絶対の〈いのち〉の自己贈与を通して、である。

このように、自分自身の能力を自分で駆使し、また自分で感受しているその最中ですら、この能力に対して人間が根本的に無力であるという事実、キリストはこの事実をわれわれにはっきり告げる。悲劇的な状況において言われているだけに、この事実を告げるキリストの言葉は荘重な響きを帯び、それによってこの事実の普遍性がいっそう際立つ。周知の通り、最後の尋問の場面で、頑固に黙り込んでいるキリストに対して、ピラトは、彼にしゃべらせようとして、またおそらくは罪をまぬがれさせようとして、つぎのように威嚇する――「お前を釈放する権限も、十字架につける権限も、このわたしにあることを知らないのか」。これに対するキリストの返答は痛烈をきわめる――「神から与えられていなければ、わたしに対して何の権限もないはずだ」(『ヨハネ』一九・一〇、一一)。しかし、ここでその無力さを厳しく指摘されているのは、皇帝の権限のみならず、われわれがふだん行なっているどんなにかんたんな動作であれ、それを操作している能力のすべてなのである――「わたしを離れては、あなたがたは何もできない……」(『ヨハネ』一五・五)。パウロもまた、キリスト教の根本思想ともいうべきこの主題を何度も取り上げている――「あなたがたの内に働いて、御心のままに望ませ、行わせておられるのは神であるからです」(『フィリピの信徒への手紙』二・一三)。

〈私はできる〉を実践していながら、しかも人間は本質的に無力である、ということの事実が意味しているのは、人間とは〈神の子〉にほかならないということであり、人間の諸能力のひとつひとつ、人間の自己、人間のいのち、それらはすべて、絶対の〈いのち〉の自己贈与を通じて、人間に与えられているということである。しかも、この贈与は見せかけのものではない。それは現実的な贈与、現実的ないのち、現実的な自己、現実的な諸能力の贈与である。ところで、これらの諸能力は、自由に振舞うことを通じて、自分自身を確かなものとして経験しながら生きているために、自分をじっさいに自由であると感じているし、事実また自由なのである。そこで、これらの能力のひとつひとつを自分が望むときに意のままに発揮できるという驚くべき力を恒常的に生きている自己は、自分自身がそれらの能力の源泉であるとたやすく信じ込んでしまう。つまり自己は、それらの能力を自分に与えているのは自分自身である、それらの能力を駆使するそのたびごとに、その力を自分自身から引き出しているのだ、と想像する。自分こそ自分の存在を構成するこれらすべての能力の源泉にして根拠であると信じ込んだ自己は、ついには、自分こそ自分の存在の源泉にして根拠であると信じ込むにいたる。こうして大いなる幻想が生まれる。自分自身に対してまったく受動的である自己、つねにいのちにおいてあらかじめ自分自身に与えられてしまっている自己、自分自身の意志とはかかわりなしに、いのちのうちに置かれてしまっている自己、その自己が、いまや、少なくとも彼自身の目には、全能の〈主体〉、自分自身の主人、言い換えるなら、生ける者、自分の自己、自分の能力や才能、そうしたみずからの存在条件のいわば絶対の原理となってしまったのである。「私のいのちは私のものだ」、あるいは、今日よく聞かれる言い草では「私の体は私のものだ。だから、どうしようと私の勝手ではないか」。パウロがつぎのように警告しても、もはや空しい――「いったいあなたの持っているもので、いただかなかったものがあるでしょうか。もしいただいたのなら、なぜいただかなかったような顔をして高ぶるのですか」（『コリントの信徒への手紙　一』四・七）。自分のうちなるあらゆる能力を駆使する権能のみならず、それらの能力を自分自身に与える力を、さらには自分みずからを自分の自己および自分自身のいのちの中にもたらす力をさえ、自分の自己に帰すること、それこそ、やはりパウロがつぎのように糾弾している狂気の信仰と言うべきである――「実際には何者でもないのに、自分をひとかどの者と思う人がいるなら、その人は自分自身を欺いています」（『ガラテヤの信徒への手紙』六・三）。

　エゴを自分自身の存在の根拠とするこの幻想は、人間が、自分自身に対してみずからを表象するその自己像を歪め、それゆえにまた、世界や世界の事象との関係を歪めているだけではない。この幻想はさらに、絶対の〈いのち〉においてわれわれがわれわれ自身に与えられている場、すなわちわれわれの〈心〉をすっかり転倒させてしまっている。自分がそこにおいて生み出され、また生きているかぎりそこにとどまっているはずの神のいのちとのこの内的関係に目を閉ざすことによって、心は自分自身に対しても盲目になってしまっている。心はいまや、〈いのち〉がたえず〈いのち〉自身について語ると同時に、人間の日常的生、人間の有限のいのちについても語ってくれている言葉に耳をふさぎ、〈いのち〉が彼に伝えてくれる愛の衝動にも無感覚となり、ますますかたくなになって、ひとり打ち捨てられ、あのモナド的な自己の中に閉じこもっている。このモナド的な自己は、自分に起こるすべての事象の中心にわが身を置き、自分自身を唯一の現実とみなす。この自己がどんな経験をしようとも、それは自分自身の経験、この有限なるエゴの経験でしかない。〈真理〉に対して盲目であり、〈いのち〉の言葉に耳を閉ざす心、冷酷無情で、自分のことしか眼中にない心、自分こそ自分の経験や行為の源泉にして目的だとみなしている心、悪が生まれるのは、まさしくこの心からである。

『マルコ』や『マタイ』に記されている、心から生まれる悪のリストを読み直すと、それらがすべて、われわれが先に「人間システム」と呼んだものの圏域に属していることに、いまさらながら驚く。人間システムとは、じつは、エゴイズムのシステムにほかならないのだ。じっさい、それらの悪は皆――殺人、不貞、盗み、偽証、中傷……――相互性の圏内で生ずるが、すでに見たように、この相互性自体にはいかなる価値もない。この相互性は、善意や愛の相互性であるだけでなく、憎しみや恨みや妬みの相互性でもありうる。それにしても、福音書のこれらの文章に記されている生の様態のすべてが悪に属しているとは、いったいどういうわけだろうか。先に見た人間の心の転倒の分析は、まさにこの疑問に答えてくれるだろう。自己は、自分がその中で生み出されたいのちとの内的関係をまったく無視して、自分を自分自身で存立し、誰に対しても何ひとつ負うことのないエゴ＝主体とみなす。自分を自分の経験――自分や自分の体に関わる経験であれ、他者に関係する経験であれ――の場の中心に置きながらも、この自己は、自分から抜け出し、この世で彼の関心を惹くものへと突き進み、それを自分の偶像にしようとする。だがじっさいには、すべてを自分に引き寄せ、あらゆるものにおいて自分自身の快楽しか求めないこの自己は、結局のところ、自分自身を偶像化しているのだ。いたるところで、相互性はみせかけだけのものとなっている。エロチシズムでさえ、それはもはやふたりで行なう自己エロチシズムにすぎない。自分を卑下し、マゾヒズムに身を落とす場合ですら、この自己にとって唯一大切なのは、自分自身であり、自分のいかがわしい快楽なのである。誰もがこんなふうに生きているとすれば、すでに指摘した通り、エゴイズムは単なる人間性格のひとつなどではなく、悪のシステムに属している。要するに、エゴイズムとは悪の主要形態のひとつなのである。

この悪は際限なく増殖してゆくだろう。それは以下のようなわけである。自己が自分自身に対して幻想を抱いているからといって、つまりは、自分自身を自分が駆使している力の源泉であると思い込んでいるからといって、この力もまた、彼の自己やいのちと同様に、ただ絶対の〈いのち〉の自己贈与によってのみ、自分自身に与えられたものであることに変わりない。この自己贈与とはひとつの自己啓示、絶対的な自己啓示である。目に見えない〈光〉、絶対の〈真理〉、それが人間の心の隅々まで照らし出す。この〈光〉、この〈真理〉の際立った特徴は暴力性である。じっさい、この暴力に対しては誰も身を守るすべがない。

〈いのちの真理〉のいくつかの主だった特徴を、キリストは、わが身に即しつつ、われわれに教えてくれている。[4]自己啓示の暴力、有無を言わせず迫り来る圧倒的な力である〈いのち〉は、時空を超えたパルーシアの閃光の中で、みずからをみずからに啓示するが、それがそのまま〈いのち〉の自己証言となる。ところで、絶対の〈いのちの真理〉は、あらゆる絶対的証言――他のあらゆる証言を無用とする証言――の条件というだけでなく、〈裁き〉の条件でもある。人間ひとりひとりの自己がみずからの心に啓示されるのが、絶対の〈いのちの真理〉において、その抗いがたい自己啓示においてであるように、神の〈裁き〉もまた、同じように抗いがたくわれわれに迫ってくるのであって、誰ひとりそれを逃れることはできない。要するに、ひとりひとりの〈自己〉が自分自身に到来するのと同時に、〈裁き〉もまた自己のもとに到来するのであり、そのうえ自己が生き続けるかぎり、この〈裁き〉は自己とともにある。そして、各人の生ける自己における〈いのち〉の自己啓示は、この自己の生の様態のひとつひとつ――喜び、痛み、そこから生まれる行為、等々――に伴っているために、どのような行為であれ、それが行われるまさにその瞬間、その行為の動機――それがやましいものであろうとなかろうと――とともに、神によってただちに知られてしまう。この〈裁き〉が、誰も逃れることができず、しかもこのうえなく厳正にして厳格なのは、そのためである。カインが現代のわれわれよりも多少なりともましな人間だったとすれば――だからこそ、不可思議にも、彼は許しを与えられたのだろう――それは、彼がこうした裁きを知っていたからである。自分が神の怒りから顔を背けたときでさえ、彼はそれを知っていた。なぜなら、彼もまた、ひとりの〈子〉、アダムとエヴァの子ではなく、〈光〉の子だったからである。

キリストの言葉の中には、真理を憎む心を糾弾するものもあり、それらは彼の言葉の中でももっとも恐るべきものとなっている。この憎しみがどうして生まれるかは、先に見た通りである。われわれの生の様態のひとつひとつ、われわれの心のひとつひとつの動きが、絶対の〈いのち〉の自己啓示の中で、みずからに明かされるとすれば、すべての悪しき思い、妬み、敵意、邪心、またそこから生まれるあらゆる行為は、そのままですでに仮面を剝がれていると言わねばならない。こうした言葉を伝えているのも、やはりヨハネである。たとえば、ニコデモとの会話でのあの有無を言わせぬ断言を思い起こしてほしい――「悪を行う者は皆、光を憎み、その行いが明るみに出されるのを恐れて、光の方に来ない……」（『ヨハネ』三・二〇）。だが、絶対の〈いのちの真理〉である〈光〉、みずから証言し、また〈裁き〉を下すその〈光〉とは、この〈いのち〉そのものの〈言〉による自己啓示以外の何ものでもない。この神の〈言〉については、『ヨハネ』のプロローグがつぎのように語っている――「その光は、まことの光で、世に来てすべての人を照らすのである。言は世にあった。世は言によって成ったが、世は言を認めなかった。言は、自分の民のところへ来たが、民は受け入れなかった」（一・九～一二）。悪に耽る人間たちが〈言〉を憎むのも、〈言〉そのものが彼らの心の秘密を隈なく照らし出す完全なる啓示だからである。この〈言〉が世に来たのは、世に〈真実の光〉をもたらし、世を救うためであった。それゆえにまた、この〈光〉を拒む者たちにとっては、この世の救いが、そのまま、彼らの断罪となる。先の対話ではつぎのように言われている――「光が世に来たのに、人々はその行いが悪いので、光よりも闇の方を好んだ。それが、もう裁きになっている。悪を行う者は皆、光を憎む……」（『ヨハネ』三・一九、二〇）。

世を救うために来た〈言〉に対する憎しみは、まるで音楽における悲痛なモチーフのように、ヨハネの福音書に繰り返し語られている。周知の通り、ラザロの復活のあと、ついにキリストに死の運命が迫る。彼は潜伏生活に入って、ガリラヤに引きこもり、ユダヤの地を避けた。ユダヤ教の権力機関が彼を捕らえ、殺そうとしていたからである。キリストのそばにいながら彼を信じない者たちは、反対に、その業を人々に示して、自分の存在を世に知らしめるようにと彼をせきたてる。要するに、死が彼を待っているエルサレムに行けというわけである。そこでキリストはみずから、自分と世の関係について、きわめて明快な言葉で語る――「わたしの時はまだ来ていない。しかし、あなたがたの時はいつでも備えられている。世はあなたがたを憎むことができないが、わたしを憎んでいる。わたしが、世の行っている業は悪いと証ししているからだ」(『ヨハネ』七・六、七)。キリストのうちに受肉したこの〈真理の光〉に対する憎しみは、やがて、その光を受け入れ、〈光の子〉となり、その〈光〉を証しするあらゆる人々にも及ぶだろう。このことについても、ヨハネは伝えている――「世があなたがたを憎むなら、あなたがたを憎む前にわたしを憎んでいたことを覚えなさい。あなたがたが世に属していたなら、世はあなたがたを身内として愛したはずである。だが、あなたがたは世に属していない。わたしがあなたがたを世から選び出した。だから、世はあなたがたを憎むのである」(『ヨハネ』一五・一八、一九)。このように、キリストに対する世の憎しみは、〈光〉を受け入れたすべての人々にまで及ぶが、それというのも、キリストに対する憎しみとは、じっさいには、〈真理の光〉そのものへの憎しみなのである。キリストはこの光の〈言葉〉にほかならない。先の文章の続きは、このことについて語っている――「わたしを憎む者は、わたしの父をも憎んでいる。だれも行ったことのない業を、わたしが彼らの間で行わなかったなら、彼らに罪はなかったであろう。だが今は、その業を見たうえで、わたしとわたしの父を憎んでいる」。かくして、彼らの律法に書かれているつぎの言葉が成就したのである――「『人々は理由もなく、わたしを憎んだ。』」(『ヨハネ』一五・二三〜二五)。

このように、悪が罪になるのは、悪が〈真理〉の光に晒されることによってである。罪において、悪はいわば自乗される。悪は、この破壊的な光の下で、自分を悪と認めるどころか、この光に挑みかかる。つまずくとは、まさしくこのことである。つまずきは、自分を告発する〈光〉を逆告発し、この仮借ない光が自分の仮面を剝がすことを阻止することによって、悪をその極点へと、もはや単なる悪ではなく、〈光〉の糾弾、神の否認という大罪へと、エスカレートさせてゆく。

しかし、けっして消えることのない熾火のように、〈光〉はカインの心を焼き続ける。その白熱した光線の中で、ひとつの自己が焼き尽くされるだけでなく、光そのものが時空を超えたパルーシアの中で壮麗な炎を巻き上げ続ける。〈言〉が受肉したのは、失われた者を救うためである。それにしても人間は、悪に抗して、悪を超えて、あるいは悪を通して、〈神の言葉〉を聞き取ることが、はたしてできるのだろうか。

第十章
キリストの言葉――人間はキリストの言葉を聞き取ることができるか

自分は〈父〉に等しいと宣言するキリストの驚くべき言葉に対しては、当然のことながら、その正当性が問われる。彼を敵視する人々はたえずそれを問題視するし、われわれにとっても重大な問題であることに変わりない。しかし、先にこの問題に触れた折にも、これらの言葉の内容を詳しく分析することはあえてしなかった。それは、見方によっては瀆神的ですらあるこれらの言葉の内容そのものから、その正当性を判断することは、とうてい不可能だったからである。むしろ、これらの言葉を発する〈言葉〉それ自体の本性を検討するほうが近道ではなかろうか。そもそも、この〈言葉〉は、通常の言葉とはまったく別の言葉、この世とは別の世界から届いた言葉、〈神の言葉〉とされていたのではあるまいか。みずからを神の〈言〉だとするキリストの宣言を正当化しうる言葉があるとすれば、それは〈神の言葉〉そのものだろう。

先にそれ自体としての〈言葉〉の本性を考察した際にも、なぜ、そしていかに、それが古来もっぱら「世界の言葉」として解釈され続けてきたかを見た。世界の言葉とは、要するに、たいていの人間にとって、話すことを覚えて以来、自分たちがずっと話している言葉のことである。世界の言葉によってこそ、自分たちは互いにコミュニケーションができるのだと、彼らは考えている。しかし、人間の言葉とは世界の言葉にほかならないとするこうした考えは、すでに見たように、根本的に間違っている。人間がいのちにおいて生み出された生ける者であるとすれば、つまりは人間がいのちの〈子〉であるとするならば、人間は自分のうちに、世界への〈開け〉を通して自分に届く世界の事物について語る能力のほかに、それよりもっと古い言葉、その内部で自分が自分に啓示される言葉、たえず彼を生ける者たらしめ続けている言葉、すなわちいのちの言葉を保持しているのではあるまいか。われわれのうちにこのいのちの言葉が現存していることを、どうして疑えようか。人間はいつでも自分のことを話しているではないか。たとえば、「あんなことがあって以来、私はますますやる気をなくしている」などと。客観的に見れば、このような文はたしかに世界の言葉に属している。そしてその言葉は、意味の担い手である語、外部の指示対象に対応する語によって構成されている。一方には、ここで言及されている出来事があり、他方には、部屋にいて、妻や友人に、自分のがっかりした気持ちを洩らすひとりの人間がいる。

だが、先にこうした問題に触れた折にも、われわれはこう問わざるをえなかった――これらの意味はどこから生じているのか。そもそも、〈世界〉とは別のところで、つまりはいのちの内在的・情念的な自己啓示において、「落胆」と言いうるようなひとつの感情がそれみずからを経験することがなかったならば、「落胆」という意味が形成されることはありえなかったはずである。同様に、ここで「がっかりした」と言っている〈自己〉＝〈私〉もまた、ヨハネのプロローグが述べているように、絶対の〈いのち〉の内的運動からでないとすれば、いったいどこから生まれたというのだろうか。すでに見たように、絶対の〈いのち〉は、〈最初の自己〉を生み出すことによって、みずからを生み出し、この自己のうちにおいてみずからを感じとる。この〈最初の自己〉なしには、いかなる生、いかなる生ける者、いかなる〈私〉もおよそありえない。このように、世界の言葉がしゃべり続け、いつ果てるともなく意味をつなぎ合わせている間に、われわれのうちではすでに別の言葉が語っていたのである。ひとりひとりの人間にそれぞれのいのちについてたえず語り続けているのは、まさしく〈いのちの言葉〉であり、それを聞き取って、会話という人間的言語で表現するか否かは、それぞれの人間に委ねられている。いうまでもなく、あらゆる文章、あらゆる本、そして聖書もまた、人間的言語で書かれている。

けれども、世界の言葉に先だって、いのちの言葉が存在することが認められるのは、それぞれの人間が自分のことを話している場合だけではない。ふだん、人々はこの世の出来事にすっかり心を奪われており、彼らの話題もそうした出来事に集中し、その推移や顚末をあれこれ言いつのるばかりだが、いのちの言葉は、こうした世間のおしゃべりの背後で、たえず語り続け、そのおしゃべりをひそかに支え続けている。たとえば、つぎのような言葉――「家の前の道がすっかりでこぼこになってしまった。もうじき使えなくなるだろう」。この言葉が語っていないことがひとつだけある。それもまた、世界にかかわる事柄のひとつであるとしても、ただしそれは生活にかかわる事柄、要するに仕事の目的か、ひとつの欲求に対する答えとかである。このように、世界の言葉は目に見える世界にすっかり囚われたままでありながらも、さまざまな利得や特権をちらつかせて、われわれを混乱させたり、われわれの欲望を巧みに煽《あお》ったりする。したがって、人々の日常的活動や、それについて彼らが言っていることに関して、何かを理解しようと思うなら、結局のところ、われわれの欲望そのものにまで立ち戻らねばならない。

このように、世界の言葉はそれに先行するひとつの言葉を前提しているとするなら、また世界の言葉とは、結局のところ、この先行する言葉のひとつの表現、たいていは偽装された表現にほかならないとするなら、それだけですでに、言語をめぐるもっとも古くからある偏見はみごとに打ち砕かれるだろう。人間の言葉は世界の言葉だけに限られるわけではなく、それは、何よりもまず、いのちの言葉である。かくして、キリストが自分自身について語っている究極の言葉、自分自身が〈言〉であると宣言するあの言葉を理解するうえでの最初の関門が突破されたことになる。キリストの教えにしたがって、人間は〈神の子〉であると言うのは、すでに見たように、人間はいのちにおいて生み出された存在であり、それゆえに、生ける者としての人間のあり方そのものも、このいのちにおける誕生によって規定されていることを意味する。いのちにおいて在る生ける者は、さまざまな印象、情念、活動、思考を通じて、自分自身を感受するが、これらの印象等もまた、絶対の〈いのち〉の自己啓示を通じて、つまりはその〈言〉において、みずからにもたらされる。だとすれば、自分自身のことを語ろうと、世界のことを語ろうと、あるいは沈黙していようと、自分が経験するあらゆることを通じて働いているいのちの言葉を自分のうちに保持していないような生ける者など、どこにもいないはずである。

要するに、キリストの〈言葉〉、とりわけ自分こそ〈言〉であると宣言している言葉と、われわれのうちでひそかに語っている言葉との間に、これまで想像されていたような深淵が横たわっているわけではない。それどころか、両者はある決定的な親和力によって、つまりはどちらも〈いのち〉の言葉にほかならないという事実によって、互いに結びつけられている。この親和力とは、生ける者たちを彼らのうちなるいのち、彼らにたえずいのちを与え続けているいのちに結びつける親和力であり、つまりそれは〈神の子〉たちと〈神〉自身とを結びつけている親和力なのだ。このような親和力は、われわれ人類の歴史を通じて、徐々に形成されたといったたぐいのものではない。それはわれわれの努力の結果ではなく、むしろ逆に、そうした努力を可能にするものである。この親和力は、時空を超えたわれわれの誕生の際に、すなわち、われわれひとりひとりが、〈いのち〉の自己啓示を介して、みずからにみずからを啓示することによって、ひとりの自己としてみずからに到来した際に、われわれのうちにあらかじめ刻み込まれたものである。いのちから生まれた者は〈いのちの言葉〉を聞き取る。パウロのつぎのような秘義的テクストが語っているのも、生ける者は、〈いのちの言葉〉を聞き取るべく、生まれたときから定められているという事実である――「神は前もって知っておられた者たちを、御子の姿に似たものにしようとあらかじめ定められました。それは、御子が多くの兄弟の中で長子となられるためです。神はあらかじめ定められた者たちを召し出し……」(『ローマの信徒への手紙』八・二九、三〇、強調は筆者)。

〈子〉であることと、〈神の言葉〉を聞き取り、理解することとの間に、こうした親和力がそもそものはじめから介入して働いていたとすれば、この親和力が、キリストの言葉として完全に明らかにされる以前に、すでに旧約聖書において働いていたとしても不思議はない。たとえば、神とカインの間で交わされるあの驚くべき対話――「お前の弟アベルは、どこにいるのか」(『創世記』四・九)。神は、カインが何をしたか、どのようにアベルを殺したのか、どこに弟の遺骸を隠したのか、よく知っている。じっさい、カインの〈心〉そのものである自己啓示がなされることによって、カインが、自分が行ない、感じ、経験することをみずから知る者となったのも、まさしく絶対の〈いのち〉の自己啓示においてなのである。それゆえにまた、カインが知っているすべてのこと――彼が行ない、感じ、経験するすべてのこと――を、神もまたすべて知っている。神秘思想家たちの言い方にならえば、神がカインを見る目とカインが自分自身を見る目とは、同じひとつの目なのである。[1] そしてこのことを、キリストはつぎの忘れがたい言葉で簡潔に述べている――「主は隠れたところを見ておられる」。カインが知っているあらゆることを神も知っているのは、そもそも、カインの自分自身についての知というものが、カインについての神の知以外の何ものでもないからである。それゆえ、自分が知っているあらゆることを神も知っていることを、同じ理由から、カインもまたよく知っている。神の恐るべき言葉に文字通り心を刺し貫かれたカインは、神に歯向かおうとする。窮地に追い込まれた彼の口から、傲岸不遜な言葉が発せられる――「知りません。わたしは弟の番人でしょうか」（『創世記』四・九）。だが、自分の存在そのものを構成している真理から、どうして逃れることができようか。カインは恥じ入って、顔を隠した。そして、神のものであると同時に自分のものでもある真理から引き離されたがゆえに、地においても、天においても、すべての係累を奪われたまま、まさしく「外部の闇」としか言いようのないこの世をあてどなくさまよう果てしない日々が始まる。

カインにとって、自分の罪を暴く〈神の言葉〉を直接知ることと、自分自身について知ることは、以上のように、同じひとつのことなのである。そしてこのことは、まったく普遍的な意味を持つ。それは、人間が〈神の言葉〉を理解しうる原理的可能性を示していると言ってよい。ただし、ここで「理解」という言葉を使うのはあまり適当とは言えないだろう。ここで問題となっているのは、ふつうの意味における認識ではないからだ。ふつうの意味における理解とは、観念や意味作用の連なりからなるが、そうした観念や意味作用は、見ることによる確認によって、つまりは世界の言葉に基づく明証性によって、はじめて有効性を持つ。しかし、人間が神の言葉を聞き取る可能性については、まったく事情が異なる。この可能性は、人間が〈神の子〉であることに、つまりは、先にも述べたように、人間の時空を超えた誕生のうちに、見出される。自分自身を感受し、みずからをみずからに啓示するという条件のもとに人間が到来するのは、絶対の〈いのち〉がその〈言〉を通じて自己啓示することにおいてであって、そうであるとすれば、〈神の言葉〉を聞き取る可能性こそ、人間の存在条件そのものだということになる。そしてそれは、何よりもまず、〈言〉としてのキリストの言葉に関わっている。〈言〉とは〈いのちの言葉〉にほかならず、そしてこの言葉においてこそ、あらゆる生ける者は自分自身に到来する。このように、みずからについて語り、自分は〈言〉であると宣言するキリストの言葉の正当性は、彼自身が〈言〉であることに根拠を持つが、このことは、キリスト自身のみならず、自分のうちでこの〈言葉〉が絶えることなく語り続けているあらゆる存在、要するに〈神の子〉であるすべての人間にとっても、みずからの存在条件にかかわる重大な意味を持つ。

こうして、解決不能と思われていたひとつの難題が乗り越えられた。しかし、それに代わって、もうひとつの難題が浮かび上がる。絶対の〈いのち〉の〈言〉による自己啓示を通じて、ひとりひとりの〈子〉がみずからに啓示される、この時空を超えた誕生の場とは、心にほかならない。そしてこの心から、悪が生まれる。悪をめぐるさまざまなたとえ話、とりわけ「種を蒔く人」のたとえは、悪の多様な様態を描き出す。ところが、悪の極限的な形態、まさに罪といわれる形態においては、奇妙な転倒が生じる。心を照らし出し、神との内的関係を作り出す言葉の〈真理〉自体が、突如、この関係を阻害することになるのだ。ここにおいて、キリストがその敵対者たちの面前に投げかけた驚くべき反語が鋭い響きを発する――「しかし、わたしが真理を語るから、あなたたちはわたしを信じない」(『ヨハネ』八・四五、強調は筆者)。

この難解なテクストのキリスト自身による解釈についても、われわれはすでに検討している。悪が〈真理〉を拒絶するのは、まさに〈真理〉が悪を暴くからである。ただし、急いで付け加えれば、悪が真理を憎むようになったとしても、悪は真理との関係をすべて断ち切ってしまったというわけではない。それどころか、悪が真理を憎む、この憎しみを生み出しているのも、やはり真理なのである。このように、〈真理〉と心の関係は、悪の深淵にあっても消えることはない。今度は、この関係が原初の無垢に戻ったと仮定してみよう。すると心は、〈いのちの言葉〉の中で、つまりは永遠の世界で、ふたたび誕生することになるだろう。悪が心に憎しみを吹き込む場合であれ、心が生まれたばかりの無垢を取り戻す場合であれ、生ける者と〈いのち〉との関係、心と心を生み出す〈言葉〉との関係は、その中で「万物が成った」(2)〈言葉〉の本性に依存している。とするなら、いまや究めねばならないのは、〈言葉〉の本性そのものである。

ここでもう一度、〈いのちの言葉〉と世界の言葉との対立関係に戻ろう。世界の言葉は、世界の外在性において、自分に現われてくるものについて語る。世界の言葉は外部の内容に関わるが、この内容を存在せしめる能力を持っているわけではない。反対に、〈いのちの言葉〉は世界に何ひとつ負っていない。この言葉を支える啓示の力とは、〈いのち〉の力である。〈いのちの言葉〉とは、〈いのち〉の自己啓示、つまりは〈言〉にほかならない。したがって、〈いのちの言葉〉が語るのは、事物についてでも、世界についてでもなく、〈いのち〉(3)自身についてである。あるいはむしろ、この言葉はいのちについて語るのではなく、いのちを語るのであって、この言葉は、みずからが語るものを自分の外に置くのではなく、肌身離さずにおく宝物のように、自分のうちに保ち続ける。というのも、この言葉が語るのは、自分自身のいのちなのだ。

こうした特異な事情は、神の絶対の〈いのち〉についてと同様、有限なるわれわれ自身のいのちについても、等しく当てはまる。じっさい、絶対の〈いのち〉は〈最初の生ける自己〉において自分自身を感じとるのであり、そのような関係において、前者は後者のうちに、また後者は前者のうちに、とどまり続ける。それとまったく同じように、ひとりひとりの生ける者が自分みずからに与えられるのも、まさしく〈言〉を通しての〈いのち〉の自己啓示においてであって、それゆえに、生ける者はつねに〈いのち〉のうちにとどまり、また〈いのち〉は生ける者のうちにとどまる。それぞれの生ける者が生き続けるかぎり、〈いのち〉の内在性が途切れることはありえず、生ける者は、時空を超えて誕生するときはもちろんのこと、自分が生き続けるかぎり、自分のうちに〈いのちの言葉〉を聞き続けることを運命づけられている、そのような存在なのである。かくして〈いのちの言葉〉は、生ける者に生ける者自身を与えつつ、彼に彼自身のいのちを語り続けている。

　つぎのように反論されるかも知れない——誰がいったい自分の内部でそのような言葉を聞いているというのか。それではまるで、「神の声を聞いた」といわれるジャンヌ・ダルクのようではないか。こうした冷笑的な問い、あるいはもっと辛辣な問い、たとえばファリサイ派の人々がキリストに投げかけた「あなたの父はどこにいるのか」(『ヨハネ』八・一九)という問い、さらに悲劇的なことだが、「天は黙りこんでいる、天とは沈黙のこだまに過ぎない」[4](カフカ)とあっさり断定してしまう現代人の醒めきったつぶやき、そうした問いやつぶやきを発する人間たちが忘れているのは、まさにつぎのことである——この〈言葉〉とはどのような言葉なのか。彼らは何も聞えないと言っているが、この〈言葉〉がわれわれに語りかけるのは、彼らが考えているのとはまったく別の仕方においてであって、だからこそ、彼らにはじっさいに何も聞えないのだ。

　まずわれわれは、「聞こえる」、「聞き取る」といった言葉をきわめて素朴な意味に限定して理解している。われわれにとって、聞こえる、聞き取るとは、ふつう、耳を通して、聴覚によって、聞くことである。しかし、聴覚が聞くのは、われわれの外で、つまりは世界において、響きを発するものだけである。世界の物音、騒音、そして人々が交わす言葉（これも世界において感知される音の集合体にほかならない）。同様に、視覚によってわれわれが見ることができるのも、世界においてわれわれの前に現われるものだけである。触覚も同じことで、世界においてわれわれが外側から触れるものしか感じとることはできない。要するに、われわれの感覚はことごとく、われわれを世界に投げ出し、世界と世界の内部に（つまりはわれわれの外に）現われるすべてのものにわれわれ自身を開くようにと働くのである。このように理解された意味での、聞こえる、聞き取るとは、まさしく世界の言葉の様態そのものである。事実、世界の言葉とは、世界においてわれわれの外に現われるものについて語る言葉である。しかし、世界の言葉がこんなふうに――世界において聞こえるようにして――われわれに語りかけていることをわれわれが聞き取れるようになるためにも、まずは発話されなければならない。その場合、話すとは、発話器官を使って音を出すことである。われわれ自身によって、あるいは他者によって、そのような音が出されてはじめて、われわれに聞こえ、必要なら耳傾けることになる。このように、話すとは、聞こえる、聞き取るということと同じ資格において、世界の言葉の一様態なのである。じっさい、話すとは、発話し、声を出し、世界の内部でその声を響かせることにほかならず、かくしてその声は、世界に響き渡ることによって、世界の内部で聞こえるようになる。このように、話す場合であれ、聞こえたり、聞き取ったりする場合であれ、現われるということが言葉の条件となっているが、この〈現われ〉とは、世界の現われ以外の何ものでもない。

だが、〈いのちの言葉〉はまったく異なる。〈いのちの言葉〉は、自己啓示という形において、自分自身を語る。しかも、すでに見たように、その多様な様態のひとつひとつを通じて。苦痛は苦痛を語り、苦悶は苦悶を語る。〈いのちの言葉〉は自分自身を語るのであって、それ以外のものについて、世界について、語ることはまったくない。そもそも、〈いのちの言葉〉が語るのは世界においてではない。だから、〈いのちの言葉〉を世界の中で聞くことは不可能である。〈いのちの言葉〉は聞えない。〈いのちの言葉〉を、世界の物音、世界の中で鳴り響く音を聞くような仕方で聞いた者は誰ひとりとしていない。自分の耳で、聴覚を通じて、〈いのちの言葉〉を聞いた者はひとりもいない。そもそも、自分の苦しみや喜びを、聴覚を通じて聞き取った者がかつていただろうか。自分のいのちであれ、他者のいのちであれ、神のいのちであれ、いのちというものに、感覚を通して到達することはけっしてできない。神の言葉をよく聞き取ろうとして修道院に入る人々は、回廊の中央にある泉の音を聞いたり、泉が沈黙しているときには回廊の沈黙を聞いたりするような具合に、神の言葉が聞こえるだろうと思っているわけではない。回廊の沈黙が提供してくれるのは、世界の騒音を黙らせることによって、別の沈黙を、デシベルの数値が減少したり、ゼロになったりすることとはまったく違う沈黙を、聞き取るための機会にほかならない。この沈黙とは、物音がしないという意味での沈黙ではなく、騒音を寄せつけない沈黙なのである。この沈黙が領するところでは、いかなる感覚も、いかなる耳も、まったく働かないのであって、それゆえに、どんな音であれ、鳴り響くことはない。けれども、この沈黙は無言ということではない。それどころか、この沈黙のうちでは、欠けるところなく満ち溢れたいのちが語り続けている。

いのちはどこで語るのか。心において。どのようにして語るのか。情念的かつ直接的な自己啓示を通じて。人間的現実そのものをなすこの自己啓示の構造にしたがい、即自的に形成されるあらゆるもの——印象、欲望、情念、意志、感情、行為、思考——は、心にとどまり続ける。「心」とは、人間という存在の唯一妥当な定義なのである。こうした自己啓示の現象的構造とは無関係ないかなるものも——つまり、いかにさまざまな形態をとり、どれほど多様に構築されようとも、物質なるものはすべて——人間的領域には属さない。

とはいえ、人間の心の中にひしめいているこうしたあらゆるもの——情念、欲望、行為——がひとつの自立的総体をなしているわけではない。このことは、キリストの教えの中でも繰り返し強調されている。われわれのいのち、またわれわれのいのちが変容してゆくさまざまな様態、それらは自分自身にいのちを与えることができないだけでなく、それらの内部に住む自己もまた、自分自身を今自分がそうであるところの〈私〉たらしめる力を根本的に欠いている。この生来の無力さは、この自己の能力のひとつひとつに認められる。じっさい、それらの能力は自分を発揮する力をみずから自分に与えたわけではないのである。「神から与えられていなければ、〔あなたには〕わたしに対して何の権限もないはずだ……」(『ヨハネ』一九・一一)。われわれのいのち、われわれの自己、その多様な能力、それらはみな有限である。われわれはそのことを知っているだけでなく、じっさいに経験している。それらは、絶対の〈いのち〉の自己贈与——それこそ〈いのちの言葉〉にほかならない——によって、われわれに与えられているにすぎないのである。

われわれのいのちをわれわれのいのちそれ自体に与える、またわれわれの自己をわれわれの自己自身に与える、ということは、〈絶対のいのち〉からすれば、それらを生み出すということである。神のいのちは、〈最初の自己〉を生み出すことで、自分自身を感受し、この自己啓示によって、つまりはその〈言葉〉によって、みずからをみずからに明かしたのだが、それと同じことを、生ける者ひとりひとりに対して、繰り返している。かくして、この〈言葉〉の新たな性格がわれわれに明らかになる。つまり、この〈言葉〉は全能であるということ。神の〈言〉であるこの〈言葉〉のこうした決定的性格が、キリストの全生涯を照らしており、しかも〈言葉〉のこうした性格だけが、キリストの言葉と彼の業との間にはいかなる違いもないという事実を説明してくれる。この全能性ゆえに、キリストの言葉のひとつひとつがそのまま業なのであり、そして彼の業のひとつひとつが、言葉をまったく伴っていない場合であっても、ひとつの啓示として行われる。

たとえば、イエスの前にひれ伏した重い皮膚病患者のエピソードでも、言葉と業は完全なる一体をなしている。「イエスが手を差し伸べてその人に触れ、『よろしい。清くなれ』と言われると、たちまち重い皮膚病は去った」（『ルカ』五・一三、『マルコ』一・四一、四二、『マタイ』八・二〜五）。言葉だけで癒すエピソードもある。キリストに王の役人が、カファルナウムまで下って、死にかかっている息子を癒してくれるようにと頼んだ。イエスは彼につぎのように答える――「『帰りなさい。あなたの息子は生きる。』その人は、イエスの言われた言葉を信じて帰って行った」（『ヨハネ』四・四六〜五三、強調は筆者）。百人隊長の部下を癒す話では、言葉そのものの力がもっとはっきり示されている――「わたしはあなたを自分の屋根の下にお迎えできるような者ではありません。ですから〔…〕ひと言おっしゃって下さい」（『ルカ』七・六、七、『マタイ』八・八、強調は筆者）。別のエピソード、たとえば「カナの婚礼」のそれでは、言葉の役割は手短な実用的指図にとどまる――「水がめに水をいっぱい入れなさい。〔…〕それをくんで宴会の世話役のところへ持って行きなさい」（『ヨハネ』二・一〜八）。しかしときには、たとえば「弟子の足を洗う」エピソードのように、極度に切りつめられた業がそれだけで完結しているようにも思われるが、その場合でも、その業には預言的かつ神秘的な言葉が付け加えられており、しかもその締めくくりとして、〈言葉〉は、突如、自分みずからに言及し、それを語っているキリスト自身の全能性をほのめかす――「事の起こる前に、今、言っておく。事が起こったとき、『わたしはある』ということを、あなたがたが信じるようになるためである」（『ヨハネ』一三・一九）。

キリストの言葉が世界の言葉と根本的に対立するのは、それが〈言〉であるがゆえに全能だという点である。すでに見たように、世界の言葉の特性とは、それが指示する外的内容を現実に存在せしめる力がないということである。世界に開かれているこの言葉は、世界の事物について語りながらも、それらを創り出すことができない。しかし、〈言〉としてのキリストの言葉が対立するのは、単に世界の言葉に対してだけではない。すでに見たように、人間の言葉は、世界の言葉にすべて還元されてしまうどころか、何よりもまず、いのちの言葉なのである。われわれの言語は、たとえば、「お腹が空いた」、「退屈している」、「怖い」などといったもっとも単純な言い回しにおいても、いのちに由来する多様な意味作用を操っている。ただし、われわれのいのちは有限であって、自分自身にいのちを与える力を持たない。まさにこの理由から、人間の言葉もまた有限であり、自分が語るものに現実性を与えることはできない。人間は言う――「私はここにいる、私は存在する、私は生きている」。しかし、生ける者であるという驚異的な条件のもとに、自分を自分にもたらしたのは人間自身ではない。それどころか、「私はここにいる、私は存在する、私は生きている」などと言うことができるようになるためにも、人間はすでにいのちに中にいなければならない。このように、いのちの言葉もまた、それがわれわれのそれのような有限のいのちに関するかぎり、ちょうど世界の言葉が事物に対して無力であるのと同じように、自分に対して無力なのである。

これに対して、キリストの言葉には無限の力が宿っており、彼が口を開くたびに、いたるところで驚異と畏怖の念を引き起こす。この力は、たとえばキリストが嵐に静まれと命ずるような場合、宇宙的な性格を帯びる。「山上の説教」を聞いた人々が、その驚くべき内容ゆえに、人間の知恵をはるかに超えた全知を備える〈この方〉はいったい誰なのかと問うたように、キリストの言葉に備わる驚異的な力もまた、人々の間に、そうした力を持つ方とは誰なのかという問いを引き起こす――「弟子たちは非常に恐れて、『いったい、この方はどなたなのだろう。風や湖さえも従うではないか』と互いに言った」（『マルコ』四・四一、『マタイ』八・二七）。同じような神秘的な力が事物の隠れた本質に及ぼされる場合もある。たとえば、キリストにならって湖の上を歩き、沈みそうになったペトロが、主に助けを求めるエピソード（『マタイ』一四・二五～三三）、あるいは、「カナの婚礼」の場合のように水をぶどう酒に変えたり、さらにはパンを千倍にも増やしたりといった、大いなる〈しるし〉。

とはいえ、たいていの場合、キリストの力は人間の心に向けられ、心の根底的な変容、「純化」を引き起こす。具体的には、悪を取り除くことによって、生ける者と神との原初の関係を、まさに悪が取り除かれたその場において、復活させるということである。したがって、事物の秩序に加えられる変容――病気や身体障害を一瞬にして治す、死者を蘇らせる、といったこと――も、じっさいには、キリストの全能性を示す〈しるし〉以上のものではない。そしてキリストの全能性とは、結局のところ、〈言〉を介さずには、いかなる生ける者もいのちのうちに生まれることはありえないという事実に基づいている。いのちは、みずからのうちに自分の〈言〉として生み出す〈最初の生ける者〉の〈自己〉を通して、はじめてみずからに到来するのであり、それゆえにまた、ひとりひとりの生ける者も、この〈言〉の〈自己〉を通して、はじめて自分自身を感じとるのだ。『ヨハネによる福音書』のプロローグで言われているように、「万物は言によって成った。成ったもので、言によらずに成ったものは何一つなかった」（一・三）。

このように、事物の変容は人々の心の純化のために行なわれ、そして心の純化は、あらゆる生ける者は〈神の言葉〉の全能性のうちに生まれるという事実を人々に覚らせることを目的としている。こうした目的の序列化ということが、福音書の中できわめて重要なエピソードのひとつの中心テーマとなっている。キリストが中風の人に「あなたの罪は赦された」と言ったところ、ファリサイ派の人々は、その言葉は神への冒瀆だと叫んだ――「ただ神のほかに、いったいだれが、罪を赦すことができるだろうか」。それに対するキリストの答えは、時代を超えて、今も人々の耳に鳴り響いている――『あなたの罪は赦された』と言うのと、『起きて歩け』と言うのと、どちらが易しいか」。このように、中風の人を癒すことは、さらに根本的な業、すなわち赦しの業のしるしにほかならない――「人の子が地上で罪を赦す権威を持っていることを知らせよう……」。こう語ってから、キリストは中風の人に向かって言う――「わたしはあなたに言う。起き上がり、床を担いで家に帰りなさい」（『ルカ』五・二〇～二四、『マルコ』二・五～一一、『マタイ』九・三～六）。罪を赦すとは、かつてそうであったことをそうでなくすること、また、かつてそうでなかったこと、もはやそうでなくなったことを、それに原初の輝きを取り戻させることによって、そうであるようにすることである。かくして、罪を赦す力とは、ファリサイ派の人々がキリストに難癖をつけたように、まさに神だけが持つ権限であることが明らかになる。キリストは、このエピソードにおいて、自分がそのような力を持っていることを示したのである。いのちを与える力、そしていのちが変質し、失われたその場において、真のいのちを回復させる力。

もはや反論の余地はない。自分自身が神の全能の〈言葉〉そのものであるがゆえに、キリストは神の全能性を分かち持っていると言う。キリストの〈言葉〉には、どんな人間もかつて持ったことのない測り知れない力、いのちを与えるという力が宿っているのだ。彼の宣言は確信に満ちている。「わたしの言葉を聞く者は〔…〕永遠の命を得る……」（『ヨハネ』五・二四）。「死んだ者が神の子の声を聞く時が来る。今やその時である。その声を聞いた者は生きる」（同五・二五）。「わたしの言葉を守るなら、その人はけっして死ぬことはない」（同八・五一）。「良い羊飼い」のたとえでは、羊たちについて、つぎのように言う——「わたしは彼らに永遠の命を与える」（同一〇・二八）。〈いのちの言葉〉にはいのちを与えるという測り知れない力が宿っているとするなら、この言葉はひとつの行為、いのちを与えるという行為そのものである。この言葉は、あらゆる生ける者の時空を超えた誕生において、いのちを生み出すのであり、またいのちが失われているときには、そのいのちを蘇らせることができる。かくしてキリストは、ナインのやもめの息子を、ついで会堂長ヤイロの娘を、それぞれ蘇らせて、人々を大いに畏れさせる。そして最後にラザロの復活。そのときにマルタに言った言葉は、永遠に鳴り響いている。「わたしは復活であり、命である。わたしを信じる者は、死んでも生きる。生きていてわたしを信じる者はだれも、決して死ぬことはない」（『ヨハネ』一一・二五）。このように、キリストの歴史的生涯を通じて、かつてサマリアの女に与えた約束が何度も繰り返されるが、この約束とは、いのちの言葉が世の始まりからずっと果たし続けてきた約束、つまりは、あらゆる有限性を免れたいのち、永遠のいのちを与えるという約束である。「わたしが与える水を飲む者は決して渇かない。わたしが与える水はその人の内で泉となり、永遠の命に至る水がわき出る」（『ヨハネ』四・一四）。

〈言〉とは、〈いのちの言葉〉そのものであって、けっして〈いのち〉から離れることはない。〈言〉と神とは一身一体である——それこそキリストが自分自身について語る言葉の本質的テーマのひとつであり、しかもこのことは、いのちを与えるという驚くべき力をキリストが発揮するごとに、まさに真実として再確認される。この力とは、いのちの中に到来し、〈子〉を生み出すことによってみずからを生み出す、絶対の〈いのち〉の力にほかならない。同じように、〈子〉が発揮する力もまた、〈父〉が〈子〉において発揮する力そのものであって、両者はいのちを生み出すという永遠の業をともに行なう。キリストが安息日に体の麻痺した人を癒したことを非難するファリサイ派の人々の瑣末な律法主義——しかも彼らは、キリストを非難する前に、キリストに癒された男が床を担いだことすら律法違反だと非難している——に対して厳しい反駁を加えた際に、彼が言わんとしたのは、まさにこのことである。「イエスはお答えになった。『わたしの父は今も働いておられる。だから、わたしも働くのだ。』」（『ヨハネ』五・一七）。やはりこのときに言われたキリストの言葉がヨハネによって今日に伝えられているが、それはキリストの行なったもっとも重要な啓示のひとつと言ってよい。すなわち、〈父〉への完全なる服従によって、このうえないへりくだりにおいて、〈父〉との完全なる一致が、つまりは彼自身の神化が、なしとげられるということ。「はっきり言っておく。子は、父のなさることを見なければ、自分からは何事もできない。父がなさることはなんでも、子もそのとおりにする。〔…〕父が死者を復活させて命をお与えになるように、子も、与えたいと思う者に命を与える」（『ヨハネ』五・一九〜二一）。これに、第二四節——「わたしの言葉を聞いて、わたしをお遣わしになった方を信じる者は、永遠の命を得る」、そして二五節——「死んだ者が神の子の声を聞く時が来る。〔…〕その声を聞いた者は生きる」、さらには二六節——「父は、御自身の内に命を持っておられるように、子にも自分の内に命を持つようにしてくださった」——を加えるべきだろう。このように、自分が〈父〉の全能なるいのちのうちにいることを——「わたしは自分では何もできない」（同五・三〇）——繰り返し語ることによって、キリストの言葉は〈言〉そのものとしての性格をいよいよ露わにしてくるが、ついには〈父〉の全能のいのちがそっくり自分のものだと宣言する——「わたしのものはすべてあなたのもの、あなたのものはわたしのものです」（同一七・一〇）。これに引き続いて、すでに引用した格調高い叙情的な言葉が語られるが、[5] それらの言葉は、全能なる〈いのち〉が〈言〉に内在していることとを高らかに謳《うた》っている。そして、全能なる〈いのち〉が、〈言〉のうちでみずからを味わい、みずからを永遠に愛し続けるように、〈言〉であるキリストもまた、〈父〉のうちで自分を味わい、自分自身を永遠に愛し続ける。両者が互いに相手のうちにあってみずからを愛し続ける、この〈愛〉の相互内在こそ、あらゆるいのちの起源にして原理なのである。

とはいえ福音書は、神のいのちの内的ダイナミズムについての形而上学的概説などではなく、あくまで人間に向けられたメッセージである。〈言〉が受肉したのは人間のためであり、神の言葉は人間に向けて語られている。人間に語りかけられた言葉の中には、じっさいに肉声で語られ、しかも彼らについてではなく、キリスト自身について語っているものもあるが、それというのも、自分が人間に語ったことをみずから正当化することを余儀なくされたからである。じっさい、彼が語ったことは、人間にとってとてつもなく信じがたいことだった。だが、キリストが自分のことを語る本質的理由は、人間の救いにかかわっている。そもそも、キリスト自身が救いなのだ。そしてその救いとは、〈いのち〉と〈最初の生ける者〉との相互内在から生まれる限りない喜びを、あらゆる生ける者たちに分かち与えるということにある。

キリストが最後の祈りで神に求めているのも、〈父〉と〈子〉の愛の内的関係をあらゆる生ける者たちに分かち与えることであった。〈父〉と〈子〉の愛の共同性のうちに、〈いのち〉から生まれたあらゆる存在を、〈いのち〉の中で〈生ける者〉が誕生する永遠のプロセスをふたたび生きるよう招かれているあらゆる人々を、等しく抱きとりたいという願い。それによってはじめて、〈神の子〉としての人間の条件が成就する。〈神の子〉であるとはいかなることか。そのありさまは、それから十三世紀後、マイスター・エックハルトの壮麗なヴィジョンの中に、鮮やかに浮かび上がるだろう――「神は御自身を私として生み、私を御自身として生む」(『説教六』)。

この最後の祈りの中の言葉をいくつか思い出してみよう――「聖なる父よ、わたしに与えてくださった御名によって彼らを守ってください。わたしたちのように、彼らも一つとなるためです……」、「また、彼らのためだけでなく、彼らの言葉によってわたしを信じる人々のためにも、お願いします。父よ、あなたがわたしの内におられ、わたしがあなたの内にいるように、すべての人を一つにしてください。彼らもわたしたちの内にいるようにしてください。〔…〕あなたがくださった栄光を、わたしは彼らに与えました。わたしたちが一つであるように、彼らも一つになるためです。わたしが彼らの内におり、あなたがわたしの内におられるのは、彼らが完全に一つになるためです」(『ヨハネ』一七・一一、二〇～二三)。

死を間近にして、キリストの言葉は、悲愴なトーンを帯びつつ、祈りに変わってゆく。キリストの全能性という虚構が、ここにいたって、にわかに露見してしまったということなのだろうか。しかし、あらゆる言葉――たとえそれが神の言葉であろうと――が必要としているのは、それを聞き取る者がいるということではなかろうか。ところで、人間が神の言葉を聞き取ることができるのは、人間が〈神の子〉だからである。つまり人間とは、その時空を超えた誕生において、もともと神の言葉に開かれている存在なのだ。人間の内部で神の言葉を聞き取ることを妨げているのは、ひとつには悪であるが、いのちを与えられると同時に与えられた自由でもある。キリストの言葉を聞き取る人間はきわめて少ない。このことについて、キリスト自身、何の幻想も抱いていない――「招かれる人は多いが、選ばれる人は少ない」(『マタイ』二二・一四)。本書を閉じる前に、人間が神の言葉を聞き取る可能性について、さらに詳しく問うてみたい。

結論

神の言葉を聞き取ること
カファルナウムの会堂でキリストが語ったこと

キリストは、自分自身について語った驚くべき言葉を正当化したが、それは自分が神であることを認めることであった。キリストの神性はいろいろな形で現われるが、とりわけ、彼の語る言葉の本性のうちに現われる。彼の語る言葉は神の言葉にほかならない。ヨハネの言い方にしたがえば、キリストは〈言〉である。このようにして、キリストが神と一体であることが明確に示される。人間として語らず、みずからの栄光は求めず、神の〈言〉として、ひたすら神の言葉を語りながら、キリストは、絶対の〈いのち〉がその〈言葉〉のうちにみずからを啓示することにおいてみずからに到来するという永遠のプロセスの共働者となる。キリストが自分自身について語る言葉を通じて、〈神の言葉〉が語り出すのだが、その言葉が語るのは、要するに、自分自身について、つまりは〈神の言葉〉とはいかなるものかということである。

このように、自分が神であることを語った言葉をキリストがみずから正当化するといっても、その正当化は、いかなる意味であれ、人間の言葉に基づいているわけではない。すでに述べたように、人間の言葉はいつも不確かで疑わしい。キリストは「わたしは父の内におり、父はわたしの内におられる」と言う。しかし、この言葉が真実であり、絶対的現実の領域、神の現実の領域に属するとしても、それは、キリストがこの言葉を、われわれの言語で、われわれが日常使っている語を用いて、語っているからではない。まったく逆である。神的本質からなる絶対的現実において、しかも永遠に、キリストが神のうちにあり、神がキリストのうちにあるからこそ、この言葉は真実なのである。〈いのち〉は、〈最初の生ける者〉をみずからのうちに生み出し、彼を通じてみずからを感じとり、みずからをみずからに啓示する。その自己啓示こそ、〈言〉であり、〈神の言葉〉にほかならない。まさにそれゆえにこそ、この〈言葉〉、すなわち神である〈いのち〉の〈原啓示〉は、それ自体として、真実なのである。それは原初的かつ絶対的な〈真理〉であり、他のあらゆる真理はこの〈真理〉に依拠している。

キリストの言葉はいのちの言葉である。いのちの言葉は、いかなる世界の言葉とも構造的に対立している。いのちの言葉は世界とは無縁であり、外部に指示対象を持たず、いのち自身を語り、語るものを自分のうちに保ち続ける。要するにこの言葉は、苦しみが苦しみを語り、喜びが喜びを語るように、いのちを語る。しかし、キリストの言葉は単にいのちの言葉のひとつなのではない。キリストの言葉は、何よりもまず〈言〉であって、それゆえに〈いのちの言葉〉そのものなのである。〈いのち〉は、みずからを抱きしめ、みずからを生み出して、〈いのち〉になるが、この〈原啓示〉が行われるのは、まさに〈言〉としてのキリストの言葉において、なのである。「いのちの言葉」、「いのちの自己啓示」、「いのちの言」、「いのちのロゴス」——『ヨハネ』のプロローグのあとに記録されているキリストの言葉、みずからを神であると断言しているさまざまな言葉を、ヨハネにならって、そのように要約することができよう。

われわれの最後の問いに答えるべき時が来たようだ。キリストが自分自身について語っている言葉はいのちについての言葉ではない（もしそうであるなら、それが語っていることについて、さらに別の証拠を示さなければならない）。キリスト自身である〈言〉を通じて、みずからを啓示し、語るのが〈いのち〉そのものであるとすれば、キリストの言葉は、絶対の〈いのち〉の〈言葉〉ないしは〈啓示〉として、みずからを証す絶対的真理である。だがそうであるとしても、神の言葉にほかならないこのキリストの言葉は、われわれ人間にとって、いったい何を意味するのか。われわれ人間とこの言葉との関係とは、いかなるものなのか。この言葉はどこで語っているのか。どのように語っているのか。どうすればこの言葉を聞き取り、理解することができるのか。これまでわれわれが考察してきたキリストの言葉はすべて、文書の形で、つまりは一連の文として、今日まで伝えられてきているのではないか。そもそも、キリスト自身がそれらの言葉を聴衆に直接語りかけたときでさえ（むろん、彼らの多くは、そうした特権に恵まれたことすら知らないままであったが）、やはり人間的言語（アラム語であれ、ヘブライ語であれ）の形で言われたのではなかったか。このように考えてくると、あらゆる疑いがまたもや頭をもたげてくる。聖書の言語もまた、人間的言語であるかぎりにおいて、自分ではそれを存在せしめることのできない外部の指示対象に依拠しているのではなかろうか。そして、そのような言語においては、日常経験に照らして真実だと思われる言葉だけが、われわれを納得させてくれるのではあるまいか。だとすれば、キリストがつぎのような驚くべき言葉を発したとき、ユダヤ人たちがキリストのことを悪霊に取り憑かれていると思い込んだのも、至極当然ではなかったろうか――「はっきり言っておく。わたしの言葉を守るなら、その人は決して死ぬことがない」。さらには、法外にも自分を人間的条件から引き離し、自分は歴史以前から在る時間を超えた存在だとキリストがみずから宣言したときに――「アブラハムが生まれる前から、『わたしはある。』」（『ヨハネ』八・五一、五二および八・五八）――、律法を守ることに熱心なユダヤ人たちが、彼を殺そうとして石を取り上げたのも、無理からぬことではなかったろうか。

「真理に属する人は皆、わたしの声を聞く」（『ヨハネ』一八・三七、強調は筆者）。祭司長たちの告訴が妥当であるかどうかを探ろうと、「お前はユダヤ人の王なのか」と尋ねたピラトに対して、キリストは、この問いの意味をまったく別の次元に置き換え、自分の王国とはいかなるものかを説明する。彼の王国とは、〈真理〉を証すこと、〈神の言葉〉の支配を受け入れること、そのこと自体にある。まさにこの状況において、人間がキリストの言葉を、つまりは神自身の言葉を、聞き取り、理解することを可能にする条件が、意外な形で示されている。その条件とは、人間が〈真理〉に属することと、人間が聞き取るべき〈言葉〉の本性（すなわちキリストの声）とが、正確に合致している、ということである。だが、両者が合致することが決定的に重要であることを理解するためにも、われわれはキリストの言葉そのものを注意深く聞き取らねばならないだろう。じっさい、これまでの考察を通じても、キリストが人間とは何かを人々に語った教えと、みずからの神性を徐々に人々に明かしていった教えとが、究極的にはひとつに重なることを、われわれは認めざるをえなかったのではなかろうか。それにしても、「真理に属すること」が、いったいどうして、キリストの言葉を聞き取って理解することを、またその言葉を、神の〈言〉として、つまりは神自身として、受け入れることを、可能にするのだろうか。

人間が真理に属するとは、人間は〈いのち〉から生まれた、ということにほかならない。むろん、ここで言う〈いのち〉とは、ほんとうに存在する唯一の〈いのち〉、みずからを生み出すことができる全能の〈いのち〉のことである。人間とは、あらゆる生ける者にいのちを恵むことのできる唯一の〈いのち〉から生まれた〈子〉なのである――「あなたがたにはただひとりの父しかいない」。いのちとは自己啓示にほかならず、それゆえに、いのちは〈真理〉そのもの、原初的かつ絶対的な〈真理〉

なのであって、この真理にくらべれば、他のあらゆる真理は二義的でしかない。人間は、〈真理〉であるこの〈いのち〉の〈子〉であるからこそ、〈真理〉に属する。

しかし、人間が属する〈真理〉とは、つまりキリスト教でいう真理とは、現代人お気に入りの無名かつ非人格的な〈理性〉でもなければ、その中で事物が目に見えてくる世界の空虚な外部性でもない。この真理は〈いのちの真理〉にほかならない。〈いのちの真理〉とは、〈いのち〉が、たえず自分のうちに満ちあふれながら、〈原初の自己〉のうちでみずからを抱きしめつつ、自分の内部を突き進む、その衝動なのだ。じっさい、〈いのち〉と〈原初の自己〉は、互いに相手のうちにおいてみずからを愛するのであり、かくして〈いのち〉は、パルーシアのほとばしり出る閃光の中で、みずからに啓示する。

しかもこの運動は、ひとりひとりの生ける者が、時空を超えた誕生において、いのちに到来する度ごとに、繰り返される。それぞれの〈自己〉が生み出されるのは、あくまで絶対の〈いのち〉の〈自己〉において、その〈言〉において、なのである。「万物は言によって成った……」。かくして人間は、〈言〉において生み出された存在として、〈いのちの真理〉に属する。〈言〉において生み出され、その〈真理〉に属する者は誰でも、神の言葉を聞き取って、理解することができる。

神から生まれた者が神の言葉を聞き取る場とは、心にほかならない。心という場において、神の言葉を聞き取ることと人間が生み出されることは同じひとつのことなのである。心において行われる〈言〉による〈いのち〉の自己啓示の中で、人間をまさに人間として在らしめる自己啓示も行われるのだ。このように、神の言葉を聞き取ることは、もともと人間に備わる本性なのである。人間が心においてみずからに明かされることと、神が〈言〉においてみずからを明かすこととは、同じひとつのことであって、だからこそ、神は人間の心の隠れたところを見抜くことができる。神が人間の心の隠れたところを見抜くというのは、キリストが人々に語った教えの主要テーマのひとつであるが、すでに見たように、この教えは決定的な意味を持つ。この教えは、真の人間、人間の真の本性というものが、われわれがふつう考えているのとはまったく別の場所に潜んでいることを明かす。われわれの素朴な観念では、人間は世界の中に存在し、世界の法則に従属する経験的個人に過ぎず、自分自身の本質をなすはずの情念的内面性をことごとく奪われ、今日われわれが目の当たりにしているように、あらゆる学問的還元――心理学、社会学、政治学、生物学、物理学、等々――を従順に受け入れる単なる物体になり果てているが、キリストの教えは、まさしくこうした素朴な観念から人間を解放するのだ。

ところで、人間が心においてみずからに明かされることと、神が〈言〉においてみずからを明かすこととが、同じひとつのことであるという考えは、人間の本性を照らし出す福音書の大いなる光の源であるとともに、われわれの最後の問いに対する答えともなっている。つまり、人間が心においてキリストの言葉を聞き取ることができるか否かは、聖書を理解することができるか否かに重なるということ。先に見たように、聖書を読んで理解するには、大きな障害が待ち構えている。キリストの言葉もまた、文書という媒体を通じてわれわれに伝えられている以上、書かれたものであれ、話されたものであれ、あらゆる人間的言語にまつわりつく疑いにさらされているのではなかろうか。その疑いの根は、どんな人間的言語も、自分ではそれを存在せしめることができない外部の指示対象に関わっているということにある。

聖書の場合、こうした困難はさらに増大する。そこでは、信憑性の度合いはともあれ、人間的言語が依拠せざるを得ない外部の指示対象すら、もはや存在しないのである。福音書に伝えられているさまざまな言葉がじっさいに語られたものだとしても、それらの言葉を語った人々はすでになく、彼らの面影も歴史の深い霧の中にまぎれてしまっている。かつてユダヤやガリラヤの空の下に響き渡り、聴衆の賛嘆や怒りを巻き起こしたキリスト自身の言葉でさえ、われわれからはるかに遠く、すでに失われた世界に属しているのではなかろうか。またこれらの言葉が、じっさいにキリストが語った通りに今日まで伝えられているとしても、これらの言葉が属している古代の文明とわれわれがその中で生きている現代文明との間に、いったいどんな関係があるというのだろうか。古代から伝えられてきたこのような言葉は、現代を生きるわれわれにとってどんな意味を持つだろうか。

だが、ユダヤの国の町や村で——ナザレやカファルナウムの会堂の中で、サマリアの路上で、さらにはエルサレムの神殿の穹窿の下で——高らかに響いたキリストの言葉とは、〈言〉そのものであるがゆえにいのちに到来すると同時に、われわれひとりひとりが自分みずからに啓示されることによって、他の何ものにも還元されえない〈自己〉となり、永遠にこの〈自己〉として生きることになったのである。この言葉はわれわれの内部でつねに語り続けている。この言葉は、われわれひとりひとりにその当人のいのちを語っているのであり、したがってまた、自分自身のいのちを語ってくれるこの言葉を、誰もが等しく聞き取っている。われわれはこの言葉を聞くが、しかし世界の物音を聞くような具合に聞くのではない。われわれはこの言葉を、どんな物音も響かず、誰も見ることのできない沈黙の中で、つまりは神が見、その〈言葉〉が語っている心の隠れたところで、聞き取るのだ。われわれはこの言葉を、われわれ自身の苦しみや喜びや退屈の中で、さらにはこの世の何ものも満たすことができない大いなる〈渇望〉の中で、聞き取る。しかし、われわれの苦しみや喜びそのものがこの言葉なのではない。この〈言葉〉とは、われわれをつねに抱きしめている抱擁、その中でわれわれが苦しみや喜びを味わっている抱擁なのである。自分の苦しみや喜びの中に、われわれは思いもかけず自分を抱きしめているこの抱擁を感じる。この抱擁の力は無限であり、われわれの内部でたえずほとばしり出て、われわれにわれわれ自身を与えてくれる。この抱擁の力として聞えてくるのが〈神の言葉〉なのである。

この〈言葉〉がわれわれに語りかけてくるのは、まずわれわれの時空を超えた誕生においてである。そこにおいて、われわれは、神の〈最初の子〉の兄弟として、神の本質のイコンとして、〈言〉における〈いのち〉の自己啓示の中で、われわれ自身に与えられる。けれども、〈神の言葉〉は、人間の言葉を用いて語ることもあったのである。しかもそれは、歴史上、二度あった。最初は、何人かの預言者を通じて語り、その後、キリストの言葉として語られ、われわれの人間観や世界観を完全に転倒させることになる。

〈神の言葉〉が預言者たちの声を通して語られたということも、いまや容易に理解されるだろう。すでに見たように、人間の言葉は世界の物事だけを語っているわけではないし、そもそも、世界の物事それ自体、われわれのいのちにとってしか意味を持ちえないのである。人間の言葉が語るのは、何よりもまず、われわれのいのちについてである。苦しんでいる者は、音（音素）からなる人間の言語を用いて、いともたやすく「わたしは苦しい」と言うことができる。人間の言語を構成するこの音（音素）は意味作用の担い手となるが、意味作用そのものはすべてわれわれのいのちから汲み取られている。逆に言うなら、意味作用とはわれわれのいのちの多様な表象にほかならない。預言者たちもまた、たしかにいのちについて語っているが、素朴実在論に立って、経験的かつ偶然的な「心的事実」として、それを語っているわけではない。世界の偶像崇拝を嘆く彼らの心の奥底で、世界を裁く真理の〈言葉〉が轟いているからこそ、その怒りに刺し貫かれた彼らは、人間の腐敗堕落を糾弾するのだ。

キリストの言葉もまた、人間の言葉を通じて、人々に語りかけられる。キリスト自身について語ることもあれば、人間たちについて語ることもあるが、いずれの場合でも、常識ではまったく考えられないようなことを語っている。まさにその異常さゆえに、彼の言葉を信じることはけっして容易ではない。この言葉が人々に語っていることはほんとうに真実なのか、「悪霊に取り憑かれた男」の世迷言ではないのか、いったいどうして知ることができようか。ここでふたたび、通常の言語が逢着《ほうちゃく》する障害のことを思い出してみよう。通常の言語で語られる文がもっともらしく、経験に合致しているかぎりにおいて、その文は一応信用される（だからといって、その文がほんとうに真実を語っているとはかぎらないのだが）。反対に、キリストが人間について、あるいは自分自身について語った言葉のように、その内容が通常の経験や常識をはるかに超えている文の場合、疑いや不信感をもって迎えられる。なぜそうなるのかといえば、人間の言葉は、自分ではその現実性を担いえない外部の内容に対応しているからである。だとするなら、この言葉の語っている現実がもっともらしく思われず、しかも目に見えないものである場合、どうしてそのような現実を信じることができるだろうか。

キリストは、「あなたがたは神の子である」と人々に言う――「あなたがたにはただひとりの父しかいない」。では、この断言の指示対象はどこにあるのか。われわれのうちに、である。われわれはまさしく〈神の子〉なのだ。神は〈いのち〉であり、われわれは生ける者である。自分自身のうちにいのちを宿していない生ける者、いのちによって担われていない生ける者などというものが、いったいどこに存在するだろうか。だがこれは、哲学的・思弁的命題などではけっしてない。われわれは、自分にいのちを与えたのはわれわれ自身ではないことを感じているし、またそのことを身をもって知ってはいるが、それでもなお、われわれが自分のうちにおいていのちを感じとっており、われわれがいのちの中に生きていることを身をもって知っているという事実に変わりはない。われわれがそれによってわれわれ自身に啓示され、われわれがわれわれ自身に与えられる、この自己啓示こそ、〈いのちの言葉〉であり、〈言〉そのものなのである。かくして、われわれ自身が、この〈言葉〉がわれわれに語っていることの動かせぬ証拠である。この言葉は、まさにわれわれの内部において、われわれ自身のいのちをわれわれにたえず語っているのだ。この言葉がわれわれに語りかけているところで、それを正しく聞き取っている者は、自分自身のうちに、自分が生まれ出るそのさざめきを永遠に聞き続けている。まさにそのような者に向けて、神の言葉が語りかける――「あなたはわたしの子、今日、わたしはあなたを生んだ」[1](『ルカ』三・二二)。

　キリストが人間の言葉で人々に語りかけている言葉と、われわれひとりひとりの心において、われわれを生み出しつつ、われわれにわれわれ自身の誕生を語っている言葉との、この驚くべき一致は、それに気づいた人々に強い感動を引き起こす。キリストのふたりの弟子たちが、すべての希望を託していた主が十字架にかかって死んだのち、悲しみに沈みながら、エマオの村に向かって歩いているときに思いもかけず味わったのも、こうした感動である。すでに暗くなった街道でひとりの人が彼らに近づいてきたが、その人はエルサレムで起こった出来事を知らない様子だった。彼らは自分たちのとほうに暮れた思いをその人に打ち明けた。「そこで、イエスは言われた。『ああ、物分かりが悪く、心が鈍く、預言者たちの言ったことすべてを信じられない者たちよ、メシアはこういう苦しみを受けて、栄光に入るはずだったのではないか。』そして、モーセとすべての預言者から始めて、聖書全体にわたり、御自分について書かれていることを説明された」。宿屋で、彼らはようやくその人がキリストであることを認めたが、するとたちまちキリストは彼らから姿を消した。「二人は、『道で話しておられるとき、また聖書を説明してくださったとき、わたしたちの心は燃えていたのではないか』と語り合った」（『ルカ』二四・二五〜三二）。

　このように、われわれが聖書を理解することを可能にしてくれる原理と、キリストが自分について語る言葉を正当化する原理とは、まったく同じなのである。その原理とは、われわれのうちなる〈言〉、すなわち〈神の言葉〉である。預言者たちが当時の人々に訴えかけた言葉を彼らに吹き込んだのも、また福音書記者たちに彼らが伝え聞いたことを文書の形で書き取らせたのも、〈神の言葉〉にほかならない。〈神の言葉〉としてのキリストの言葉こそ、われわれを聖書理解に導いてくれる唯一の源泉なのである。キリストの言葉とは、聖書のテクストを生み出すと同時にそれらのテクストをわれわれに理解させてくれる〈霊〉だと言ってよい。われわれに〈霊〉を理解させてくれるのは〈霊〉だけである。

　ナザレの会堂で起こった驚くべき出来事でも、以上のような聖なるテクストと〈霊〉との関係が壮麗な輝きを発している。会堂に入り、預言者イザヤの巻物を渡されたキリストは、つぎの箇所を開いた――「主の霊がわたしの上におられる。貧しい人に福音を告げ知らせるために、主がわたしに油を注がれたからである。主がわたしを遣わされたのは、捕らわれている人に解放を、目の見えない人に視力の回復を告げるためである〔…〕」。「イエスは巻物を巻いた〔…〕。そこでイエスは、『この聖書の言葉は、今日、あなたがたが耳にしたとき、実現した』と話し始められた」（『ルカ』四・一八〜二一）。この言葉の指示対象は非現実的で疑わしい意味作用などに指定されているのではない。その指示対象はほかでもなく、みずからが主の霊であることをはっきり示したキリスト自身にある。ところが、まさにこの荘厳なる状況において――「会堂にいるすべての人の目がイエスに注がれていた」――キリストと「ユダヤ人たち」との間に最初の衝突が起きる。そしてこの衝突は、キリストが語ったつぎのような挑発的ともいえる言葉によって、さらに激しいものとなった──「エリアの時代に三年六か月の間、雨が降らず、その地方一帯に大飢饉が起こったとき、イスラエルには多くのやもめがいたが、エリアはその中のだれのもとにも遣わされないで、シドン地方のサレプタのやもめのもとにだけ遣わされた。また、預言者エリシャの時代に、イスラエルには重い皮膚病を患っている人が多くいたが、シリア人ナアマンのほかはだれも清くされなかった」(『ルカ』四・二五〜二七)。これらの言葉は、キリスト自身の運命を予告するとともに、キリスト教が異邦人の間に広がってゆくことを暗示しているが、それと同時に『ヨハネ』のプロローグのつぎの一節を思い起こさせる──「言は、自分の民のところへ来たが、民は受け入れなかった」(一・一一)。

ナザレの人々は、この地方一帯にイエスの名声が広がっていることを知っていながら、故郷に戻ってきた彼を、なぜキリスト(救い主)として認めなかったのだろうか。たしかに、彼らはイエスのことを子供の頃から知っていた──「預言者は、自分の故郷では歓迎されないものだ」(『ルカ』四・二四)。しかし、彼らがイエスのうちにキリストを認めることができなかった真の原因とは、この認知が心においてなされるという事実である。心が、この世とこの世の偶像から離れ、〈霊の言葉〉──ナザレの人々がキリストの声を通して聞いたのはまさに〈霊の言葉〉であった──に開かれている場合にのみ、この認知は可能となる。周知の通り、人間が神の言葉を聞き取ることができないその理由を、キリストはつぎのように説明している。「父から聞いて学んだ者は皆、わたしのもとに来る」。「神に属する者は神の言葉を聞く。あなたたちが聞かないのは神に属していないからである」(『ヨハネ』六・四五、八・四七)。この『ヨハネ』のテクストでは、すべての福音書に伝えられているキリストの答えがいっそう深められている。神の言葉を聞き取るべき場所において、つまりは心において、悪が頭をもたげ、心の実質そのものである関係性、神の言葉との関係性を乱し、さらには破壊する。かくして、悪は心を占拠し、人間は神から生まれたという出自の記憶すら心から消し去って、その代わりに別の父という新たな原理を打ち立てる——キリストが告発するのはまさにこのことである。「あなたたちは、悪魔である父から出た者であって、その父の欲望を満たしたいと思っている。悪魔は最初から人殺しであって、真理をよりどころとしていない。彼の内には真理がないからだ。悪魔が偽りを言うときは、その本性から言っている。自分が偽り者であり、その父だからである」(『ヨハネ』八・四四)。かくして、〈神の言葉〉による人間の原初の誕生はたちどころに無化され、神の「創造」の業はすっかり損なわれてしまう。

このように、人間の運命はひとえに〈神の言葉〉を聞き取ることができるか否かにかかっている。「だから、どう聞くべきかに注意しなさい」(『ルカ』八・一八)。じっさい、聞くことが〈神の言葉〉を聞くこととしてなされる場合、人間は神の賜物に忠実である。そもそも、人間は神の賜物であって、いのちの自己啓示を通じて、人間は自分みずからに与えられる。〈神の言葉〉を聞き取るとは、彼のうちでなされるいのちの働きに自分自身を委ね切ることを意味する。〈神の言葉〉を聞き取るとは、心のうちにすでに既得のものとしてあるこの賜物を、いわば活性化させることなのである。

それとは反対に、人間が自分自身をみずからの存在と行動の根拠とみなす場合、そしてその行動原理として、自分の快楽しか、つまりは自分自身しか、認めようとしない場合、この根源的エゴイズム(この世とこの世の物事への思い患いは、暗黙のうちに、このエゴイズムに結びついている)に引きずられて、人間の人間たる条件は完全に転倒する。人間は、自分のうちなるいのちの自己贈与、つねに自分の誕生に先立ってなされるこの賜物を、まったくなかったことにしてしまう。このように見てくれば、つぎのキリストの言葉の意味するところは明らかだろう。この言葉は、一見謎めいてはいるが、きわめて厳密な論理に基づいているのだ――「持っている人は更に与えられ、持っていない人は持っていると思うものまでも取り上げられる」(『ルカ』八・一八、『マルコ』四・二五および『マタイ』一三・一二参照のこと)。〈いのち〉という賜物を受け取ったことを忘れずに、自分のうちに〈言葉〉を保ち、それを聞き続ける者は、その実りを保ち続けるばかりか、自分の富をさらに増やし、もっと多くを与えられる。〈神の言葉〉そのものである啓示がなされるのも、こうした人間に対してである。共観福音書では、先の驚くべき言葉は「ともし火」のたとえ話で語られているが、その文脈に当てはめると、この言葉が意味するところはいっそうはっきりする――「また、イエスは言われた。『ともし火を持って来るのは、升の下や寝台の下に置くためだろうか。燭台の上に置くためではないか』」(『マルコ』四・二一)。そのあとに、つぎのような荘重な言葉が発せられるが、その言葉は『ロギア』にも収録されているし、外典福音書にもそれに近い言葉が見られる――「隠れているもので、あらわにならないものはなく、秘められたもので、人に知られず、公にならないものはない」(『ルカ』八・一七)。

秘められたものがいかにして公になるのか、要するに啓示はどのようになされるのか、それを再確認しておこう。そのような啓示がなされ、われわれの有限なるいのちに絶対の〈いのち〉が明かされるのは、ひとえに絶対の〈いのち〉自身の働きによるのであって、そのあらゆる性質を絶対の〈いのち〉から受けている。それゆえこの啓示を、何らかの対象物を認識する場合のように、あるいは世界の光のうちに何かが現われることのように、解釈するのは論外である。この啓示はいのちとして、いのちの中でなされる以上、この啓示の作用はいのちのあらゆる様態に及ぶし、とりわけわれわれの行動に大きな影響を与える。偽善者の仮面を引き剝がすキリストの教えは、まさにこのことを伝えているのではなかろうか。真に行動がなされるのは、目に見える世界においてではなく、神だけが見ている心の隠れたところにおいてである。「公になる」とは、神という目に見えない光からすれば、人々の心を照らすということにほかならない。キリスト教倫理の根本原理は、言うこと（通常言語の意味において）ではなく、なすことに置かれている。「わたしに向かって、『主よ、主よ』と言う者が皆、天の国に入るわけではない。わたしの天の父の御心を行う者だけが入るのである」（『マタイ』七・二一）。

同様にまた、心に語りかける〈言葉〉、心を生み出した〈いのちの言葉〉は、心を根底から造り変えることによって、人間を再生させ、〈神の子〉としての原初の栄光に浴させる力を持っているのではあるまいか。

いまや、自分が神であることを証すべく、キリストがみずから提示した証拠の問題に戻らねばならない。キリストが神であるとは、彼の〈言葉〉と〈神の言葉〉が同じひとつの言葉であること、言い換えるなら、キリスト自身が〈言〉であるということにほかならないが、ファリサイ派の人々や律法学者や祭司長たちとの絶えざる論争において、キリストが示したその証拠とはまったく意外なものであった。意外だというのも、自分がいかなる存在であるかを徐々に明らかにしてゆく過程でキリストが語ったすべての言葉の中で、唯一この場面だけ、キリストが彼自身について語った言葉の真理を自分のうちにおいて感じとり、味わい知ることが可能な存在としての人間に語りかけているのだ。じっさい、そのテクストは奇妙である。「もし誰かが神の御心を行おうとすれば、その人は、この教えについて、それが神から出たものか、わたしが勝手に話しているのか、分かるはずである」[2]（『ヨハネ』七・一七）。このきわめて重要な言葉において定義されているのは宗教的経験の現象にほかならないが、この現象は、それをじっさいに体験した人間にとっては、否定しがたい具体的現実である。しかもこの経験は、われわれが〈神の言葉〉を聞き、その言葉に完全にしたがって、神の御心を行なう度ごとに起こる。たとえば、あわれみの業をなすときには、自分を忘れ、あわれみの心の働きに自分を完全に明け渡し、自分自身がこのあわれみの心になり切ってしまう。こうして、自分の行為が神の御心そのものとなったとき、その行為をなす者は、自分の心があらゆる限界と人間的エゴイズムの重荷から開放されて無限に広がるのを感じるだろう。そのとき彼は、自分がその逆説的教えにしたがっている〈言葉〉が、人間からではなく、神から来ていることを確実に知っているのだ。彼はまた、キリストがつぎのように語った約束が真実であることを、自分のうちにたしかに感じ取ることができるだろう——「わたしの言葉にとどまるならば、あなたたちは本当にわたしの弟子である。あなたたちは真理を知り、真理はあなたたちを自由にする」(『ヨハネ』八・三一、三二)。

このように、宗教的経験、自由の驚くべき経験は、あくまで〈神の言葉〉を聞き取る者にしか与えられない。けれども、〈神の言葉〉を聞き取るためには、悪——さらに具体的に言えば、悪がすべてのものをその中に包み込んでしまうトラウマ〔精神的外傷〕と欺瞞——から解放された、純粋な心が必要なのではあるまいか。「あなたの中にある光が消えれば、その暗さはどれほどであろう」(『マタイ』六・二三、また『ルカ』一一・三五を参照のこと)。だとすれば、人間を解放する宗教的経験の可能性は、悪循環に陥ってしまうのではあるまいか。〈神の言葉〉を聞き取ることだけが人間を悪から解放してくれるのだが、その悪が〈神の言葉〉を聞き取ることを不可能にしている。

福音書にその言葉が伝えられている方は、こうしたことをすべて知っていた。人間を何としても罪の隷属から解放しようと願ったその方は、やむなく一種の強権発動に訴えるほかなかったのではあるまいか。自分の心のうちに〈いのち〉の原初の〈言葉〉を保ち持つ者だけが、その言葉を聞き取り、理解し、それに忠実に生きることによって救われるのだとすれば、結局のところ、この言葉自身が、われわれのもとにやってきて、自分自身をわれわれに与えるほかなかったのではなかろうか。キリストのうちに〈言〉が受肉したということは、われわれの肉に等しいひとつの肉に〈いのちの言葉〉が宿ったということである。つまり、〈神の言葉〉をわれわれがじっさいに受け取れるようにすべく、まずその条件として、キリストが彼自身の肉――それはまさしく〈言〉の肉である――をわれわれに与えねばならなかったのではなかろうか。キリストは、ひとつの肉として、自分をわれわれに与え、ちょうどキリストが父のうちにあり、父がキリストのうちにあるごとく、キリストがわれわれのうちにあり、われわれが彼のうちにあるようにと願いつつ、自分の肉をわれわれの肉に結びつけようとしたのではないか。

そんなふうに神の計画を忖度《そんたく》するのは、傲慢な業と言うべきではなかろうか。「だれが主の相談相手であっただろうか[3]」――パウロならそう言うだろう。しかし、以上のことは、キリスト自身がカファルナウムの会堂で行なった啓示なのである。「わたしは命のパンである。あなたたちの先祖は荒れ野でマンナを食べたが、死んでしまった。しかし、これは、天から降って来たパンであり、これを食べる者は死なない。わたしは、天から降って来た生きたパンである。このパンを食べるならば、その人は永遠に生きる。わたしが与えるパンとは、世を生かすためのわたしの肉のことである」(『ヨハネ』六・四八〜五一)。

ユダヤ人たちは仲間うちで議論し合った――「どうしてこの人は自分の肉を我々に食べさせることができるのか」。そこで、イエスは彼らに言った――「はっきり言っておく。人の子の肉を食べ、その血を飲まなければ、あなたたちの内に命はない。〔…〕わたしの肉を食べ、わたしの血を飲む者は、いつもわたしの内におり、わたしもまたいつもその人の内にいる。生きておられる父がわたしをお遣わしになり、またわたしが父によって生きるように、わたしを食べる者もわたしによって生きる」(『ヨハネ』六・五二〜五七)。

多くの弟子たちもつまずいたこれらの言葉は、教えの言葉ではなく、救いの言葉なのである。これらの言葉は、〈神の言葉〉を究極的に省察する機会をわれわれに与えてくれる。〈神の言葉〉は、まやかしとは言わないまでも、きわめて限られた力しか持たない人間たちの言葉とはまったく異なる。われわれの言葉は、われわれの行動以上に、有限性の刻印を受けている。暴君であれ、独裁者であれ、大統領であれ、「これより開会」と宣言すれば、声を荒げずとも誰もが恭しくしたがうような人間ですら、明日になれば、今日彼の前に額ずいている誰かによって追放されてしまうだろう。しかし、彼を追放した者もまた、いずれは同じ運命をたどることになる。

それに対して、〈神の言葉〉の全能性とは絶対の〈いのち〉のそれなのである。共観福音書は聖体の秘跡の起源となる話を伝えているが、そこでも、この力ははっきり示されている——「これはわたしの体である」。幾多の世紀を通じて絶えることなく続けられてきた記念の儀式において、奉献を聖別するのは、司祭によって繰り返されるこの至高の言葉である。

カファルナウムの会堂で語られた言葉では、救いの構造が明確かつ明白に示されている。〈神の言葉〉の全能性とは、絶対の〈いのち〉が〈言〉を通じてみずからをみずからに啓示しつつみずからに到来し続ける、その不滅不壊《ふえ》なる運動のことである。〈言〉はキリストのうちに受肉した。キリストの肉とひとつになることは、そのまま、〈言〉すなわち永遠の〈いのち〉とひとつになることである。「わたしの肉を食べ、わたしの血を飲む者は、永遠の命を得、わたしはその人を終わりの日に復活させる」(『ヨハネ』六・五四)。

訳注

序

（1）新共同訳「天地は滅びるが、わたしの言葉は滅びない」。

（2）『エティカ』第一部定理一七注釈。「これは、あたかも星座の犬と現実の吠える動物としての犬とが、名前において一致しているのと同じである」（工藤喜作・斉藤博訳）。

（3）『ロギア』すなわち「イエス語録」は、『マタイ』や『ルカ』の福音書の原資料のひとつとされるが、この書物自体が今日まで残っているわけではない。しかし、初期キリスト教時代にこの種の語録が流布していたことは確かであり、今日『ロギア』復元の試みがなされている。著者が言及しているのも、そうした試みのいずれかであろう。

（4）一九四五年に発見された「ナグ・ハマディ写本」に含まれていた。ただし、この写本が見つかったのは山岳地帯の麓であり、この写本をつめこんだ壺が地中に埋まっているのを農夫が見つけ、掘り出した。また、その写本に含まれていた『トマスによる福音書』は、ギリシア語原典ではなく、コプト語訳のもの。

（5）この言葉は福音書には見当たらず、旧約『エゼキエル書』一二・二や『エレミア書』五・二一に見られる。キリスト自身のこれに相当する言葉は「〔彼らは〕見てもみず、聞いても聞かず、理解できない」（『マタイ』一三・一三）だろう。

第一章

（1）『精神現象学』VI．精神　A．真の精神——共同体精神。「だから、責任を問われないのは、石がただそこにあるというような無為の場合に限られるので、子どもがそこにいることにすら責任がともなうのである」（長谷川宏訳）。

（2）新共同訳「あなたがたは、鳥よりも価値あるものではないか」。

（3）福音書には「栄光」という言葉はかなり見られるが、「この世の栄光」という言い方は見当たらない。しかし、著者が言わんとするところは明白である。

（4）「天と地、見えるもの、見えないもの、すべてのものの造り主」。
（5）メーヌ・ド・ビラン（一七六六～一八二四）、フランスの哲学者。
（6）『ローマの信徒への手紙』一。

第二章

（1）この言葉は福音書には見当たらない。これに相当するのは以下の部分だろう。「自分の命を救いたいと思う者は、それを失うが、わたしのために命を失う者は、それを保つ〔新共同訳：それを得る〕」（『マタイ』一六・二五）。
（2）新共同訳「悲しむ人々は幸いである」。
（3）カトリック典礼聖書では五・五。
（4）古代ギリシア・ローマ時代の長く緩やかな着物。
（5）新共同訳「上着を奪い取る者には、下着をも拒んではならない」。
（6）新共同訳「あなたにどんな恵みがあろうか」。
（7）新共同訳「何も当てにしないで貸しなさい」。
（8）「お返しに」、原文は en retour である。

第三章

（1）新共同訳「そうすれば、隠れたところを見ておられる父が、あなたに報いてくださる」。
（2）新共同訳「何も当てにしないで貸しなさい」。
（3）新共同訳「何も当てにしないで貸しなさい」。
（4）原語は devenir、「～になる」こと。
（5）ロベルト・ロッセリーニ（一九〇九～一九七七）、イタリアの映画監督。
（6）『ローマの信徒への手紙』八・一五。

第四章

（1）新共同訳「あなたがたの父は天の父おひとりだ」。
（2）「我々にかたどり、我々に似せて、人を造ろう」。
（3）マリ・ジョゼフ・ラグランジュ（一八五五～一九三六）、ドメニコ会修道士、カトリック神学者。

（4）「人の子のために」、「わたしのために」。
（5）新共同訳「それを得る」。

第五章

（1）新共同訳「父、母、妻、子供、兄弟、姉妹、更には自分の命であろうとも、これを憎まないなら」。
（2）新共同訳「立ち上がり」。

第六章

（1）新共同訳「地上の者を『父』と呼んではならない」（『マタイ』二三・九）。
（2）新共同訳「あなたたちはわたしのことを知っており、またどこの出身かも知っている。わたしは自分勝手に来たのではない」。
（3）新共同訳「わたしをお遣わしになった方は真実であるが」。
（4）『ヨハネ』には「世の光」という言葉が出てくるが、著者が意味しているのとはまったく逆の意味である。「この世の栄光」については、第一章の注（3）を参照されたい。
（5）新共同訳「たとえわたしが自分について証しするとしても、その証しは真実である」。
（6）新共同訳「あなたたちは肉に従って裁くが」。
（7）ジャン＝ポール・サルトルのこと。この文章は『実存主義はヒューマニズムである』から。

第七章

（1）「この世の光」および「この世の栄光」という言い方については、第一章の注（3）および第六章の注（4）を参照されたい。
（2）新共同訳「舌は不義の世界です」。
（3）スピノザ『エティカ』第二部定理四三。「真理は真理自身〔…〕の規範である」（工藤喜作・斉藤博訳）。

第八章

（1）génération、すなわち「生む」こと。

（2）création、すなわち「造り出す」こと。
（3）ただし、この文は正確ではない。元の文は以下の通り――「正しい父よ、世はあなたを知りませんが、わたしはあなたを知っており、この人々はあなたがわたしを遣わされたことを知っています」。
（4）新共同訳「わたしをお遣わしになった方は真実であり」。
（5）新共同訳「父に教えられたとおりに話している」。

第九章

（1）新共同訳「あなたたちの内には神への愛がないことを、わたしは知っている」。
（2）『コリントの信徒への手紙　一』一三・一二。
（3）「言は、自分の民のところへ来たが、民は受け入れなかった」（『ヨハネ』一・一一）。
（4）キリストの再臨。

第十章

（1）具体的にはエックハルトのつぎの言葉をふまえている――「わたしが神を見ている目は、神がわたしを見ている、その同じ目である」（『エックハルト説教集』田島照久訳）。
（2）「万物は言によって成った」（『ヨハネ』一・三）。
（3）つまり間接目的語としてではなく、直接目的語として。
（4）出典は不明。
（5）『ヨハネ』五・三一～四七。

結論

（1）新共同訳「あなたはわたしの愛する子、わたしの心に適う者」。
（2）新共同訳「この方の御心を行おうとする者は、わたしの教えが神から出たものか、わたしが勝手に話しているのか、分かるはずである」。
（3）『ローマの信徒への手紙』一一・三四。

訳者あとがき

1　著者について

ミシェル・アンリは、一九二二年に生まれ、二〇〇二年に没したフランスの哲学者、サルトル、メルロ＝ポンティ後のもっとも重要な現象学者と目されている。一九六三年に出版された処女作『現出の本質』をはじめとして、哲学上の著作は十一冊ほどあり、その多くはすでに邦訳されている（括弧内は邦訳タイトル）。

L'Essence de la manifestation, Paris, PUF, 1963（『現出の本質』、法政大学出版局）

Philosophie et Phénoménologie du corps. Essai sur l'ontologie biranienne, Paris, PUF, 1965（『身体の哲学と現象学――ビラン存在論についての試論』、法政大学出版局）

Marx : I. Une philosophie de la réalité. II. Une philosophie de l'économie, Paris, Gallimard, 1976（『マルクス――人間的現実の哲学』、法政大学出版局）

Généalogie de la psychanalyse. Le commencement perdu, Paris, PUF, 1985（『精神分析の系譜――失われた始原』、法政大学出版局）

La Barbarie, Paris, Grasset, 1987（『野蛮――科学主義の独裁と文化の危機』、法政大学出版局）

Voir l'invisible. Sur Kandinsky, Paris, François Bourin, 1988（『見えないものを見る――カンディンスキー論』、法政大学出版局）

Phénoménologie matérielle, Paris, PUF, 1990（『実質的現象学――時間・方法・他者』、法政大学出版局）

Du communisme au capitalisme. Théorie d'une catastrophe, Paris, Odile Jacob, 1990（『共産主義から資本主義へ――破局の理論』、法政大学出版局）

C'est moi la Vérité. Pour une philosophie du christianisme, Paris, Éditions du Seuil, 1996（『われは真理なり――キリスト教哲学のために』、未邦訳）

Incarnation. Une philosophie de la chair, Paris, Éditions du Seuil, 2000（『受肉――〈肉〉の哲学』、法政大学出版局）

Paroles du Christ, Paris, Éditions du Seuil, 2002（本書）

そのほかに、雑誌に発表された論文、講演原稿など、多数の文章が残されている。それらの文章のうち、主だったものを集めた論集が、『いのちの現象学』という総タイトルを付され、全四巻で出版された（*Phénoménologie de la vie*, tome I～IV, Paris, PUF, 2003～2004）。また最初期の研究論文 *Le Bonheur de Spinoza*（『スピノザの幸福』）も最近出版されている（Paris, PUF, 2004）。

付け加えれば、アンリは小説四編と戯曲一編を書いており、そのうち小説 *L'Amour les yeux fermés*, Paris, Gallimard, 1976 はルノードー賞を獲得している。

ミシェル・アンリは、一九二二年、旧仏領インドシナのハイフォンに生まれる。海軍の軍人であった父は、彼が生まれた直後に自動車事故で亡くなり、母親（優れたピアニストであったと言われている）の手で育てられる。一九二九年にインドシナを離れ、フランスに戻る。パリの名門リセ・アンリ四世校に通い、哲学研究を志す。第二次世界大戦中、強制労働局に徴発されたが、ドイツ行きを拒んで地下に潜行、レジスタンス運動に加わる。一九四五年、哲学教授資格を取得し、リセで教鞭を取るかたわら国家博士論文を書く。一九六〇年より七八年までモンペリエ大学哲学教授。

2　いのちの現象学

アンリの哲学は、フッサールによって創始された現象学の伝統に立つ。現象学の根本原理は、すべての始まりは現象すなわち〈現われ〉にある、何ものも現われなければ存在しない（すべては現われるかぎりにおいて存在する）、ということに置かれているが、その基本理念はアンリにもたしかに受け継がれている。しかし、フッサールにおいては、そして彼の偉大な後継者にして批判者であるハイデッガーにおいてもまた、すべての始まりである〈現われ〉とは、何よりもまず世界の現われであるとされるのに対して、アンリは、その〈現われ〉とは、世界の現われではなく、〈いのち〉の現われであるとする。世界の現われに先だって、〈いのち〉の現われがあり、その〈いのち〉の現われの中から、世界も現われてくるということである。

だが、世界の現われに先だって、〈いのち〉の現われがあるとは、いかなることか。それはつまり、現われなければ何も存在しないとしても、現われるのは誰かに現われるのであって、この誰かがいなければ、現われるということ自体が成立しない、ということである。〈いのち〉の現われがすべての現われに先行すると言い得るのも、〈いのち〉の中には、この誰かが、つまりはひとりの〈自己〉、ひとりの〈私〉が、内在するからである。言い換えるなら、何かが現われるのは、〈いのち〉において在る誰か、〈いのち〉によって生かされている誰か、すなわちひとりの〈自己〉、ひとりの〈私〉である生ける者においてでしかないということである。

たとえば、見る（見える）ということに関して言うなら、それは誰かが見る、誰かに見えるのであって、この誰かがいなければ、見る（見える）ということ自体が成立しない。そしてこの誰かとは〈私〉以外の誰でもない。それでは、その誰か、その〈私〉とは、〈いのち〉の現われ、〈いのち〉の働きとは別個に、それとは独立して存在しているのだろうか。そうではなく、〈いのち〉の作用を担う、あるいは受ける主体ないし主観もまた、〈いのち〉

に内在しているのである。そもそも、〈いのち〉という現象、すなわち「生きる」とは、自分を生きることであって、この自分がいなければ、〈いのち〉=「生きる」ということはまったく意味をなさない。

「生きるとは「自分自身を感じとる」ことである。〈いのち〉がみずからに到来し、自分自身を感じとり、自分みずからを生み出す、その絶対的プロセスには、〈自己性〉が原理的に伴う。というのも、この〈自己性〉なしには「自分自身を感じとる」などということはおよそありえない」(「受肉」)。

このように、〈いのち〉には、〈いのち〉を感じとる〈自己性〉=〈私〉が必然的に伴うのであって、〈自己性〉=〈私〉を伴わない〈いのち〉というものはありえない。〈いのち〉とは〈私〉そのものであると言ってもよい。それならば、〈いのち〉に内在する〈私〉、〈いのち〉を感じとる〈私〉は、どのように生まれ、どのように存在しているのか。ほかでもなく、〈いのち〉が〈いのち〉自身に到来し、〈いのち〉が〈いのち〉自身を感じとる、そうした〈いのち〉の作用において、またこの作用自体によってである。〈いのち〉は〈いのち〉みずからに到来することによって、つまり「みずからをみずからに」という自己触発によって、自己性を生み出すのであり、この自己性を通じて、〈いのち〉は〈いのち〉自身を感じとる。そして、このプロセス全体が〈いのち〉なのである。要するに、〈いのち〉なくして〈私〉はありえず、〈私〉なくして〈いのち〉は現われない。〈いのち〉の現われと〈私〉の誕生は同時にして同一の現象なのである。

「自己とはいのちの現象である。自己は、いのちの自己触発の根源的内在性において、いのちと同時に、いのちと一体となって、湧出する」(「コギトの自我」)。

こうして、すべての始原である〈いのち〉がまず現われ——それは〈いのち〉の自己贈与にして自己啓示である——その〈いのち〉の中には必然的に自己性が内在することから、この原初の自己性において、またこの原初の自己性に基づいて、われわれひとりひとりの自己が生まれる。

「なぜ、この絶対の〈いのち〉は、すべての生ける者のひとりひとりに、唯一無二の自己を付与するのだろうか。

それは以下のように説明されるだろう。まず、絶対の〈いのち〉がみずからのうちに原初的に到来する際、この〈いのち〉はみずからのうちに〈最初の自己〉を生み出すのだが（〈いのち〉は、この自己において、みずからを感じとり、みずからを〈いのち〉たらしめる）、絶対の〈いのち〉がみずからのうちに〈最初の自己〉を生み出すことによってみずからを生み出すこのプロセスは、あらゆる生ける者において繰り返されるのであり、それによって、あらゆる生ける者はみずからのうちにそれぞれの自己を持つことになる。そして、この自己なしには、いかなるいのち、いかなる生ける者もありえないのである」（「私の中の彼ら――ひとつの現象学」）。

以上が、われわれ人間の誕生の秘密である。われわれ人間は、絶対の〈いのち〉から生まれた生ける者であり、生きているかぎり、その〈いのち〉において在る。そして生ける者である人間の本質は、「自分自身を感じとる」ことにある。言い換えるなら、人間とは「心」を持つ自覚的存在だということである。

「〔…〕「心」こそ人間の本源であるということ。そしてこのように、人間的現実とは「心」にほかならないとみなすことは前代未聞の意味を持つ。この考えからすれば、どんな感覚も感情も持たない――したがって善くも悪くもありえない――宇宙のあらゆる事物と違って、人間とはまずもって自分自身を感じとる存在だということになる。まさにこの自覚性によって、人間は、自分自身を感じとると同時に、自分を取り巻くあらゆるもの――世界と世界に現われる事物――を感じとることができる。しかも自分自身を感じとるということこそ、いのちの本質なのである。じっさい、生きるとは、自分が存在すること自体を受苦し、また享受すること、つまりは自己自身を享受すること以外の何ものでもない」（本書、第一章二一頁）。

このように、「自分自身を感じとる」「心」なしには、人間はありえない。そればかりか、人間の「心」がなければ、世界はけっして現われることなく、したがって、世界は存在しないことになる。というのも、世界が現われるのは、さらには、いかなる意味においてであれ現実というものがありうるのは、「自分自身を感じとる存在」において、またそうした自覚的存在にとって、でしかないのである。もちろん、人間が存在しようとすまいと、世界は変わらずに存在するというのがわれわれの常識であり、さらには科学的世界観でもある。しかし、それ自体として存在するとされる世界とは、あくまで抽象観念にすぎない。そもそも、「自分自身を感じとる存在」としての人間がいなければ、仮に世界が存在するとしても、そのような世界には、何の意味もなければ、何の価値もない。というのも、世界に意味や価値を与えうるのは「自分自身を感じとる存在」以外にはありえないからである。そして何の意味もなく、何の価値もないとすれば、そうした世界には何の現実性もない。世界は広大であり、人間はその広大な世界の一微粒子にすぎないとか、この宇宙は数十億年の歴史があるが、それにくらべれば人間の一生はほんの一瞬でしかないとか、自然の力は人間の力をはるかに超えているとか、当然のこととして言われる。しかし、そうした広大な世界、数十億年の歴史をもつ宇宙も、強大な自然の力も、あくまで「自分自身を感じとる存在」にとってしか意味も価値もない。つまり、それらのものの現実性はもっぱら人間によって与えられているのである。たとえば、この度の東日本大震災は、人間の力をはるかに超えた自然現象だとも言えるが、それが震災であるのは、あくまで人間にとってである。つまり人間という「自分自身を感じとる存在」がいなければ、あの震災はなかったのだ。このように、世界に現実性を与えているのは、つまり世界を現実たらしめているのは、「自分自身を感じとる存在」としての人間なのである。

とはいえ、すでに見たように、人間をそのような存在たらしめているのは人間自身ではない。人間は生まれたときから、そして生きているかぎり、そのような存在であることを運命づけられている。人間が「自分自身を感じとる存在」であるのは、人間が生きているからであり、〈いのち〉の中にあるからである。そもそも、「自分自身を感じとる」というのは、〈いのち〉の本質であり、〈いのち〉自身の働きなのだ。

「いのちとは、ひとつの物、ひとつの存在、一種の特別な存在、さらには今日では生物学によって無感覚で受動的な物質的プロセスに還元されてしまっているあの「生命現象」と言われる特殊現象の総体、等々ではまったくない。いのち、われわれが自分自身のうちで経験しているいのち、われわれのいのちでもあるそのいのちとは、それ自体がひとつの啓示なのである。そしてこの啓示のユニークな様態において、啓示する主体と啓示される対象とは同じひとつのものであり、それゆえにわれわれはこの啓示を自己啓示と呼んだのである。このような啓示の様態は、いのちだけに備わったものであり、まさにいのちの本質をなしている。じっさい、生きるとは「自分自身を感じとること」、「自分を自分に明かすこと」にほかならない。それこそ、人間が人間であることの、つまりは人間の条件そのものの、異論の余地ない決定的な特質であり、それによって人間は他のいかなる存在とも絶対的に区別される」（本書、第七章一一二頁）。

以上のことが真実であるとすれば、われわれがふつうに抱いている人間観・世界観は完全に転倒するだろう。われわれはふつう、自分を含めて、人間は皆、世界において生まれ、世界の中に存在し、世界の中で生活していると思っている。言い換えるなら、人間を人間たらしめ、人間の本質を形成しているのは世界である、世界が人間存在のすべてを条件づけ、規定している、と考えている。そしてたいていの場合、われわれはそのような存在として、世界の中で生きているのは事実である。だが、われわれがそのような存在として世界の中に生きているのは、そもそも、われわれの自己が、われわれを生かし、またわれわれの自己を自己たらしめている〈いのち〉から離脱し、みずからを自立自存の主体として定立することによってである。かくして、われわれの自己がみずからを自立自存の主体として定立すると、自分以外のすべては、この自己＝主体に対する対象＝客体、つまりは外部の世界となる。そしてそれが、われわれがふつうその中で生きている世界である。もちろん、この世界はわれわれの生活の必然・必要から生まれた世界であるとも言え、われわれの日常生活、社会生活はこの世界で営まれているのであって、この世界の意味と役割を否定することは論外である。しかし最大の問題は、われわれ自身が主体であるはずのこの世界が、どうして逆にわれわれを絶対的に支配することになるのか、ということである。どうしてわれわれは、自分をこの世界から生まれ、この世界の中に存在していると思うようになったのか。人間を人間たらしめ、人間の本質を形成しているのは世界である、世界こそ人間存在のすべてを条件づけ、規定していると、どうして信じるようになったのか。その主たる理由は、そのような世界を成立させているわれわれ自身が、真の意味での自立自存の主体ではあり得ないということである。われわれが自分をそうした主体であると思いこんでいるのは、あくまで幻想に過ぎないのだ。というのも、われわれがみずからをそうした主体であると思いこんでいるのは、われわれがその中に生きている〈いのち〉、みずからを生かしてくれている〈いのち〉から離脱し、そうした〈いのち〉を否定することを代償にしてなのである。つまり、われわれがみずからを自立自存の主体として定立するということは、そのまま、みずからの根拠を奪われ、みずからの本源を失うことにほかならないのだ。このように、みずからを自立自存する絶対的主体と思いこんでいるわれわれの自己とは、じつはみずからの根拠、本源を失った抽象的主体でしかないのである。かくしてみずからの根拠、本源を失った抽象的主体でしかなくなったわれわれの自己は、自分自身よりもむしろ、みずからが対象化した世界、自分の外部に広がる世界のほうを真の実在、真の現実とみなさざるを得なくなるのであり、その結果として、自分自身もまた、その真の実在、真の現実である対象的世界、外部世界の中に、その世界の一部としてあって、その世界の力や法則に絶対的に支配される存在とみなすほかなくなる。

アンリがその全哲学的営為を通じて全面的に対決し、厳しく批判しているのも、外部の世界、客観的世界こそ、真の実在、真の現実であるという思い込みである。われわれの人間観・世界観、とくに現代の人間観・世界観は、この思い込みによって極端に歪められていると言わねばならない。そもそもこの思い込みからすれば、われわれ人間のいのち、そしてわれわれの自己すらも、外部の世界、客観的世界に起源を持ち、この世界から生まれたのであり、それゆえまた、この世界によって絶対的に支配され、規定されていることになる。要するに、人間のいのちも、われわれの自己も、所詮は物体であり、物と物とが織りなす因果関係から生まれたものでしかない。現代社会を覆うペシミズム、現代人を苛む究極の目的の喪失感、それはまさに、人間とは所詮物体でしかないという思い込みから生まれているのではないか。

しかし、われわれ自身、われわれの自己は、外部の世界、客観的世界から生まれたのではなく、それゆえに、物質的世界の因果関係やメカニズムによって説明することはけっしてできない。アンリは絶えずそのことを強調している。

「自己の〈自己性〉、自己を自己自身に結びつけ、かくして自己を自己たらしめつつ、自己を根源的な自己とするこの〈自己性〉は、この世のいかなる原因、いかなる理由によっても説明することはできない。それはほかでもなく、この〈自己性〉それ自体が、いかなる世界にも属さず、〈いのち〉と〈いのち〉の本質以外のいかなるところにおいても生じえないからである」(「羊飼いと羊たち」)。

そして、すでに述べたように、われわれの自己、われわれの心、つまり「自分自身を感じとる存在」が存在しなければ、何ものも現われることはなく、したがって、世界それ自体が存在しえないのである。とはいえ、世界はわれわれの自己、われわれの心から生まれるというわけではない。そうではなく、われわれの自己とその自己が生きる世界は、同時に一体となって、〈いのち〉の中から生まれ、現われてくる。それゆえ、われわれの自己＝〈私〉ばかりか、われわれが生きる世界もまた、もともと〈いのち〉の中にあると言わねばならない。われわれの心とは、〈いのち〉の中から、また〈いのち〉において、われわれの自己とわれわれの生きる世界が同時に一体となって生まれ、現われ、そして存在する場にほかならない。それゆえ、「「心」こそ人間の本源」なのだが、人間をそのような存在たらしめているのは人間自身ではなく、〈いのち〉なのである。〈私〉も、〈私〉の生きる世界も、〈いのち〉の中にあるかぎりにおいて、生き、また存在している。そうした意味において、〈私〉と〈私〉の生きる世界はひとつであり、その全体が〈いのち〉なのである。ちなみに、ヴィトゲンシュタインは「世界とは私の世界である」、「私とはわたくしの世界である」、「世界と生は一つである」(『論理哲学論考』藤本隆志・坂井秀寿訳)と言っているが、アンリとは気質も方法論もまったく異なる哲学者の言葉だけに興味深いところである。ともあれ、われわれは、つまりわれわれひとりひとりの〈私〉は、〈いのち〉の中にあって、しかも自分固有の世界、それぞれに唯一無二の世界を生きている。

ちなみに、二十世紀文学の最高峰というべき『失われた時を求めて』の著者プルーストによれば、このようにわれわれひとりひとりがそれぞれに生きている唯一無二の世界の「質的差異」を啓示することこそが、文学・芸術の永遠のテーマであり、また文学・芸術の存在理由そのものである。

「作家にとっての文体は、画家にとっての色彩と同じく、技術の問題ではなく、ヴィジョンの問題である。文体とは、この世界がわれわれ各人にどう現われるかという、その現われ方の質的差異の啓示なのである。その差異は、芸術が存在しなければ、各人の永遠の秘密に終わってしまうだろう。ただ芸術によってのみ、われわれは自分自身から出て、他人がこの宇宙をどう見ているかを知ることができる。他人が見ているその宇宙はすでにわれわれの宇宙と同じものではなく、その風景もまた、芸術なくしては、月に行かなければ見られない風景のように、われわれにはいつまでも未知なままだろう。芸術のおかげで、われわれは、ただひとつの世界、自分の世界だけではなく、数多くの世界を見ることができる。つまり、独創的な芸術家が出現したその数だけ、われわれはさまざまな世界を自由にながめることができるのだ。それらの世界は、無限のなかを回転する世界同士よりもさらに互いに異なる世界であり、その世界がかつて発していた光の源（それがレンブラントと呼ばれるにせよ、フェルメールと呼ばれるにせよ）が消えてから何世紀もたった今もなお、その特殊な光はわれわれのもとに届くのである」。

以上のように、人間とは、何よりもまず、ひとりひとりがそれぞれにかけがえのないひとつの宇宙にほかならない。言い換えるなら、ひとりひとりの人間がそれぞれに世界の原点であり、また世界の唯一無二の啓示なのであって、それに取って代わることは他の誰にもできない。人間の尊厳の根拠もまさにこの一点にある。たとえば、パスカルが「考える葦」のたとえで言わんとしたのも、おそらくはそのことである。

「人間はひとくきの葦にすぎない。自然のなかで最も弱いものである。だが、それは考える葦である。彼をおしつぶすために、宇宙全体が武装するには及ばない。蒸気や一滴の水でも彼を殺すのに十分である。だが、たとい宇宙が彼をおしつぶしても、人間は彼を殺すものより尊いだろう。なぜなら、彼は自分が死ぬことと、宇宙の自分に対する優勢とを知っているからである。宇宙は何も知らない」(『パンセ』前田陽一訳)。

「考える葦。〔…〕空間によっては、宇宙は私をつつみ、一つの点のようにのみこむ。考えることによって、私は宇宙をつつむ」(同)。

だが、人間がそのような存在であるのも、人間が〈いのち〉から生まれ、〈いのち〉によって生かされている存在、つまりは生ける者だからである。

3 〈いのち〉の現象学とキリスト教

〈私〉も、〈私〉の生きる世界も、〈いのち〉によって生かされ、〈いのち〉において在るとするなら、このすべての始原にして根拠である〈いのち〉を神と呼ぶこともできよう。じっさい、アンリによれば、キリスト教の神とは〈いのち〉の別名なのである。

「キリスト教の根本原理は「現実性の本質は〈いのち〉である」ということに置かれている。ヨハネによれば、神は〈いのち〉である」(「キリスト教への現象学的アプローチ」)。

周知の通り、『ヨハネによる福音書』は、つぎのような一節で始まる。

「初めに言があった。言は神と共にあった。言は神であった。この言は、初めに神と共にあった。万物は言によって成った。成ったもので、言によらずになったものは何一つなかった。言の内に命があった。命は人間を照らす光であった」(『ヨハネ』一・一〜四)。

ここで言う「言」とは、まさしく〈いのち〉の言葉である。〈私〉も、〈私〉の生きる世界も、この〈言〉から生じたのであるが、〈いのち〉としての〈言〉は、自分の外に、自分とは違った存在として、〈私〉と〈私〉の生きる世界を創り出したわけではない。先にも見たように、〈私〉も、〈私〉の生きる世界も、〈いのち〉において在る。言い換えるなら、〈いのち〉は、〈私〉と〈私〉の生きる世界に内在しているのだ。このことを、ヨハネは「言は肉となって、わたしたちの間に宿られた」と言い表わしている。この受肉の思想こそ、アンリ哲学の根幹だと言っても過言ではない。

〈いのち〉はすべての始まりである。すべての始まりである〈いのち〉は、みずからをみずからに与え、みずからをみずからに現わす。この自己贈与、自己啓示の中から、つまりこの「みずからをみずからに」というプロセスから、原初の自己が生まれるが、この原初の自己こそ〈言〉すなわちキリストにほかならない。そしてこの原初の自己としての〈言〉=キリストから、生ける者ひとりひとりの自己が誕生する（アンリはそれを〈私〉の超越論的誕生という）。こうした意味において、われわれは皆〈神の子〉であって、それ以外にわれわれ人間は生まれえなかったのである。そればかりか、われわれの自己の根底には、たった今もなお、〈言〉=キリストが潜み、働いているのであって、さもなければ、われわれの自己は一瞬たりとも存在しえない。われわれひとりひとりが、それぞれに唯一無二の自己として、かけがえのない世界を生きているのも、〈言〉=キリストの目に見えない働きによる。

「私は私自身である。しかし、私が私自身であるというのは、単なるトートロジー〔同語反復〕ではない。私が私自身であるのは、あくまで生ける自己としてなのである。つまりは、〈いのち〉の自己贈与において、またこの自己贈与がそこにおいて行なわれる〈最初の自己〉すなわちキリストの〈自己性〉において、自分が自分に情念的に与えられることによってである。情念的に自分と結びつくことによって、私は〈肉〉を持ち、私自身がひとつの〈肉〉となる。しかしこの〈肉〉は、厳密に言えば、私の所有物ではない。というのも、私がこの〈肉〉に到り着いたのは、私自身の功業ではないのだ。私をこの〈肉〉のうちにもたらしたのは、私自身ではない。〈最初の自己〉の〈自己性〉においてみずからに啓示された〈いのち〉がみずからに到来することによって、私はこの〈肉〉のうちにもたらされたのである。私が〈肉〉となり、人間となったのも、この〈最初の自己〉の〈肉〉においてである」(「グノーシスの真理」)。

このように、われわれは〈いのち〉において在り、〈いのち〉によって生かされているのだが、この〈いのち〉の働きは、ほかならぬわれわれ自身によって否定される。だがその否定は、意図的、意識的な行為というよりも、むしろ、〈いのち〉を忘れ去る、〈いのち〉を意識できないという事態である。どうしてそのようなことが起こるのか。それもまた、われわれが自己であるということ自体に原因がある。われわれが自己であるということは、主体であるということであり、それゆえにまた、すべてから独立した自立自存の存在でありうるということである。先に見た通り、われわれが自己であるのは、その根底に〈言〉＝キリストが潜んでいて、つねにわれわれの自己を支えているからなのだが、われわれの自己は、自分がとにもかくにも主体でありうることから、自分を絶対的主体、つまりは他の誰にも依拠しない自立自存の存在であるとみなし、それによって、自分の根底に潜み、自分をつねに支えてくれている〈いのち〉の働きを忘れてしまう、あるいは意識しなくなってしまう。それはわれわれが自己であることから生まれるほとんど必然的結果であって、それゆえに、〈いのち〉の働き、つまり〈言〉＝キリストは、もともと「記憶以前」、「絶対の忘却」のうちにあると言わねばならない。

「情動がそうであるように、〈いのち〉もまた、現在にしかありえない。しかしその現在とは、時間の中に到来し、時間の中で過去へと推移してゆく現在、時間の一形態としての現在ではなく、時間の外、あらゆる記憶の外にある現在、〈記憶以前の忘却〉のうちにある現在である。生ける者に対する〈いのち〉の先行性を意味するこの〈記憶以前〉を絶対的過去と言い換えることができるとしても、この絶対的過去のうちには、いかなる過去も含まれてはいない。それというのも、この先行性が意味するのは、〈いのち〉が自己に先だってあるということ以外の何ものでもない。〔…〕〈自己〉に先行する〈いのち〉は〈忘却〉のうちに隠れている。〔…〕〔しかし〕〈忘却〉は、私を私自身から引き離したり、私の持つ性質や権能を奪ったりするどころか、この権能を私のうちにすっかり内在化するのであって、そのため、私はこの権能を表象したり、考えたりすることができないかわりに、それを失うこともありえず、私はこの権能を、もともと自分に属するものとして、つまりは永遠に自分に委ねられた生得の能力として、みずからのうちに担うのである」(「言葉と宗教――神の言葉」)。

かくして、自分の根底にあって、自分を支えている〈いのち〉の働きをすっかり否定し、あるいは完全に忘れ去り、自分を絶対的主体と見なすようになったわれわれの自己こそ、われわれがふつうに自分自身とみなしている自己にほかならない。われわれがこうした自己になると、自分以外のすべてのものは、自分の対象として、自分の外部に存在することになる。そのようにして現われたのが、われわれがふつうに世界とみなしている世界、つまりは外部世界ないしは客観世界と言われる世界であり、その世界を認識する自分自身もまた、その世界にあって、その世界の一部だということになる。じっさい、われわれはそうした世界こそほんとうの世界であり、自分自身もまた、その世界に生きていると信じているのだが、しかし、その世界は真の世界ではなく、またその世界を生きるわれわれ自身も真の自己ではない。そもそも、その世界、そしてその世界を生きるわれわれもまた、われわれ自身が〈いのち〉を否定したという事実のうえに成立した世界であり、自己なのである。〈いのち〉を欠いた世界、〈いのち〉を欠いた存在は、非現実である。というのも、〈いのち〉だけが真の現実性を与えてくれるのだから。

とはいえ、〈いのち〉が消えてなくなってしまったわけではなく、われわれには意識されないとしても、われわれの存在の根底において、〈いのち〉は今もなお働き続けているのであり、われわれ自身もまた、今もなお、ほんとうは〈いのち〉の世界を生きている。〈いのち〉の世界とは、〈私〉の世界である。われわれひとりひとりに固有の世界、唯一無二の世界、質的差異の世界である。〈いのち〉の世界はまた、〈私〉の〈肉〉ないしは〈魂〉そのものである。その隅々までわれわれの心情によって満たされた世界、すべてのものを自分として経験し味わう世界、すべてのことに喜び、悲しみ、苦しむ世界である。しかし〈いのち〉の世界は、何よりもまず、愛の世界である。というのも、〈いのち〉は神の無償の自己贈与であり、それゆえ、〈いのち〉の世界を生きるとは、神の愛そのものを生きることにほかならない。

4 本書について

最初に見たとおり、アンリはもともと哲学者であり、彼の処女作にして主著というべき『現出の本質』（一九六三）は、フッサールによって創始された現象学の方法をふまえた厳密な哲学的著作である。たしかに、『現出の本質』にも、キリスト教およびキリスト教神秘思想（とくにエックハルト）への言及はあるが、正面からキリスト教思想を取り上げているわけではない。キリスト教に正面から向かい合うようになったのは、『われは真理なり』（一九九六）においてであり（じっさい、この著作には「キリスト教哲学のために」という副題が付されている）、それに引き続き、『受肉――〈肉〉の哲学』（二〇〇〇）、そして遺作となった本書（二〇〇二）が書かれる。このように、アンリの晩年の思索は、キリスト教に集中しているのだが、それが何を意味しているかは、さまざまな解釈がありうるだろう。見方によっては、アンリ哲学の変質ないしは逸脱とも考えられようし、あるいは、アンリがキリスト教を強引に自分の哲学に引き寄せてしまったとも考えられよう。しかしアンリ自身は、けっしてそうは思わなかっただろう。むしろ彼は、晩年に近づくにつれて、処女作より一貫して保持し続けてきた自分の哲学的立場とキリスト教の間には深い照応・一致があり、それゆえに、両者は互いの真実を証明し合い、互いの立場を支え合うという確信をいよいよ深めていったのである。

ところで、『われは真理なり』、『受肉』は、アンリ独自のキリスト教哲学を樹立することを意図した厳密な――それゆえ一般読者にとってはかなり難解な――哲学書であるのに対して、本書はもともと一般読者向けに、哲学用語を極力避けて書かれている。前二著とくらべ、量的にもかなりコンパクトであり、そのうえ、自分の哲学を前面に押し出すのではなく、あくまで福音書（とくに『ヨハネ』）に記録されているキリスト自身の言葉に寄り添い、それを丁寧に読み解くという方法を取っているために、親しみやすい――とはいえ、きわめてユニークな――聖書解釈ともなっている。もちろん、本書は単なる聖書解釈にとどまるものではない。キリスト自身が語った言葉を丹念に解釈してゆく過程を通じて、おのずから、アンリ哲学のエッセンスが鮮やかに浮かび上がってくる。

以下、本書の内容を主なテーマにしたがって整理してみたい。

(a)　人間は〈神の子〉である

本書を貫いている根本主題、それは「人間は神の子である」ということである。人間は、絶対の〈いのち〉である神から、いのちを与えられて生きている存在なのである。

「人間とは、神自身である目に見えない絶対の〈いのち〉において生み出された生ける者にほかならない。しかもこのいのちは、人間が生きているかぎり、人間のうちにとどまるのであって、このいのちの外では、いかなる生ける者も存在しえない。それゆえにこそ、人間は「神の子」と言われるのである。神自身であるこの絶対の〈いのち〉は、絶えることとなく、人間に「生きること」を恵み続けている」（本書、第四章六二頁）。

人間が生ける存在であるとは、自己＝〈私〉である存在、つまりはあらゆるものを知覚すると同時に自分自身を感じとる存在だということであるが、人間がそうした存在であるのも、人間が〈いのち〉のうちにあるからである。

「いのちにおいて在る生ける者は、さまざまな印象、情念、活動、思考を通じて、自分自身を感受するが、これらの印象等もまた、絶対の〈いのち〉の自己啓示を通じて、つまりはその〈言〉において、みずからにもたらされる」（本書、第十章一六〇頁）。

われわれは、自己＝〈私〉であることを、つまりは「自分自身を感じとる」、「自分を情念的に経験する」という人間の条件を、もっぱら〈いのち〉から、より正確には〈いのち〉に内在する〈言〉すなわちキリストから、受け取っている。このことを、アンリは別の論文でもう少し詳しく述べているので、参考までにそれを紹介しておきたい。

「自分を情念的に経験するというこの条件はあらゆる自己の本質にほかならないが、どんな自己も、この条件を自分自身から引き出しているのではなく、もっぱら〈いのち〉から、そして〈いのち〉が〈最初の生ける者〉すなわちキリストの自己においてみずからを感じとるその原初の〈自己性〉から、受け取っているのだ。自分に関係すること、自分に近づき、自分に到達すること、自分を情念的に経験すること、要するにひとりの自己であること、それがはじめて可能になるのは、キリストのうちにおいてである。〔…〕私は私の所有物ではなく、キリストの〈肉〉である。キリストを通ってでなければ、私は私自身に到り着けないし、私がそうであるところのこの自己にもなりえない」(「原・キリスト論」)。

このように、ひとりひとりの人間がそれぞれにかけがえのない〈私〉でありうるのは、あくまで〈言〉＝キリストを介してである。つまり、人間が人間として生きるためには、キリストという門を潜らなければならないのだ。「わたしは門である。わたしを通って入る者は救われる。〔…〕わたしが来たのは、羊が命を受けるため、しかも豊かに受けるためである」(『ヨハネ』一〇・九、一〇)。

キリストのこの言葉についても、アンリはつぎのようにコメントしている。

「キリストが羊たちのいる囲い地の門であると言われるのは、およそいかなる自己であれ、その自己自身に到り着くには、まず原初の〈自己性〉を経なければならないからである。そもそも、自己というもの、〈私〉というものがありうるのは、ただこの自己性においてなのだ。私自身の自己に則して言うなら、この命題が言わんとしているのは、私が私自身に到達するのは、つまりは私が私自身になりうるのは、まさにこの囲い地の門を潜ることによってなのだ、ということである。私が私自身であるのは、また私自身でありうるのは、ただ〈いのち〉の原初の〈自己性〉を介することによってのみである」(「羊飼いと羊たち」)。

しかも、こうして生まれる自己＝〈私〉とは、任意の自己＝〈私〉、あるいは自己＝〈私〉一般などではなく、まさしくこの〈私〉、他のいかなる〈私〉とも絶対的に異なる唯一無二の〈私〉なのである。

「〈いのち〉の〈原・自己性〉が発端となって生ずる事態とは、単にそれぞれの生ける者が、自己として、生ける〈私〉として存在しうる、ということだけでなく、生ける者は、この自己性においてのみ、自分自身と関係し、自分の存在のあらゆるところに触れ、自分自身を感じとり、自分を享受することが可能になるのであり、したがってまた、この生ける者は単なる自己ではなく、まさしくこの自己、他のいかなる自己にも還元されえない自己、自分が経験するもの、自分が感じとるものを、他のいかなる自己ともまったく異なる形で、経験し、感じる自己になる、ということである。しかもそれは、この自己が経験するものが他のあらゆる自己の経験するものと異なるとか、この自己が感じるものが他のあらゆる自己の感じるものと異なるとか、そんなことではまったくない。そうではなく、それを経験するのがほかならぬ彼であり、それを感じるのが彼自身だということなのである。彼、この自己は、同じひとつの〈いのち〉、同じひとつの〈自己性〉にありながらも、絶対的に他と異なる存在である。そしてそれは、絶対の〈いのち〉の中に生まれる〈原・自己性〉の本質のなせる業であって、この〈原・自己性〉は、生ける者にみずからを贈与することによって、その生ける者に自分を経験することを可能ならしめ、かくしてその生ける者を、「自分自身を感じとる」という現象学的実践において、絶対的に唯一無二の自己、他のいかなる自己とも異なる自己たらしめているのである」(同)。

以上が、「人間は神の子である」ということの、あるいは「神は御自身にかたどって人を創造された」ということの、真相である。

(b) 神からの離反

しかしわれわれ人間は、ふつう、自分が絶対の〈いのち〉に生かされている、絶対の〈いのち〉に包まれているとは感じていないし、自分自身すなわち〈私〉の背後には絶対の〈私〉であるキリストが潜んでいて、〈私〉をつねに支えてくれているなどとも思っていない。ところがそれも、人間が自己＝〈私〉であること、つまりは主体性を有する自由な存在として生まれたことに、根本の理由がある。人間が自己＝〈私〉であること、主体性を有する自由な存在であること自体は、人間自身の力によるものではない。むろん、そうした人間存在の根本条件は人間に課された運命と言ってよく、その点において、人間はまったく無力であり、絶対に受動的な存在である。ところが、自己＝〈私〉として、つまりは主体性を有する自由な存在として生まれた人間は、意のままにふるまうことができ、また自分に与えられたさまざまな能力を自由に駆使することができるために、自分こそそうしたさまざまな能力の所有者であるばかりか、自分こそ自分自身の主人であると思い込むにいたる。

「ところで、これらの諸能力は、自由に振舞うことを通じて、自分自身を確かなものとして経験しながら生きているために、自分をじっさいに自由であると感じているし、事実また自由なのである。そこで、これらの能力のひとつひとつを自分が望むときに意のままに発揮できるという驚くべき力を恒常的に生きている自己は、自分自身がそれらの能力の源泉であるとたやすく信じ込んでしまう」（本書、第九章一四九頁）。

「自分自身に対してまったく受動的である自己、つねにいのちにおいてあらかじめ自分自身に与えられてしまっている自己、自分自身の意志とはかかわりなしに、いのちのうちに置かれてしまっている自己、その自己が、いまや、少なくとも彼自身の目には、全能の〈主体〉、自分自身の主人、言い換えるなら、生ける者、自分の自己、自分の能力や才能、そうしたみずからの存在条件のいわば絶対の原理となってしまったのである」（本書、第九章一五〇頁）。

こうした事態が、人間自身に、また人間が生きる世界に、及ぼす影響は測り知れないものがある。

「エゴを自分自身の存在の根拠とするこの幻想は、人間が、自分自身に対してみずからを表象するその自己像を歪め、それゆえにまた、世界や世界の事象との関係を歪めているだけではない。この幻想はさらに、絶対の〈いのち〉においてわれわれがわれわれ自身に与えられている場、すなわちわれわれの〈心〉をすっかり転倒させてしまっている」（本書、第九章一五〇〜一五一頁）。

何よりもまず、人間と〈いのち〉との関係が阻害される。むろん、人間が自分自身をみずからの存在の根拠とする幻想を抱き、みずからの真の根拠である〈いのち〉を否定したとしても、人間が〈いのち〉によって生かされている事実には変わりない。しかし、本来は「絶対の〈いのち〉においてわれわれがわれわれ自身に与えられている場」にほかならないわれわれの〈心〉は、〈いのち〉に対してみずからを閉ざし、みずからのうちに閉じこもることによって、真のいのちを失った抽象的な主体になってしまう。こうした主体＝自己にとって、自分を超える存在はあり得ないのであって、自分こそ世界の中心であり、世界のすべては自分との関係性において存在すると考える。自分を生かしているいのちですら、もはや自分の所有物でしかない。こうした自己中心性、すなわちエゴイズムこそ、この自己の本性にほかならない。しかもこの自己は、自分を世界の中心であるとしながらも、〈いのち〉という真の存在根拠を欠いた空虚な存在である。それゆえに、この内部にかかえた空洞を満たそうという激しい渇望に苛まれるのであるが、この渇望は外部に投影され、底なしの欲望と化す。この自己にとって、みずからの存在を確かめる方法として、外部の何ものかを所有し、また支配することとしかないからである。かくして人間社会はエゴとエゴがせめぎ合う対立と闘争の場となる。

（c）　キリストは相互性に基づく人間関係・人間システムを糾弾する

もちろん、人間はたえず闘っているわけではない。人間は、こうしたエゴとエゴがむき出しになってぶつかり合うことを回避し、共存を図るために、小は夫婦、親子、家族、大は地域共同体、国家にいたるさまざまな人間関係あるいは人間システムを作り出す。こうした人間関係、人間システムはすべて相互性と等価交換の原理のうえに成り立っている。そしてたいていの場合、これらの関係やシステムはうまく機能している（少なくともそう見える）ために、人間はそれにすっかりなじみ、それらの関係やシステムを人間の本性に基づくものとみなすようになる。相互愛によって、あるいは相互利益によって、関係を結び、システムを構築すること、それはごく自然で人間的なことではなかろうか。ところが、キリストはこうした人間関係や人間システムを厳しく糾弾する。

「自分を愛してくれる人を愛したところで、あなたはどれほど感謝されるだろうか。罪人でも、愛してくれる人を愛している。また、自分によくしてくれる人に善いことをしたところで、どれほど感謝されるだろうか。罪人でも同じことをしている」（『ルカ』六・三二、三三）。

キリストは親子や家族をすら引き裂こうとする。

「あなたがたは、わたしが地上に平和をもたらすために来たと思うのか。そうではない。言っておくが、むしろ分裂だ。今から後、一つの家に五人いるならば、三人は二人と、二人は三人と対決して分かれるからである。父は子と、子は父と、母は娘と、娘は母と、しゅうとめは嫁と、嫁はしゅうとめと、対立して分かれる……」（『ルカ』一二・五一〜五三）

キリストが人間関係・人間システムをかくも激しく糾弾するのは、まさにその相互性という原理ゆえである。このことについて、アンリはつぎのように説明している。

「相互性がかくも激しく忌み嫌われるのは、ほかでもなく、人間関係において、この相互性は関係の両項それ自体である人間以外の何ものをも介在させないからである。相互性によって支えられ、相互性によって説明されるとき、人間関係はまったく自立的、自己充足的なものとなる。〔…〕相互性というものが、どんな人間関係であれ、男、女、子供、両親、要するに人間だけをその構成原理とする以上、この相互性に基づく人間関係のいわゆる自立性なるものが、まさに人間を神に結びつける内的関係を排除してしまうのである。ところが〔…〕隠れたところで展開するこの内的関係こそ、人間を真に理解する鍵となるばかりでなく、人間の存在はこの内的関係によって根底から支えられているのだ」（本書、第三章四八〜四九頁）。

「キリストはなぜ相互性を告発するのか。〔…〕それは、非相互性ということを強く訴えたいからである。なぜ訴えたいのか。それは、非相互性こそ、われわれがようやく見出した新たな根源的関係、人間を神に結びつけている、あるいはむしろ、神を人間に結びつけている、隠された内的関係の決定的特性だからである」（本書、第三章四九頁）。

それゆえに、キリストはつぎのように言うのだ。

「しかし、あなたがたは敵を愛しなさい。人に善いことをし、お返しに何も期待しないで貸しなさい。そうすれば、たくさんの報いがあり、いと高き方の子となる。いと高き方は、恩を知らない者にも悪人にも、情け深いからである」（『ルカ』六・三五、三六）。

じつのところ、人間の自己充足性、自立性なるものは虚構であり、まやかしに過ぎない。それゆえ、自己充足し、自立した人間を前提とし、そうした人間同士の間で結ばれる相互性の関係も、危うい均衡の上にかろうじて保たれているに過ぎず、ほんの少しのきっかけでもろくも崩れ去る。あるいはむしろ、愛や連帯の美名で飾られた相互性の真の本性がむき出しになるというべきだろう。「持ちつ持たれつ」（give and take）の裏面は「目には目を、歯には歯を」にほかならない。

「自然的関係の相互性とは〔…〕愛のそれではなく、敵対の相互性、物質的富、金、権力、名声のための闘いの相互性にほかならず、だからこそ、ペテン、奸計、虚言、不貞、妬み、憎しみ、暴力がはびこる。つまるところ、現代社会は万人が万人と闘う競争社会であり、その闘いはいくつもの党派が形成されることによって緩和されているにすぎない。じっさい、個人はそうした党派に属さないかぎり、現代のジャングルの中で生き延びることはできないのである。それこそ、キリストの逆説的な言葉、自分を迫害する人々を愛しなさいという言葉が力を失って以来、起こった事態である。ただこの言葉だけが、復讐と憎しみの連鎖を止めることができるのだ」(本書、第五章八七〜八八頁)。

このように、自立自存を自負する人間、自分自身を自分の存在根拠とする人間同士の間で結ばれる相互性とは、真の意味において、人間と人間とを結びつけるものではありえない。真の相互性、真の人間関係が生まれるのは、あくまで神を介して、神の愛によってである。

「〔…〕神の絶対のいのちと、この絶対のいのちからいのちを与えられる――あるいはむしろ、この絶対のいのちそのものが自分のいのちとなる――生ける人間ひとりひとりのいのちとの間の非相互性が、彼ら人間同士の間に新たな相互性を作り出す。〔…〕それぞれの人間がその中に生きている、あるいはそれぞれの人間の中に生きている、この同じひとつの〈いのち〉の内部において、あらゆる生ける人間同士の間に結ばれるこの内的関係こそ、キリストによって打ち立てられた新しい相互性であって、この相互性ゆえに、すべての男女が互いに兄弟姉妹となる」(本書第三章五五〜五六頁)。

(d) 外部世界の本質

「エゴを自分自身の存在の根拠とするこの幻想」によって歪められるのは人間性や人間関係だけではない。人間の生きる世界もまたすっかり変わってしまう。

すでに見たように、世界はいのちの中から、〈私〉=自己とともに、〈私〉=自己と一体となって現われてくるのであり、世界の広がりと〈私〉の広がりはぴたりと一致する。要するに、世界とはもともとわれわれ人間ひとりひとりの内面空間、すなわちわれわれの心そのものである。言い換えるなら、世界全体がわれわれ自身の〈肉〉なのである。それはすみずみまでいのちに満たされた生ける世界であり、〈私〉の情感、喜びや悲しみ、心地よさや苦しみによって染め上げられた世界である。ところが、自己が自分自身を存在の根拠とみなすことによって、絶対の〈いのち〉から自分を切り離すとき、世界もまた自己から分離して、外部世界となる。ここに主観対客観の二元論的世界が成立する。客観・客体としての世界とは、いのちを失い、それゆえに精神性や情感性をまったく欠いた物の世界、質的差異のない数量の世界、延長の世界である。しかし、自分自身を自分の存在の根拠とみなすことによって絶対の〈いのち〉から自分を切り離した自己にとって、この外部の世界こそ真実の世界、現実の世界と思われるのであり、逆に、本来の世界、いのちの中にある生ける世界は真実性と現実性を失い、いわゆる内面の世界、主観の世界、つまりは非現実の世界でしかなくなる。

言うまでもなく、世界は自分の外部に存在し、自分もまたその世界の中に存在しているのだ、という世界観はごく一般的なものであり、万人が共有しているものである。当然のことながら、こうした世界観はそれなりの意味と役割を持つのであって、こうした世界観なしには、社会生活そのものが成り立たない。そもそも、万人に共通する時間・空間を前提にしなれば、われわれは人と待ち合わせすることすらできない。このように、実用性・功利性の観点から、つまりは日常生活のレベルにおいて、この世界観が有効であり、便利であるために、われわれはこの世界観を現実そのものとみなすのである。この世界観とは、日常世界そのものであり、さらに人間社会ないしは世間そのものである。したがって、この世界観を一概に否定することはできないし、また否定する必要もない。問題は、この世界観を絶対とみなすこと、それ以外に世界はありえないと断定することである。

世界は自分の外部に存在する、言い換えれば、世界は客観的に、あるいは客体的に、それ自体として存在する、という思い込みは、じつに根深いものがある。哲学的思考ですら、その思い込みから自由ではなく、むしろその思い込みを暗黙の前提としている。すでに述べたように、アンリがみずからの全哲学的営為を通じて厳しく批判しているのも、この思い込みである。アンリによれば、「現われる」ことをすべての始原にして根源と考える現象学ですら、この思い込みに囚われたままなのであって、フッサールにしても、ハイデガーにしても、すべての始原であるその〈現われ〉を「世界の現われ」としている。

それでも、古代や中世においては、この思い込みは、この世（此岸）に対するあの世（彼岸）、現世（穢土）に対する神の国（浄土）という対立項によって、緩和され、相対化されていた。その場合、あの世ないしは神の国とは、じつは、〈いのち〉の支配するわれわれの内面世界、つまりはわれわれが真に生きている現実世界の表象だったのである。ところが、近代になるに及んで、あの世ないし神の国は、急速に現実性を失い、それは人間の単なる願望の世界、幻想の世界に過ぎないものとなる。近代とは、人間の絶対的主体性が確立された時代、つまり、人間を「自分自身を自分の存在根拠とする存在、自分の存在を他の誰にも負うことのない自立自存の存在」とみなすにいたった時代である。かくして、人間はみずからを生かしている〈いのち〉からますます離れ、それゆえにまた、〈いのち〉の表象としてのあの世、神の国の現実性がますます薄れてゆくことになる。世界とはもはや、人間という絶対の主体（主観）に対して現われる世界でしかなく、この外部の世界だけが唯一絶対の世界、つまりは現実世界となる。

科学が近代に始まる学問であることも、以上のことと密接にかかわっている。科学とは何か、それはおおよそつぎのように定義できるだろう。すなわち、世界をひとつの等質的時間・空間として客体化し、世界のあらゆる存在を物質として捉えたうえで、人間の精神生活をも含めたあらゆる事象を、世界に存在する物質同士が織りなす因果関係の無限の連鎖とみなし、この因果関係を正確に把握することを通じて、それらすべての事象を解釈し解明する方法である、と。しかし、科学が前提とする世界、すなわち無限の等質的時間・空間としての世界が成立するには、まずそれを成立させる主体が必要である。しかもこの主体とは、世界から完全に独立し、自分みずからを根拠とする絶対的主体でなければならない。では、そのような主体になり得るのはいったい誰なのか。ほかでもないわれわれの自己、ただし自分自身を自分の存在根拠とする絶対的主体を自負する自己である。たしかに、われわれの自己はある意味において絶対の主体であり得る。しかし、それはあくまで〈いのち〉を根底・根拠とする主体性、つまりは〈いのち〉から借り受けた主体性にほかならない。それゆえ、〈いのち〉の否定のうえに立つこの自己の絶対主体性とは、あくまでひとつの抽象概念にすぎないし、そのような形で絶対的主体であることを自負する自己も抽象的存在にすぎない。科学が前提とする世界とは、こうした自己を主体として成立する世界であって、この自己が抽象的存在であるように、それによって成立する世界もひとつの抽象的世界にほかならない。それはひとつの世界像、世界観であって、それ自体として真実の世界、現実の世界であるわけではない。

しかし科学こそ、真実の世界、現実の世界を捉える唯一絶対の方法であるという信仰は、現代にいたるまで根深く残っており、現代の人間観、世界観はこの信仰によって極端に歪められたままである。自分の対象としてある世界、自己の外部にある世界だけが唯一絶対の世界であるとすれば、自分そのもの、人間自身もまた、この世界の中に、この世界の一部として在る存在であるほかなくなる。それゆえに、人間自身もまた、この世界を支配する法則、つまりは科学的法則によって絶対的に支配され、規定された存在、科学によって完全に解明され、説明されうる存在とみなされる。

言うまでもなく、近代以来、科学が人間と人間世界に及ぼした影響の大きさは測り知れない。それゆえ、科学的人間観・世界観を否定したり、無視したりすることは論外である。とはいえ、この人間観・世界観にはひとつの重大な欠落があることは認めざるをえない。それはまさにいのちの欠落である。そもそも、この人間観・世界観は、人間と世界の根拠であり、根源であるところの〈いのち〉を否定し、排除したところに成り立つものである。科学によって捉えられる人間とは、いのちを失った抽象的存在に過ぎない（それゆえ、科学的に言うなら、人間が死ぬことは機械が壊れることと何ら変わらない）。たしかに、科学的な人間観にもそれなりの意味はあるが（とりわけ、物質としての人間を対象とした場合に、医学、生化学、遺伝子工学等の自然科学が絶大の力を発揮することは言うまでもない）、それが唯一絶対の人間観、それこそ真の人間であるとみなされるに及んで、いのちを持つ生きた存在としての人間は否定される。それでもなお、人間が〈いのち〉によって生かされていることには変わりないが、少なくとも、〈いのち〉は人間の意識からは排除されてしまうのであり、それによって、人間はみずからの真の根拠、真の本性を、見失ってしまう。

アンリによれば、キリスト教、すなわちキリストの教えとは、人間の真の根拠、真の本性としての〈いのち〉をわれわれに想起させ、それによって、われわれが失ってしまった〈いのち〉との交流、結びつきを回復させようとするものである。かくして、人間はいのちを取り戻し、〈新しい人間〉として生まれ変わる。復活とはそのことであって、それ以外ではない。復活とはわれわれが本来の人間に戻ることである。

「この［キリストの］教えは、真の人間、人間の真の本性というものが、われわれがふつう考えているのとはまったく別の場所に潜んでいることを明かす。われわれの素朴な考えでは、人間は世界の中に存在し、世界の法則に従属する経験的個人に過ぎず、自分自身の本質をなすはずの情念的内面性をことごとく奪われ、今日われわれが目の当たりにしているように、あらゆる学問的還元——心理学、社会学、政治学、生物学、物理学、等々——を従順に受け入れる単なる物体になり果てているが、キリストの教えは、まさしくこうした素朴な考えから人間を解放するのだ」（本書、結論一八二頁）。

しかし、自分の対象としてある世界、自分の外部にある世界、それ自体として存在する客観的世界こそ唯一真なる世界だとする信仰は、単に人間自身に作用を及ぼして、人間のあり方、人間の生き方を歪めているだけではない。この信仰は、世界そのものにも深刻な影響を及ぼさざるを得ない。というのも、この信仰の核となっているのは、人間が自分自身を自分の存在根拠とみなすことによって、みずからを絶対的主体として自己定立するという事実である。それゆえに、この信仰のうえに成立している科学がいかに客観性ないし中立性を標榜するとしても、それはあくまで人間の自己中心性、つまりは人間中心主義に基づいているのであって、しかもこの自己中心性、人間中心主義は、容易にエゴイズムに変わりうる。こうして科学は、人間が世界の主人となり、世界を所有し、支配し、管理し、制御するための手段と化す。今日、もはや美しい生ける自然は存在せず、人間に役立つ資源としての、搾取と乱獲の対象としての、つまりは物としての死んだ自然しか残されていない。そもそも、環境破壊という場合の「環境」という言葉自体に人間中心主義的な発想が込められているのであって、そうした発想を根本的に転換しないかぎり、本当の意味において、美しい生ける自然は回復しないだろう。現代の最大の課題は、こうした自己中心性、人間中心主義という、人間が自分自身をその中に閉じ込めてしまった閉域をいかに打ち破るかということであろう。

(e)　世界の言葉といのちの言葉

「人間とは何かという問題は、人間をみずからの閉域――あらゆる形態の人間中心主義から必然的に生まれる監禁状態――に閉じ込められた特殊な存在として捉えるか、あるいは〈神の言葉〉を聞き取り、神に向かって開かれた存在として捉えるか、によってまったく違ってくるだろう。後者の考えからすれば、人間という存在は、神と呼ばれる〈真理〉と〈愛〉の絶対存在との内的関係においてしか、真に理解しえないのである」（本書、序一七頁）。

それでは、〈神の言葉〉とはいったいどのような言葉なのか。それは、人間の言葉、すなわち人間が通常使っている言葉とどこがどう違うのか。ところで、人間の言葉を特徴づけるのは、何よりもまず、その指示的性格であろう。

「〔…〕あらゆる言語、あらゆる語は、自分の外にあって、自分とは異なる内容に関係する、ということである。したがって、語はそれが指し示している現実そのものではなく、ただその現実を目に見えるようにしているだけである。「犬」という語は、現実の犬を指し、また意味するが、その語自体はどこまでも語であって、いかなる現実の犬でもありえない。その語は犬を指し示すだけであり、〈空虚のうちに〉それを意味するにすぎない。要するに、語は〈空虚な意味〉である。語には自分が指し示す現実を創り出すことができないということ、それがここで問題にしている言語のもっとも一般的な性格である。私が「ポケットに百ユーロ紙幣を持っている」と言ったところで、それをじっさいに所有するわけではない」（本書、第七章一一一頁）。

そうした指示的性格は、あらためて指摘するまでもなく、およそあらゆる言葉が持つ普遍的性格ではなかろうか。だが、すべての言葉は指示的性格を持つという一般通念、言い換えるなら、語は自分以外の何か、自分の外にある何かを指す記号以外ではありえないという思い込みは、ひとつの世界観を前提としている。それは、世界とは自分の外にあり、そしてすべての事物はこの外部の世界において現われる、あるいはこの外部の世界に現われる事物だけが現実である、とする世界観である。たしかに、どんな言語であれ、現われるものしか語りえないだろう。しかし、われわれが通常使っている言葉は、世界という外部性において現われてくるものだけを語る言葉なのである。それゆえにアンリは、われわれが通常使っている言葉を「世界の言葉」と呼ぶ。

「じっさい、われわれはわれわれに現われるものしか語ることができない。言葉の可能性の条件としてのこの〈現われ〉こそ、かつて古代ギリシア人がロゴスと呼んでいたものである。このように、言葉の可能性が〈現われる〉ことにあるとすれば、その言葉の特性とは、〈現われ〉の特性そのものに依存することになるだろう。しかも、この〈現われ〉が世界の現われ、つまりは距離を置くこと、外部性（この外部性の光の中でこそ、われわれは語りうるすべてのものを見る）にほかならないとするなら、世界の言葉の特性は、必然的に、世界自体の特性に依存することになるのではあるまいか」（本書、第七章一〇九頁）。

「世界の現われが純然たる外部性の領域であり、そこではすべてが外部のもの、他なるもの、自分とは異なるものとして現われるように、世界の言葉――世界の中に見えるものを語る言葉――もまた、必然的に、自分とは別なもの、自分の外にあるもの、自分とは異なるもの、自分とはまったく無関係のもの、自分の力がまったく及ばないもの、について語る」（本書、第七章一一〇頁）。

以上が、われわれ人間がふつうに使っている言語、世界の言語の根本特性がその指示的性格にあるということの理由であり、こうした言語にあっては、語はそれが指し示している現実そのものではないし、ましてや、語はそれが語る現実を創り出すわけではない。

アンリによれば、以上のような乏しい言語、世界の言葉だけを唯一実在する言語とみなしていることに、現代の言語理論の致命的欠陥がある。

「現代の言語理論は、目に見える世界が唯一真なる現実の領域であり、それゆえまた知や言語の唯一の対象であるとする素朴な信仰に欺かれている。そうしたことから、現代文化は大きな欠落をかかえ込んでいる。世界の言葉よりももっと根源的で、もっと本質的なもうひとつの言葉が完全に隠蔽されてしまっているのだ」（本書第七章一一一頁）。

たしかにわれわれは、ふだん、世界の中に、つまりは外部の世界に生きている。そして世界の中に生きているかぎり、われわれは世界の言葉を使わざるをえない。しかし、この世界、外部の世界は、それが唯一絶対の現実というわけではない。すでに見たように、われわれ人間はもともとこの目に見える世界に属しているわけではなく、それゆえに、われわれの真の現実はこの世界には存在しない。われわれは〈いのち〉から生まれ、〈いのち〉の中に生きているのであって、それゆえに、われわれ人間は、何よりもまず、〈いのち〉に属する存在なのである。では〈いのち〉の根本性格とは何か。それは、〈いのち〉とはそれ自体がひとつの現われであり、自己啓示にほかならない、ということである。

「いのち、われわれが自分自身のうちで経験しているいのち、われわれのいのちでもあるそのいのちとは、それ自体がひとつの啓示なのである。そしてこの啓示のユニークな様態において、啓示する主体と啓示される対象とは同じひとつのものであり、それゆえにわれわれはこの啓示を自己啓示と呼んだのである。このような啓示の様態は、いのちだけに備わったものであり、まさにいのちの本質をなしている。じっさい、生きるとは「自分自身を感じとること」、「自分を自分に明かすこと」にほかならない」（本書、第七章一一二頁）。

ところで、先にも見たように、言葉と現われの間には本質的関係があり、言葉はみずからに現われるものしか語りえない。とするなら、それ自体が現われである〈いのち〉はそれ自身の言葉を容易に持ちうるだろう。「〈いのち〉がひとつの啓示である以上、いのちはいのち固有の言葉を持ちうるのではなかろうか。そしてさらに、いのちの啓示がいのちみずからの啓示であるとするなら、この言葉がわれわれに語るものも、おのずから明らかではなかろうか。いのちは、みずからをみずからに啓示することによって、われわれにいのちそのものについて語る」(本書第七章一一三頁)。

キリスト教、すなわちキリストの教えの根本は、世界の言葉とは別のロゴスがありうるということである。「ひとつの啓示にほかならないロゴス。しかも、その啓示とは世界の可視性としてのそれではなく、〈いのち〉の自己啓示なのである。〈いのち〉自体がその可能性であるところの言葉、その中でいのちが、みずからをみずからに啓示することによって、いのち自身を語ると同時に、その中から、われわれ自身のいのちも絶え間なく自分みずからをわれわれに語りかけてくる言葉」(本書第七章一一三頁)。

要するに、〈いのち〉そのものが究極の言葉であり、〈いのち〉という言葉においては、言葉と言葉が語る内容がひとつなのである。このことは、われわれ自身の生において、われわれの生のあらゆる様態において、疑おうにも疑いえない体験として、認めざるをえない。たとえば、苦しむという体験を取り上げてみよう。

「苦しみは苦しみ自体を感じとる。だからこそ〔…〕われわれが苦しみを知るには、われわれ自身が苦しむほかないのだ。そのようにしてのみ、苦しみはわれわれに語りかけるのであり、苦しみは、苦しみにおいて、われわれに語るのである。そのようにわれわれに語りかけることによって、苦しみがわれわれに語っているのは、苦しみが苦しんでいる、苦しみは苦しみである、ということにほかならない」(本書、第七章一一四頁)。

だが、苦しみは苦しみだけを語っているのではない。苦しみは〈いのち〉という言葉のひとつの語なのであって、苦しみは苦しみを語ると同時に、〈いのち〉そのものを語っている。むろん、それは苦しみだけに当てはまることではなく、われわれが生きている生のあらゆる様態について言えることである。喜び、悲しみ、苦悩、絶望、満たされなかった欲望、努力や努力にともなう充実感、あるいは疲労感。

「[…]われわれの生の実質をなすこうしたあらゆる情調を通して語っているのは、そうしたひとつひとつの感情というよりも、これらの感情のそれぞれがその内部においてみずからに与えられ、みずからを感じとり、みずからに明かされるところの全能なる力、つまりはいのちの自己啓示にほかならない。以上が、原初の言葉、ヨハネが神の〈言〉と呼んでいる言葉、〈神の言葉〉そのものの啓示である」(本書、第七章一一五頁)。

このように、いのちはわれわれが味わうあらゆる情調を通じてわれわれに語りかけてくる。というよりも、そうしたあらゆる情調とは、いのちがわれわれのうちにみずからを啓示しつつ、われわれに語りかけてくる、さまざまな様態にほかならない。それゆえに、われわれのいのちがその中でたえず変化しつつ、われわれに語りかけてくる、こうした情調の真実性とは、〈いのちの真理〉なのである。だが、〈いのち〉とはあまたある真理の中のひとつなのではない。〈いのち〉とは究極の真理、それなしにはいかなる真理もありえない絶対真理なのである。

「なぜ、〈真理〉は〈いのち〉に基づき、〈いのち〉に属している、と言えるのか。〈いのち〉が〈真理〉であるのは、〈いのち〉がみずからをみずからに啓示するからであり、しかも、この自分自身の啓示——つまりは自己啓示——がおよそ考えうるあらゆる真理の基盤となるからである。じっさい、われわれに現われないかぎり、何ものもわれわれにとって存在しない。しかしそのためにはまず、現わすこと自体が現われなければならない、つまりは啓示自体が啓示されなければならないが、〈いのち〉の本質そのものと言ってよいあの自己啓示においてなされているのは、まさしくそのことなのである」(本書、第七章一一八〜一一九頁)。

アンリが言うように、キリスト教の神とは〈いのち〉そのものであるとすれば、キリスト教徒であるなしにかかわらず、われわれは神とは何かをすでに知っているはずである。

「神が〈いのち〉であることをわれわれが知っているのは、われわれが生ける者だからであり、またいかなる生ける者も、自分のうちに〈いのち〉を保ち続けないかぎり、生きることはできないからである。しかも生ける者は、その〈いのち〉を、自分にも知りえない秘密としてではなく、自分がたえず感じとっている当のものとして、またその中で自分自身を感じとっているものとして、つまりは自分の本質、自分の現実性そのものとして、知っている」（本書、第八章一二五～一二六頁）。

〈いのち〉はたえずわれわれに語りかけているが、われわれはその〈いのち〉の言葉を理解できない。キリストが世に降ったのは、まさしく〈いのち〉の言葉を人間に理解させるためであった。キリストは人間の言葉を使ってわれわれに語りかけるが、それは、われわれのうちでたえず語っている〈いのち〉の言葉をわれわれに自覚させ、理解させるためにほかならない。そしてそれが可能なのは、キリスト自身が〈いのち〉の言葉、すなわち〈言〉そのものだからである。

(f) キリストの言葉の逆説性――人間の条件の転倒

キリストの言葉の多くは、われわれの日常論理からすれば、まさに逆説としか思われない。たとえば「山上の説教」。「貧しい人々は幸いである〔…〕。飢えている人々は幸いである〔…〕。泣いている人々は幸いである〔…〕。人々に憎まれ、追い出されるとき、喜び踊りなさい……」（『ルカ』六・二〇～二三）。「しかし、富んでいるあなたがた〔…〕、満腹しているあなたがた〔…〕、笑っているあなたがたは不幸である〔…〕。すべての人にほめられるとき、あなたがたは不幸である……」（同二四～二六）。

この逆説は、われわれが自立自存する人間として生きるかぎり、またそうした人間であることに自足しているかぎり、われわれを生かしている〈いのち〉を知ることができないことを示している。富んでいる人、満腹している人、笑っている人は、人間の自立性、自己充足性という幻想の中に安住している。貧しい人、飢えている人、虐げられている人だけが、それが幻想であることに気づく。この幻想から覚めることによってはじめて、われわれを生かしている〈いのち〉を知ることが、またその〈いのち〉を自覚的に生きることが、可能となる。そして〈いのち〉を知り、〈いのち〉を生きることそれ自体が「至福」なのである。

つぎの逆説も同じことを言っている。

「自分を愛してくれる人を愛したところで、あなたはどれほど感謝されるだろうか。悪人でも、愛してくれる人を愛している。また、自分によくしてくれる人に善いことをしたところで、どれほど感謝されるだろうか。罪人でも同じことをしている。返してもらうことを当てにして貸したところで、どれほど感謝されるだろうか。罪人でさえ、同じものを返してもらおうとして、罪人に貸すのである」（『ルカ』六・三二〜三四）。

「自分を愛してくれる人を愛する」、「自分によくしてくれる人に善いことをする」、「返してもらうことを当てにして貸す」とは、相互性に基づく人間関係・人間システムの枠内で生きるということだが、そうであるかぎりにおいて、われわれは〈いのち〉を知ることができず、ましてやその〈いのち〉を生きることはできない。〈いのち〉を知り、〈いのち〉を生きるには、相互性に基づく人間関係・人間システムから自由になり、無条件で愛し、無条件でよいことをしなければならない。

「しかし、あなたがたは敵を愛しなさい。人に善いことをし、お返しに何も期待しないで貸しなさい。そうすれば、たくさんの報いがあり、いと高き方の子となる。いと高き方は、恩を知らない者にも悪人にも、情け深いからである」（『ルカ』六・三五）。

ここで「たくさんの報い」と言われているのも、ほんとうの〈いのち〉を知るということにほかならない。〈いのち〉である神は、相互性のけち臭さを知らず、悪人も善人も等しく愛し、彼らを等しく生かしている（つまりは、自分自身であるいのちをすべての生ける者に平等に恵んでいる）。それゆえ、もし人間が、神＝〈いのち〉にならって、無条件で愛し、無条件でよいことをすれば、それがそのまま、ほんとうの〈いのち〉を知り、その〈いのち〉を生きることになる。そして、そのこと自体がこのうえない「報い」なのである。

しかし、キリストが語る逆説の極めつけはつぎの言葉であろう。

「自分の命を救いたいと思う者は、それを失うが、わたしのために命を失う者は、それを保つ」（『マタイ』一六・二五）。

「自分の命を救いたいと思う者は、それを失うが、わたしのため、また福音のために命を失う者は、それを救うのである」（『マルコ』八・三五）。

われわれのいのちはわれわれ自身が生み出したものではなく、それゆえにわれわれの所有物ではない。そもそも、われわれは自分のうちに生きる力を持っていないのである。

「自分のうちに生きる力を持たない者が、にもかかわらず生きているのはいったいどうしてなのか。有限なるいのちは、自分自身の力だけではとうてい生きることができない。有限なるいのちは、みずからのうちに生きる力を持たないからこそ、たえず自分にいのちを恵み続けてくれる無限のいのちの中でしか生きることができないのだ」（本書、第八章一二七頁）。

それゆえ、いのちを自分の所有物とみなし、その自分のいのちに執着すれば、われわれを生かしてくれているほんとうの〈いのち〉を失うことになる。逆に、いのちを自分のいのちとしてではなく、神のいのちとして生きるとき、われわれはほんとうに生きることができる。

以上見たキリストの言葉はすべて、人間の自己中心性、人間中心主義に対する痛烈な批判と言えるが、それが不可解にして不快な逆説としか思われないのは、ほかでもなく、われわれ自身が自己中心性、人間中心主義の原理に基づいて生きているからである。それは、アンリが言うように、「エゴを自分自身の存在の根拠とする幻想」のうえに築かれた生であり、まさしく真実の生の転倒にほかならない。われわれが常識として受け入れ、またそれにしたがって生きている人間の条件を、キリストの言葉が強引に転倒させているように思われるのは、そもそも、われわれ自身が真の人間の条件を転倒させてしまい、倒錯した人間の条件のもとに生きているからである。

5　本書がわれわれに伝えるもの

最初にも述べたように、本書がわれわれに伝えているメッセージを一言で要約すれば、「人間は神の子である」ということになろう。ただし、ここで言う神とは、〈いのち〉としての神、〈いのち〉である神である。人間は、この〈いのち〉である神から生まれ、そして生きているかぎりにおいて、この〈いのち〉においてある。そればかりか、人間ひとりひとりの自己＝〈私〉もまた、神の自己＝〈私〉から直接生まれ、この神の自己＝〈私〉を根拠・根底にして自己＝〈私〉であり続ける。

もし以上のことが真実であるとすれば、人間の条件はまさに転倒するだろう。人間は、一般常識として考えられているように、外部の世界から生まれ、外部の世界の中に生きているのではないし、それゆえまた、人間は世界の状況、世界の条件に絶対的に支配されている存在ではない。たしかに人間は、ほとんどの場合、外部の世界に生きており、その状況や条件に圧倒的に支配されていると言わねばならない。しかし、外部の世界というものが実在するわけではなく、それはあくまで、人間自身が作り出したひとつの世界像であり世界観にほかならない。そもそも、外部の世界が唯一真なる世界であるとすれば、人間存在もまた、その世界の構造や状況に必然的・絶対的に支配されていることになるが、そうであるとすれば、いかにして人間の自由ということが考えられるだろうか。自由とは、すなわち主体性ということであり、しかもこの自由＝主体性こそ、ひとりの〈私〉であるところの人間の本質ではなかろうか。この人間の本質、〈私〉の本性であるところの自由＝主体性というものを、外部の世界を真の実在、唯一の現実とする考えから、いかに導き出すことができるだろうか。さらには、人格あるいは人間性ということについても、同じことが言える。人格あるいは人間性ということも、自由意志を前提としないかぎり、およそ考えることはできない。人間ひとりひとりのかけがえのなさ、ひとりひとりの〈私〉の唯一無二性ということについても、同様に、外部の世界が真の実在、唯一の現実であるとする考えからは、絶対に導き出すことはできない。人間が外部世界の絶対的支配下にあり、その論理やメカニズムによって完全に決定され、規定されているとするなら、逆に言って、そうした論理やメカニズムに忠実にしたがえば、どんな人間であれ、ロボットのように再生や複製が可能だということになる。もしクローン人間が誕生するなら、本物とクローンはまったく区別できず、両者は同一人物だということにならざるをえないだろう。要するに、外部世界を真の実在、唯一の現実とみなすかぎり、人間が自由意志を備えた一個の人格であり、ひとりひとりがそれぞれにかけがえのない唯一無二の存在であるということの根拠を、われわれはどこにも見出すことはできないのであって、そうであるかぎり、人間の自由も、その人格性も、ひとりひとりのかけがえなさということも、あくまで現実性を欠いた理想や理念にとどまらざるを得ない。

しかし、人間が自由意志を備えた一個の人格であり、ひとりひとりがかけがえのない存在であるということは、けっして根拠や現実性を欠いた理想や理念ではない。それというのも、人間＝〈私〉は、もともと、外部の世界に属さない存在、外部の世界とは別の場所から生まれ来たった存在なのである。その別の場所とは、〈いのち〉である神、神である〈いのち〉にほかならない。人間は〈神の子〉であり、神自身であるところの〈いのち〉、すべての始まりであるところの〈いのち〉から直接生まれ、しかも生きているかぎり、この〈いのち〉の中にある存在なのである。このように、人間のいのち、人間の〈私〉は、神自身である〈いのち〉、神自身の〈私〉から、かけがえのない唯一無二の存在として生まれ、生きているかぎり、そのような存在としてあり続ける。

同様にまた、人間の人格、自由意志、愛ということも、神の人格、自由意志、愛なしには考えられないだろう。神は完全なる存在、みずからの力で存在し、自分のためには他のものを一切必要としない存在であると考えられるから、神は人間と世界を創造するいかなる必然的理由もなかったはずである。それをあえて創造したのは、神の自由意志であり、純粋な愛からであった。フランスのカトリック作家ベルナノスはつぎのように言う。

「愛とは自由な選択であって、さもなければ、何ものでもない。〔…〕神は愛であり、〈創造〉とは愛の業である」(『何のための自由か』)。

このように、神とは自由意志を備えた一個の人格であり、純粋なる愛がその人格の本質なのであるが、そのような神が「御自身にかたどって人を創造された」のである。それはつまり、神は人間を、自分と同じように、自由意志を備えた存在、愛することのできる存在として生み出したということである。このように、人間の人格とは神の人格の像にほかならない。

そんな考えは、いわゆる神人同型説であり、人間の人格や人間性を架空の神に投影したものに過ぎない、というのがごく一般的な考えであろう。しかしそれならば、人間のいのち、人間の〈私〉、人間の自由意志、人格、愛といったものを、いったいどうやって説明しようというのか。たしかに、外部の世界、客観的世界、物質的世界から、どのように生命が誕生し、それがどのように進化発展をとげてきたのか、その過程がまことしやかに説明されている。ところが、それはあくまで生物の外形をなぞったものにすぎず、生命の本質をなすところの自己性、すなわち〈私〉については何ひとつ説明されていない。たとえば、何かを見るということに関して言うなら、眼の構造とか視神経の働きなどは、テレビやカメラの構造やメカニズムのようなものとして、詳しく説明されている。しかし、人間がテレビやカメラと根本的に違うのは、テレビやカメラはみずからが写し出した映像をけっして見ないのに対して、人間は自分の眼が写し出した映像を見ているということ、つまり見ている〈私〉がいるということである。そしてこの見ている〈私〉だけは、眼の構造や視神経の働きを、さらには脳の働きを、どれほど詳しく分析しようと、どこにも発見されない。

〈私〉の存在も、心の存在も、外部の世界、客観的世界、物質的世界の因果関係やメカニズムから説明することはけっしてできない。そしてそのことは、〈私〉も心も、外部の世界、客観的世界、物質的世界から生まれたのではないことを、おのずから示している。〈私〉も心も、外部の世界、つまりは「この世」に属さない。死を前にして、キリストは、弟子たちについて、「わたしが世に属していないように、彼らも世に属していない」と言ったが、キリストの弟子たちばかりではなく、人間は、本来、この世に属していないのである。

人間が本来属しているのは、あの世、神の国と言ってもよいが、それならば、その国は「この世」から無限に離れた彼方にあるのだろうか。ある意味ではそうだとも言えるが、この彼方の国、彼岸の世界は、しかし、「この世」よりもさらにわれわれに近いのである。アウグスティヌスも言うように、神の国はわれわれ自身よりもさらにわれわれに近いところにある。神は〈いのち〉にほかならず、そしてわれわれひとりひとりを生かしている〈いのち〉である神は、われわれの魂の根底において、たった今も働いているのだ。アンリ哲学の最大の源泉のひとつというべきエックハルト（じっさい、エックハルトは本書でもたびたび言及されている）は、われわれの魂と神の近さ、というよりも両者の一体性を繰り返し強調する。

「魂はその有を神より直接に受けとる。それゆえ、魂が魂自身であるよりも、神は魂にさらに近いのである。それゆえ、神は神の全神性をたずさえて魂の根底にいるのである」（『エックハルト説教集』田島照久訳）。

「〔…〕「神はその独り子を世に遣わした」という章句を、主がわたしたちと飲みかつ食べたというような外面的な世界に関することとうけとってはならない。あなたがたはこの章句を内面的世界のことと理解しなければならない。まことに、父はその子を単純な本性のうちで、本性のままに生むのであり、その時、父は真実その子を精神の最内奥で生むのである。つまりこれが内面的世界である。ここでは、神の根底はわたしの根底であり、わたしの根底は神の根底である」（同）。

「わたしが神を見ている目は、神がわたしを見ている、その同じ目である。わたしの目と神の目、それはひとつの目であり、ひとつのまなざしであり、ひとつの認識であり、そしてひとつの愛である」（同）。

言い換えるなら、神は絶えることなく、たった今、ここに在って、永遠なる創造の業を行ないつつあるのだ。

ほんとうの〈今・ここ〉とは、われわれがふつう考えるように、無限に続く時間、無限に延長する空間の中のほんの小さな一点なのではない。〈今・ここ〉をそのように考えるのは、われわれ人間が絶対の主体となって、世界を外在化、客観化しているからにすぎない。

「[…]神はこの全世界をそっくりそのままこの今において創造するのである。神が六千年あるいはそれより以前にこの世界をつくったとき創造したすべてのものを、今、神はいっさいがっさい創造するのである」(同)。

「わたしが時間のひとかけらをつかむとしても、それは今日の一日分にも昨日の一日分にもあたらない。しかしわたしがこの今をつかむなら、そのとき、この今は自らのうちに一切の時間をつかんでいる。この今、その内で神は世界を創造したのであるが、それはわたしが現在話をしているこの今と同じほど、この現在の時間に近いものであり、最後の審判の日も、昨日のようにこの今に近いものなのである」(同)。

しかし、ここで言う〈今〉とは、そのまま、われわれひとりひとりの魂の内奥ということである。

「時間が一度たりとも侵入せず、像がひとつたりとも光を当てたことのないそこにおいて、魂の最内奥にして最高所の場において神は全世界を創造するのである」(同)。

ただし、神はその永遠なる創造の場として、たまたま人間の魂を選んだというわけではない。人間の魂、すなわち〈私〉とはもともと、神が永遠なる創造の業をなす場そのものなのである。だからこそ、人間の魂、すなわち〈私〉はつねに〈今・ここ〉にいるのだ。むろん、ここで言う〈今・ここ〉とは、すべての始原、世界の原点ということである。

「神が力をもって思いのままに支配しようとするこの神殿とは人間の魂のことである。「われわれにかたどり、われわれに似せて、人を造ろう」(創世記一・二六)と主が語ったのを聖書でわたしたちが読むように、事実、主はそのようになしたのである。神がみずからに等しくかたどり創造した人間の魂こそがこの神殿である」(同)。

以上のことを、アンリはつぎのように説明している。

「魂と神との合一は、魂の本質がそのまま〈いのち〉の本質である以上、それはまた神の本質でもある、という事実のうえに立脚している。この魂の本質と神の本質との同一性をエックハルトは断言してはばからないが、それはまったく正しいのだ。というのも、わたしが生きていること自体、わたしのうちなる〈いのち〉の働きと作用によってでないとすれば、いったいどうして可能だろうか。エックハルトは言う――「神が人間をお造りになったとき、神は魂のうちで神本来の働きをなされたのだ。その働きは神ご自身に等しく、つねに作用し続ける。この働きはじつに偉大だったので、それはまさに魂そのものとなった。じっさい、魂とは神の働き以外の何ものでもなかったのだ」。

ただし、ここで問題となっている働きを、神がたまたま魂を造ろうと思い立って行なったもの、つまりは神自身の存在にあとから付け加わったものであると考えるべきではない。エックハルトも言うように、この働きは神本来の働きであり、神自身に等しく、つねに作用し続けるものである。魂において行なわれているのは、まさしくこのような働き、神の存在そのものとしての働きなのである。もう一度繰り返すが、いったいほかにどうありうるというのか。つまり、〈いのち〉そのものとしての神本来の働きによってでないとすれば、いったいどうやって〈いのち〉はあらゆる生ける存在を生かすことができるというのだろうか。生ける魂のうちで働くのが神の〈いのち〉の働きそのものであるとすれば、エックハルトが繰り返し断言しているように、魂の本質は神の本質とまったく同じなのである。エックハルトは「魂は神と同じ存在である」、「魂はそれ自体が神の国である」と言うが、それは「神の根底と魂の根底は同じひとつの根底」だからである」(「神の問題への歩み――〈存在〉の明証性か〈いのち〉の経験か」)。

それゆえ、人間にとって、たった今、みずからの魂の内奥において、神の永遠なる業に触れること以上の幸福はありえない。それこそ、人間が本来の人間に返ること、あるいは真の人間になること、つまりは真の意味での自己実現、自分の生の成就・完成である。だからこそ、それは「至福」なのだ。エックハルトはつぎように述べている。

「わたしはもう何度となく、魂のうちには、時間にも肉にも触れることのないひとつの力があると言ってきた。そのひとつの力とは精神から流れ出て、精神の内にとどまり、どこまでも精神の領域にあるものである。この力において神はみずからの内にあるように、すべての喜びとすべての誉れとをもって、青々と繁り、美しく花開くのである。ここにはだれも言葉にして言い表わしえないほどの心の喜び、はかり知れないほどの大きな喜びがある。なぜならば、永遠なる父がその永遠なる子を絶えまなく生みつづけるのは、この力によるからであり、この力が父の唯一なる力のもとで、父の子を父と共に生み、自分自身をその同じ子として父と共に生むのである。もし、ある人がひとつの王国のすべてを、あるいはこの地上の富のすべてを所有しているとしよう。この人がこれをただ神のためだけに捨て去り、地上で暮らす最も貧しい人のひとりとなったとしよう。そのあとで神がおよそひとりの人間に与えることのできる限りの苦しみをその人に与え、彼はそのすべてを死の際まで苦しみつづけるとしよう。しかしそのあとで神が一度だけほんの一瞬でも彼がこの力のうちにある姿をかいま見せるならば、彼の喜びはこれまでのすべての苦しみも貧しさもいまだ少なすぎたと思うほど大きなものとなろう。事実、もし神がそのあとで天国を彼に与えないとしても、彼がいままでに苦しんだすべてのものとひきかえても、彼の受けとった報酬はあまりに大きすぎるといえるであろう。なぜならば神は永遠の今にある姿と同じ姿でこの力の内にあるからである。もしも精神が常にこの力の内で神と合一しているならば、人はけっして老いることがありえないであろう。というのも、神が最初に人間を創造したときの今も、最後の人間が消え去るときの今も、わたしが話しているこの今も、神のうちでは等しいものであり、一なる今に他ならないからである」(前掲書)。

われわれが無限の時間・空間上のほんの小さな一点と見なしている〈今・ここ〉は、このように、そのまま永遠の〈今・ここ〉に通じているのであって、われわれはたった今、ここにおいて、まさに至福を味わうことができる。しかもそれは、もう一度繰り返すが、単なる気分や主観の問題ではなく、真の意味での自己実現であり、また生の完成・成就なのである。そのうえ、この至福は、一部の選ばれた人間、特殊な能力や才能を持った人間のみが得られるという種類のものではなく、どんなに貧しい人間、どんなに弱い人間も、それを得ることができる。あるいはむしろ、「山上の説教」でキリスト自身が語っているように、富んだ人間、強い人間よりも、貧しい人間、弱い人間のほうが、この至福に近いと言える。貧しい人間、弱い人間のほうが、自分は自分自身の力で生きているのではない、自分は〈いのち〉によって生かされている、ということに気づく度合いが大きいからだ。いずれにせよ、この至福を味わう可能性はすべての人間に開かれているのであって、この至福を得るために人間同士で争う必要はまったくない。

いっぽう、この世の幸福は競争・闘いによってしか勝ち得ることはできない。富、権力、名誉、地位、名声、それらを得ることができるのは、ごく一部の人間にすぎない。それらはすべて相対的価値であって、他者との比較のうえでしか意味を持ちえないからである。この世の幸福を得るということは、他者に打ち勝つ、他者を踏み台にする、他者を蹴落とす、ということにほかならない。貧しい人間、弱い人間はどこまでも敗者であって、敗者であることからの出口はこの競争社会のどこにもない。彼らは希望もなく、喜びもなく、やり場のない怨みを抱きつつ、じっと耐え忍んで生きるほかない。しかし、そうした貧しい人間、弱い人間、この世の敗者にも、出口はある。しかもその出口は、われわれひとりひとりのうちにあるのだ。ベルナノスはつぎのように言う。

「真の悲惨には出口がない。みじめな者の真の悲惨には、神のもとにしか出口がないのだ」(「貧しさ」)。

「それでもわたしは信じる——そのような貧窮、自分の名まで忘れ、もはや何も求めず、何も考えず、茫然とした表情をあてどなくさまよわる貧窮は、いつかイエス・キリストの肩のうえで目覚めるにちがいない、と」(『田舎司祭の日記』)。

もうひとつ、「現代人は愛しうるか」という問題がある。ここで言う現代人とは、われわれがふつうそうであるところの人間、つまり、自立自存を自負する人間、人間中心主義の立場に立つ人間のことである。そうした人間であるわれわれ現代人は、ほんとうに愛することができるのだろうか。われわれは、自分を愛してくれる人しか愛することはできないのではないか、また自分によいことをしてくれる人にしか、よいことをすることはできないのではないか、また自分に返してくれる人にしか、貸すことはできないのではないか。もしそうであるとしたら、結局、われわれは自分を、自分だけを愛しているのであり、自分の利益だけを考えているのではあるまいか。たとえば、われわれは、われわれを迫害する人、われわれの敵を愛することができるだろうか。それができないとするなら、われわれの愛は、どんな美名で飾ろうとも、自分に対する愛、自己愛でしかないのではあるまいか。

「自己は、自分がその中で生み出されたいのちとの内的関係をまったく無視して、自分を自分自身で存立し、誰に対しても何ひとつ負うことのないエゴ＝主体とみなす。自分を自分の経験——自分や自分の体に関わる経験であれ、他者に関係する経験であれ——の場の中心に置きながらも、この自己は、自分から抜け出し、この世で彼の関心を惹くものへと突き進み、それを自分の偶像にしようとする。だがじっさいには、すべてを自分に引き寄せ、あらゆるものにおいて自分自身の快楽しか求めないこの自己は、結局のところ、自分自身を偶像化しているのだ。いたるところで、相互性はみせかけだけのものとなっている。エロチシズムでさえ、それはもはやふたりで行なう自己エロチシズムにすぎない。自分を卑下し、マゾヒズムに身を落とす場合ですら、この自己にとって唯一大切なのは、自分自身であり、自分のいかがわしい快楽なのである」（本書、第九章一五一～一五二頁）。

われわれが真に愛することができないのは、自立自存する存在、自分自身に根拠を持つ存在であることを自負するわれわれ自身が、じっさいには、そうした存在ではまったくないからである。

「神が不在のところでは、私の愛は他者の愛に依存し、他者の愛は私の愛に依存するほかなく、この危うい相互性が揺らげば、愛はたちまち消滅する。愛はいのちの別名にほかならず、それゆえ、われわれ自身の愛についても、われわれ自身のいのちとまったく同じことが言える。われわれ自身のいのちを他者のいのちによって生かすことができないように、他者のいのちを私のいのちによって生かすことはできない。それと同じことで、もし他者の愛が私の愛にもっぱら依存しているとしても、私自身の愛を他者の愛によって支えることはおよそ不可能だろう。愛の根拠、いのちの根拠を、たとえ相互的な形であれ、どのような現実に求めても、ついに見つからないままだろう。いかなる現実であれ、それ自体で自足自存しているものはなく、したがって、みずからのうちに根拠を持たないのである。相互性は、ここでは虚無のしるしとなる。それ自身に還元された人間関係のこの不条理性は、神を否定することの不条理性に重なる」（本書、第三章五七頁）。

われわれ人間は、自分自身の力だけでは、真に愛することはできない。真に愛することができるのは、ひとり神だけである。愛の主体はどこまでも神である。というよりも、神とは「愛そのもの」なのだ。ベルナノスの小説『田舎司祭の日記』で、主人公はある女性とつぎのような対話を交わす。

「愛は死よりも強いと、あなたがたの本に書いてあります。――愛を発明したのはわたしたちではありません。愛には愛の秩序があり、愛の法則があります。――神がその主でいらっしゃいます。――愛の主ではありません、愛そのものです。あなたが愛そうと思われるなら、愛のそとに身をおいてはなりません」。

われわれ人間が、愛とは何かを知りうるのも、ただ神を通じて、つまりはわれわれのうちで働く〈いのち〉を通じてなのである。神＝〈いのち〉は、何の見返りもなしに、われわれを愛するがゆえに愛し、自分みずからをわれわれに与えて、われわれを生かす。こうした愛そのものである神＝〈いのち〉の働きの中で、その働きにしたがうことによってはじめて、われわれも愛することができる。そのうえ、愛することがそのまま、神＝〈いのち〉を知り、神＝〈いのち〉を生きることを意味する。『ヨハネの手紙　一』のつぎの一節は、まさにそのことを語っている。

「愛する者たち、互いに愛し合いましょう。愛は神から出るもので、愛する者は皆、神から生まれ、神を知っているからです。愛することのない者は神を知りません。神は愛だからです。〔…〕いまだかつて神を見た者はいません。わたしたちが互いに愛し合うならば、神はわたしたちの内にとどまってくださり、神の愛がわたしたちの内で全うされているのです」（四・七、八）。

5 翻訳について

訳者は、フランス文学を専門とする者で、キリスト教が専門でもなければ、哲学が専門でもない。そのような者がどうして本書を訳すことになったのか。この点について、多少、説明しておきたい。

訳者は、長年、マルセル・プルーストを研究しているが、周知のごとく、彼の畢生の大作『失われた時を求めて』の創造原理は無意志的記憶の体験にあることを作者自身が明言している――「無意識の再記憶のうえに私の全芸術論を据える」(「フロベールの〈文体〉について」)。また作品冒頭に置かれた有名な「プチット・マドレーヌ」の挿話では、この体験によって引き起こされた喜びがつぎのように語られている。

だが、お菓子のかけらの混じった一口の紅茶が口蓋に触れた瞬間、私の中で起こっている異常なことに気づいて、私は身震いした。すばらしい快感、孤立し、原因の分からない快感が私を襲ったのである。その快感は、あたかも恋の作用と同じように、ある貴重な本質で私を満たしながら、たちまちのうちに、人生の転変を無縁のものとし、人生の災厄を無害と思わせ、人生の短さを錯覚だと感じさせたのであった。あるいは、その本質は私の中にあるのではなく、それは私自身であった。

訳者は、ここで言われている「本質」とは何かということを究明したいと願ったが、やがて、客観性、実証性、科学性を本質とする〈学知〉によっては、この問題を解明することは原理的に不可能であることに思いいたり、それをきっかけに宗教的神秘思想の深い森に迷い込むことになった。仏教思想、とくに禅思想にも興味を持ったが、やはり、キリスト教神秘思想、とりわけマイスター・エックハルトの思想に、この問題を解明する鍵があるように思われた。そんな折、たまたまミシェル・アンリの『われは真理なり』が目に止まって一読したところ、エックハルトの思想をじつに明快に論理化していることに驚いた。それ以来、アンリの著作やアンリ哲学の研究書などを十数年にわたって読み続けているが、それによって、プルーストが無意志的記憶の現象を通じて見出したもの、すなわち「本質」とは、アンリの言う「永遠のいのち」、「絶対のいのち」にほかならないという確信をいよいよ深めることになった。プルースト自身、この現象の謎をつぎのように説明している。

じつはそのとき、私の中でこの印象を味わっていた存在は、現在と過去とに共通する部分において、つまりは印象の超時間的部分において、それを味わっていたのである。この存在は、現在と過去とのそうした同一性によって、自分が生きることのできる唯一の領域、そして事物の本質を享受しうる唯一の領域、つまりは時間の外に自分を置きえたときにのみ現われる存在なのである。それによって、私が無意識のうちにプチット・マドレーヌの味を認めた瞬間、自分の死に対する不安が消え去った理由が説明される。というのも、この瞬間に私がそうであった存在とは超時間的存在であり、それゆえ未来のはかなさなど意に介さない存在なのだ。

要するに、プルーストは無意志的記憶の体験を通じて、「永遠のいのち」、「絶対のいのち」に触れたのであり、かくしてこの「永遠のいのち」、「絶対のいのち」の視点に立ちえたことによってはじめて、『失われた時を求めて』という巨大な伽藍を築き上げることが可能になったのである。言い換えれば、この作品は、「永遠のいのち」、「絶対のいのち」の視点に立ったうえで、みずからの自己、みずからの生、みずからが生きている世界を全面的・全体的に再解釈・再構築するという壮大な試みなのである。プルーストは「過去の傑作に対しては、外側から講壇的敬意を込め、うやうやしい距離を隔てて接するのではなく、その著者の視点からそれを考察するのでなければ、正しい解釈などありえないのだ」と言っているが、だとすれば、『失われた時を求めて』を正しく解釈する唯一の方法は、作者が無意志的記憶の現象を通じて到達しえた視点、つまりは「永遠のいのち」、「絶対のいのち」の視点に立つことにほかならないだろう。

フランス文学のもうひとりの巨人、ジャン＝ジャック・ルソーについても、同じことが言えよう。ルソーは矛盾の塊のごとく見なされ、互いに相容れないさまざまな解釈が入り乱れているが、彼の言う「自然」、「良心」、「自己愛」、「憐れみの情」、そして原罪の否定、さらには『孤独な散歩者の夢想』における幸福感などは、「永遠のいのち」、「絶対のいのち」の観点からしか正しく解釈されえないのではなかろうか。ちなみに、ルソーに関しては、アンリの「いのちの現象学」に基づくポール・オーディのみごとな論考（Paul Audi, *Rousseau : une philosophie de l'âme*, Éditions Verdier, 2008）がある。

さらに付け加えれば、サン＝テグジュペリの『星の王子さま』の有名な言葉「大切なものは目に見えない」、これについてもさまざまな解釈があるが、この目に見えない〈大切なもの〉もまた、「永遠のいのち」、「絶対のいのち」にほかならないだろう。

また日本の思想・文学においても、アンリ哲学と西田幾多郎の絶対無の思想との親近性がすでに指摘されているし、石牟礼道子のアニマ（魂）の思想、さらには宮沢賢治やまど・みちおの生命観および宇宙観も、アンリの「いのちの現象学」と深く通底していると思われる。

キリスト教や哲学でなく、もっぱら文学を専門とする者が本書を訳すことのもうひとつの弁明は、本書がキリスト教や哲学の専門書としてではなく、一般読者に向けて書かれたものだということであり、それゆえ、本書を広い意味での文学書として訳すことは可能であろうし、むしろそのように訳すべきだろうということである。もしこれが哲学の専門書であるなら、重要なタームに関して原語と訳語とを厳密に対応させるとか、原文における論理をできるだけ忠実に訳文に移すとか、そうしたことに重点を置くべきだろうが、本訳書では、何よりも一般読者に読んでいただくことを念頭に置き、日本語としての読みやすさ、分かりやすさを旨としたことをお断りしておきたい。

とはいえ、本書がキリスト教と哲学に深くかかわっていることは言うまでもなく、そこでキリスト教やアンリ哲学に詳しいおふたりの方に訳文の検討をお願いした。おひとりは富田裕氏、キリスト教神秘思想とくにヤーコプ・ベーメがご専門のドイツ文学者であり、また『新カトリック大事典』(研究社)の編集委員をなさっていることからもうかがえるように、キリスト教全般にわたって造詣の深い方である。富田氏は、ミシェル・アンリにも大きな関心をお持ちで、訳文を、ドイツ語訳とも照らし合わせながら、綿密に検討してくださった。もうおひとりは古荘匡義氏、宗教哲学がご専門で、アンリの思想をキリスト教哲学の観点から研究されている少壮学者である。古荘氏には、アンリ研究者のお立場から、いろいろ有益なご指摘をいただいた。おふたりにはこの場を借りて厚く御礼申し上げたい。とはいえ、訳文に関する最終的な責任はすべて訳者にあることは言うまでもない。またフランス語の問題に関しては、同僚のジャニック・マーニュさんにご教示いただいた。

最後に、本書のようなやや特異な著作の企画を採用してくださった白水社には深く感謝申し上げたい。かつて『キルケゴール著作集』や『ティリッヒ著作集』などを刊行し、また現在も『パスカル全集』を刊行中というふうに、キリスト教関係でも由緒ある出版社から本訳書を刊行していただけることはたいへん光栄である。とりわけ編集部の和久田頼男氏には、いろいろお世話になった。厚く御礼申し上げたい。

今年はミシェル・アンリ没後十年という節目の年に当たり、洋の東西でアンリ哲学をテーマとした研究会やシンポジウムが相次いで開かれるなど、アンリ哲学の再評価の機運が高まりつつある中で、アンリの〈最後の言葉〉にほかならない本訳書を刊行できることは大きな喜びである。昨年三月の東日本大震災以来、日本の復興・再生が叫ばれているが、その復興・再生は、つまるところ、人間自身の復興・再生という問題に行き着くのではなかろうか。本訳書が、ささやかではあっても、そのためのヒントのひとつになることを願いつつ……。

二〇一二年三月

武藤剛史

装丁　岡本健＋

武藤剛史（むとう・たけし）
一九四八年生
京都大学大学院博士課程中退
フランス文学専攻
共立女子大学文芸学部教授

主要著訳書
『プルースト　瞬間と永遠』（洋泉社）、パラディ『モーツァルト　魔法のオペラ』、シブリン『「無伴奏チェロ組曲」を求めて』（以上、白水社）、シュヴァリエ『歓楽と犯罪のモンマルトル』（共訳、ちくま学芸文庫）、オカール『比類なきモーツァルト』（白水uブックス）、フイエ『キリスト教シンボル事典』、フェレッティ『印象派（新版）』、ドゥムイ『大聖堂』（以上、白水社文庫クセジュ）

キリストの言葉《ことば》
——いのちの現象学《げんしょうがく》

二〇一二年五月一〇日印刷
二〇一二年六月一〇日発行

著　者　ミシェル・アンリ
訳　者　©武藤剛史
発行者　及川直志
発行所　株式会社白水社
電　話　〇三-三二九一-七八一一（営業部）七八二一（編集部）
住　所　〒一〇一-〇〇五二　東京都千代田区神田小川町三-二四
　　　　http://www.hakusuisha.co.jp
振　替　〇〇一九〇-五-三三二二八
印刷所　株式会社理想社
製本所　松岳社株式会社青木製本所

乱丁・落丁本は送料小社負担にてお取り替えいたします。
Printed in Japan
ISBN978-4-560-08214-0

レジス・ビュルネ 著／加藤 隆 訳

新約聖書入門

神との新しい契約を伝える、聖なる書物——新約聖書は、初期キリスト教の歩みとともに成立していった。諸文書の個々の内容、執筆時期や背景、正典化の過程などをわかりやすく解説。〈文庫クセジュ〉

ミシェル・フイエ 著／武藤剛史 訳

キリスト教シンボル事典

アダムが食べたのはリンゴではないのに、なぜ原罪のシンボルになったのか、食卓の上のサソリは何を暗示するのか？　西洋の文化芸術の理解を助ける五〇〇以上のシンボルを集めた小事典。〈文庫クセジュ〉

岡山敬二 著

フッサール　傍観者の十字路

あらかじめ Fremde（よそ者）な俺たちが立ち止まる、この十字路！〈さいはて〉の Welt（世界）。終わりなき分岐と合流、在るか無きかも分からぬ〈純粋〉の探索。もはや救いは……要らぬ！〈哲学の現代を読む〉

加賀野井秀一 著

メルロ＝ポンティ　触発する思想

ドグマなき思想家、メルロ＝ポンティ。現象学、心理学、言語論、身体論、そして晩年の呪文のようなタームにみちた《主客の可逆性》の内奥への探索まで、世界の香りを満載した哲学の核心。〈哲学の現代を読む〉

マックス・シェーラー 著／亀井 裕、山本 達 訳／木田 元 解説

宇宙における人間の地位

植物や動物と〈自己〉はどこが違うのか？　ユクスキュルの環境世界論をもとに人間とは何かという問いを検討し、その本質的差異について考察してゆく。哲学的人間学の名著。〈白水iクラシックス〉